汉语词自动生成研究

汪梦翔　著

學苑出版社

图书在版编目（CIP）数据

汉语词自动生成研究 / 汪梦翔著 . — 北京 : 学苑出版社 , 2023.12
ISBN 978-7-5077-6812-1

Ⅰ. ①汉… Ⅱ. ①汪… Ⅲ. ①汉语－词汇－研究 Ⅳ. ① H13

中国国家版本馆 CIP 数据核字 (2023) 第 211583 号

出 版 人： 洪文雄
责任编辑： 徐志琴
出版发行： 学苑出版社
社　　址： 北京市丰台区南方庄 2 号院 1 号楼
邮政编码： 100079
网　　址： www.book001.com
电子信箱： xueyuanpress@163.com
联系电话： 010-67601101（营销部）、010-67603091（总编室）
印 刷 厂： 北京建宏印刷有限公司
开本尺寸： 710mm×1000mm　1/16
印　　张： 17
字　　数： 250 千字
版　　次： 2023 年 12 月第 1 版
印　　次： 2023 年 12 月第 1 次印刷
定　　价： 82.00 元

谨以此书献给我敬爱的父亲

序

汪梦翔博士的专著《汉语词自动生成研究》就要出版了，我非常高兴为他的新作书写序。

人工智能技术正引领人类社会的变革，自然语言处理作为人工智能的一个重要子领域，不断掀起新浪潮。2022 年年底 ChatGPT 的出现让世人再次感受到了人工智能的魅力，同时也将词语自动生成技术推到了风口浪尖，成为一个备受关注的研究领域。这部专著的出版可谓正当其时。

汪梦翔博士曾经申请了一项国家语委的重点课题，是有关语言自动生成的；那时，他就计划围绕汉语词生成问题写一本书。我得知后有些惊讶，因为那个时候 ChatGPT 还没有推出，词汇自动生成的研究也不像现在这么热。如今我看了他的书，觉得他当时真有预见性，书的内容已经成为当下自然语言处理技术的热点问题。

该书对汉语词自动生成问题及相关理论进行了系统的介绍，在如何进行汉语词的自动生成这一核心问题上，采取先对汉语词内部进行语义解构，然后再按照一定组配机制进行语义替换，从而实现再生成。这一思路是基于汉语词特殊的意合特点而设计的，涉及语义解构、语素替换和搭配规则生成三个重要步骤。每一个步骤又都吸纳了当今新的技术，比如利用一些神经网络模型来进行近义语素义的归纳和处理等。从这一角度看，该书是基于人工智能技术的汉语词自动生成问题的研究。

我认为，该书有四点非常值得肯定：

1. 将语言学和人工智能技术中有关词语生成的理论方法作了梳理并进行有效结合。不仅详细介绍了构词法、造词法等语言学理论，而且介绍了人工智能，尤其是自然语言处理领域的基础知识，包括自然语言处理领域中有关词语自动生成技术的发展和一些词语生成模型的设计思路和技术特点等，为我们全面而深入了解词语自动生成打下了基础。

2. 以语素为抓手，深入剖析汉语特有的词法结构和构词特点，将语素义知识库、语素组配规则库和大语言模型相结合，通过语素义的深层描述来还原汉语意合搭配的组合机制。这和纯粹通过统计方法生成新词搭配有着本质的区别。

3. 所解决的词语生成问题涵盖范围广。词语的生成包括生成旧词（词典里已有词汇）和新近出现的词，甚至还有完全没有出现过但符合人类心理认知的新词。目前大部分的词语生成都是根据用户输入的一段意思，输出生成一些常见的常规词汇，注重的是这些词语概括语义的贴切性。而该书几乎涵盖了以上所有的词语生成类型，还谈到了如何利用人的认知规律去生成未登录词，这是未来的一个方向。

4. 作者与时俱进，将 ChatGPT 以及反向词典等新兴应用呈现在读者面前，让我们更加直观地感受到了词语自动生成的重要性和实际应用价值。因此本书并非空谈理论，而是切实把握住了时代的动向，了解到了人们现实的需求，为词语自动生成技术如何更好地服务民众奠定了基础。

另外，书中的语言处理工程项目代码可以为人们提供很好的实践操作，尤其对于文科背景的人，这些代码以及相关的注释能够帮助人们了解和掌握基础的自然语言处理方法。

由于汉语的复杂性和多样性，汉语词自动生成依然面临诸多挑战和难题。但我相信，该书将帮助人们更好地理解和应用汉语词自动生成技术，让更多的人在更高的平台上推动词自动生成研究的发展。

王厚峰

2023 年 10 月于北京大学

自序

本书是我的第三部专著，从立项到完成，历经了差不多三年时间。本书的写作，似乎就像在浩渺的知识海洋中进行一次深海探索，其间经常随着袭来的风浪不断调整航向，虽然与最初的航向有所偏差，但最终还是到达了想要前往的地方。很多时候，我们所前往的地方并非我们原先向往的，而我们所向往的却又无法前往。但我自认这次不仅选对了方向，而且可以说一步一步地接近了目标。

之所以说选对了方向，主要是本书所研究的内容契合了时代的需要。在2020年立项时，我隐约感受到词语自动生成会成为未来的一个风口，但真的没有想过词语生成技术能够推进得如此之快，其应用会如此深入我们的生活。这让我更加坚定地去研究汉语的词语生成问题，探索新的词语生成技术。

作为一个文科背景的人，我真正接触汉语词的自动生成其实是在博士后出站以后。那时候，由于专业所限，我一直深耕于各种大型汉语语言知识库的构建。后来，随着生成词库理论在中国的流行，我发现，语义资源的构建还可以为汉语搭配问题的解决提供路径，进而又发现如果把词汇描述换为语素描述，很多词语的生成问题也能够迎刃而解。

原本的目标是构建一个汉语的语素库，利用人工智能和汉语的既有语言规则去生成汉语词。当然，这个过程并非一帆风顺。正当我深入研究，准备落笔得出初步结论的时候，2022 年年底 ChatGPT 的推出，让我极大地感受到了词语生成的魅力和它对现实世界产生的影响，我也立刻看到了汉语词自动生成的潜力及它给中文信息处理带来的无尽可能。这使我不得不重新审视自己的研究路径。这一全新的人工智能模型拓宽了我的视野，为我提供了一个全新的视角来思考如何利用人工智能生成语言。我赶紧抓住这个机会，及时调整自己研究的方向，并且加快了研究的步伐，希望借着这个风口争取成为其中的弄潮儿。

幸运的是，这一变化并未使我困扰，相反，它使我再次发现了所做研究的乐趣和意义。于是，我重新创设应用场景，调整研究思路，并且选择坚持下去。

在调整研究方向的同时，我有幸成为哈佛大学的访问学者。那里的学术氛围和平台让我有机会深入了解当今前沿的自动生成技术。尤其是在 ChatGPT 推出后，我有幸成为 ChatGPT 4.0 的第一批使用者。这让我可以亲身体验到词语生成所带来的便利，也深深地感受到了词语生成的魅力。

本书不仅对语言学中构词法和造词法的相关知识进行了梳理和介绍，还对当今人工智能领域常用的自然语言处理方法和思路做了较为全面的介绍。同时，我们围绕汉语词的自动生成问题，将传统的语言学研究方法和当下流行的自然语言处理方法进行了有效的融合。在凸显当代人工智能技术的同时，我们也强调踏实做好语言研究的重要性。另外，考虑到有些读者并没有计算机专业背景，我还列出了有些技术实现的大致流程的代码，以供读者参考使用。

希望本书能够将我在这次探索之旅中学到的知识和感悟分享给读者，帮助读者了解人工智能如何改变人们理解和使用语言的方式，也希望本书能够激发人们对人工智能和汉语学习的热情，就像我在本书写作过程中体验到的那样。

本书是我对人工智能在汉语词自动生成领域应用的最新理解和实践记录，它代表了我在这个领域的最新探索。我希望本书能够提供一个新的视角，帮助我们理解人工智能在汉语词自动生成领域的发展与应用，进而将相关研究成果运用到自己的学习、工作与生活中。

未来，我期待看到更多关于人工智能和词语生成的研究，也期待看到这个领域的进一步发展。作为一名研究人员，我深知现在的技术发展太快。就在写书的这短短两三年时间，虽然全球饱受疫情的摧残，但是人类的科技并没有停下前进的步伐，一不留神，你就被抛在了时代的后面。也许本书所谈及的内容不久就会过时，但是即便这样，我也依然希望能给世人带来些许的参考。如果书中的某些方法能促动某人的神经，使之优化某些技术方法，那么本书的价值也就实现了。

最后，我要感谢所有支持我完成这本书的人，包括我的家人、朋友和同事，也感谢哈佛大学一起共事的伙伴，同时也要感谢学苑出版社的支持和帮助。我还要感谢这个时代，是日新月异的时代发展推动我完成了这项自认为非常有意义的工作。

汪梦翔

2023 年 5 月于哈佛大学校内

目录

第一章　汉语词自动生成概述

本章是全书的总纲，主要描述汉语词自动生成的产生背景、基本概念、主要技术路线及研究方法，以及汉语词生成过程所涉及的相关领域等，为更好地了解汉语词自动生成打好基础。

1.1　为什么要研究汉语词自动生成

如果问 2022 年人工智能界什么最火，无疑要数由美国硅谷的 OpenAI 组织开发的大型预训练语言模型 ChatGPT（chat generative pre-trained transformer）聊天机器人。和以往自动问答机器人不同的是，这个聊天机器人并非一般意义上的聊天平台，它能通过不限语言的问答生成很多人们想象不到的内容。比如，如果你是一名博士生，想找工作，它会很认真地给你提出一些建议（见图 1-1）。

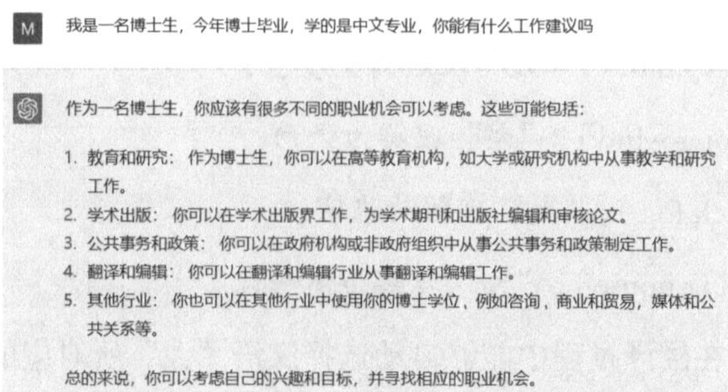

图 1-1　ChatGPT 给博士生的工作建议

再比如你想给小狗起名字，它会根据你的提示给出相应的名字。而当人们输入一个名字，它可以不断地生成和这个名字相关的文本。其间，如果人们进行干预，它则会生成另外一段故事。只要你不停干预、补充，它甚至可以生成一部长篇小说。除此之外，我们还可以借助它写代码、广告文案甚至计划书等。正如阿基米德说的，“给我一个支点，我可以撬起地球”，ChatGPT 则是“给我一点提示，我可以帮你做任何事情”。

其实，ChatGPT 聊天机器人就是基于词语自动生成技术的人工智能问答机器人。当然，它所涉及的也并不完全是词语自动生成。但是毫无疑问，词语自动生成能够给我们的日常生活带来很大的便利。

如果能够让词语组合按照一定目的或者逻辑自动生成，外加足够的人类知识和经验，那么人类就相当于真的拥有了一个无所不能的机器人朋友。这就是目前热门的文本生成思路，而汉语词的自动生成是文本生成的基础。机器通过自动分析给定的文本，提取其中的重要信息，进而输出标题或者摘要，使得人们更加快捷地获取有用信息。我们还可以根据一个汉语词组的词义，生成几个解构的词义，然后替换为对应的英文单词，实现中英互译的效果。比如“大 + 名词”，从字面意思上看，是描述这个名词的体积很大，其实“大”还可以被描述成“重、强、浓”等。这种语义一般是通过所搭配的名词特征来激活的。可能汉语从字面上看不太直观，我们看几组汉英翻译：

大雨（heavy rain），“大”理解为重量重；

大风（strong wind），“大”理解为强劲；

大雾（thick fog），“大”理解为浓密；

大房子（big house），“大”理解为体积大。

如果汉语在翻译过程中能够自动选择汉语“大”所对应的词义，并将其翻译为对应的英语单词，这也是一种词语自动生成技术。这一技术也能极大地提高机器翻译的准确性。

词语的自动生成技术在文本创作中也有着非常重要的作用。2016 年北京大学和今日头条共同研发的机器人“小明”，根据在线文字直播数据，自动快速生成新闻报道。2018 年，由哈尔滨工业大学牵头研制的高考机器人，能根据当时所给的材料和话题进行文学创作。这些都是词语自动生成技术在日常生活中的重要应用。

由此可见，发掘、研究和改进词语的自动生成技术将给人工智能以及人类社会带来难以估量的影响。

1.2　什么是汉语词自动生成

词语的自动生成从字面意义上看就是自动生成词语，通俗地讲就是自动造词。因此，汉语词的自动生成可以被理解为自动造汉语词。它们关涉的重点其实应该是造词法。任学良（1981）指出，造词法主要解决的应该是用什么材料和方法来创造词。那么，词语自动生成是不是把词创造出来就结束了呢？从目前来看，并不是这样。

其实，词语的自动生成严格来说有狭义和广义之分。所谓狭义的词语自动生成，其实指的就是自动生成一个词，而这个词语主要是新词。这里的新词主要是指词典收录以外的，且出现时间较短，但不一定是人们从来没有见过的词。因为世界上的词汇是无穷无尽的，而人们从来没有见过的词是无法统计的，也许会存在有人从来没有见过而其他人见过的情况。

广义的词语自动生成，不仅包括生成新词，还包括生成“旧词”，甚至涉及词语间的直接组配和排列。比如西方词语的自动生成技术，大多生成的是“旧词”，也就是词典里已经收录的词。尤其是西方学界目前所研究的大多内容，其实是关于既有词汇如何组合生成短句的。严格意义上说，西方常用的英语中，一个单词就自然是一个词，而且以单纯词为主，如果大量生成新的单词，无疑会极大地扩大西方词典容量，甚至会影响西方社会的交际效率。比如，如果在“car”的基础上生成一个新词“carz”用来命名“饺子”，如果不告诉你它们之间的因果关系，单纯靠死记硬背，你是很难找到对应物的。汉语词的构成大都是基于已有汉字组合的双音节的汉字词，多数为复合词，大量新词的产生不会给我们的汉语字典带来多少负担。比如，如果在“轿车”的基础上新造一个词“箱车”来命名豪华轿车，中国人即使可能不怎么使用，但是想要记住这个词的意思和用法应该不是难事。

因此，词语的自动生成不仅包括生成新词，也包括生成旧词。这两者研究的角度和方法并不一样。新词的生成注重的是创新，一般会涉及词语内部的关系，包括语素的组合和替换，属于词法范畴讨论的问题。生成旧词，主要注重词语间的组配和组合，面向的是句子的生成，而非词法范畴的组合，属于句法范畴探讨的问题。虽然目前市面上大部分的词语生成技术是基于词语的组合和生成，但是本书其实主要是解决如何根据释义或语境来生成词汇，尤其是汉语新词的问题。比如，在给实体命名领域，新词的生成则很有用。人们起名字，主要是想区别于其他的人名，很多时候可以理解为各语素的组合成词。一些电视节目、电影片名等为了体现新意，需要的是一些既和内容相关，但是组合起来又让人感到新颖的词。例如我国当代著名学者于丹的一个读书栏目就起名叫“丹读”，我国当代著名收藏家马未都的脱口秀栏目叫“都嘟”，这些都是新词，但都和栏目内容相关。这些就涉及语义的组配，以及汉语词内部语素的组合规则（也就是词法范畴）。

不过，需要注意的是，汉语的新词大都是已有汉字的排列组合，不像英语那样，很多新词是完全陌生的字母排列。从这种意义上讲，汉语的词语生成其实是旧词或者旧字的排列组合，并非全新。而且，“新”只是一个相对的概念，也是一个模糊的概念，因为很有可能生成的词并非不存在，只是在使用频率和出现概率上可能相对较少。

既然是汉语的自动生成，那么本书主要研究的对象就局限于汉语，或者说是汉字。一些虽然在汉语环境中生成，但是如果不用汉字表达或者采用多种文字形式所生成的词都不属于本书的研究范围。例如，对于网络上出现的“悲伤 ing”表示正在悲伤，或者“bs”表示“鄙视”，本书都不认为它们是典型的汉语词生成问题。

如果基于人工智能技术自动生成汉语词，根据类人智慧程度的不同，本书认为还可以分为三种情况。

第一种是根据用户输入的一段意思，输出生成一些常见的，特别是汉语词典里收录的常规词汇。比如当用户输入“高高的山峰”，计算机输出“高峰”“险峰”“山头”“顶峰”等词典里的常用词，这些词基本就是较为恰当的词语概括，主要涉及语义近似度计算和替换。还有一些自动文本摘要技术，目前典型的应用是清华大学开发的“反向词典”。

第二种是根据用户输入的一段意思，输出新词。这类新词过去一般没有，只是在近些年才出现并且迅速流行，在语料中有存在的身影，但是相对于基本词汇来说，出现频次不高。比如，当用户输入“喜欢饲养宠物猫的人”，输出生成的不是“爱猫人士”之类的常规词，而是类似“撸猫党”“猫猫控”之类的新词。这一结果可以说既概括了语义，又显得有些意外，让人耳目一新。这类结果相对于第一种生成的结果更加个性化、新颖化。所生成的词，在以往没有出现过，只是近几年才时不时见诸日常生活当中。只不过这一结果只能算新颖，并不具有创造性，因为这些词存在于语料库或者词表中，只不过出现概率较低。计算机可以通过优化之前的模型有意偏向生成一些出现频率不是那么高但是又能大体概括用户输入语义的词。

第三种生成的也是新词。这类新词虽然是以前没有出现过的，但是一旦列出来，人类就知道或者能够推断它的意思，它也可能在未来流行。这类词与其说是生成，不如说是创造或者预测。它的产生就相当于人的大脑中接受了很多词语生成知识，然后当有人让你根据某些条件或者事件背景创造出一个词时，你能很好地输出一个从未见过，或者说以往的语料库中没有但是同时又非常符合人类认知的词。这个时候，计算机可以不依赖语料，完全相当于人脑，通过组织逻辑语义关联和想象力，去预测出新词。比如，用户输入一个场景——“有个人买了一袋很普通的腰果，一结账竟高达568元，然后直呼心被刺痛，说这么贵的腰果，简直就是‘腰果刺客’”，计算机学习了用户买腰果的这个场景，当被要求形容“买了一个很贵的番茄”时，计算机生成了“番茄刺客”。这个词以前在任何语料中都没有出现，但人们结合以前的场景能迅速理解“番茄刺客”这个新创词的语义内涵就是“番茄价格贵得离谱”。这时的计算机真的似乎有人的类推思维，让人感觉这个词是基于既有知识所预测创造出的，符合人的认知规律，而且在未来也很容易流行。

其实，本书所研究的词语自动生成包括以上三种形式，不过重点是第二种形式和第三种形式，主要目的就是通过研究汉语词的内部组配规律，进而研究汉语新词产生的机制，希望找到能够反映中国人认知规律、喜好，同时又符合语义组配规律以及词法构成规律的汉语新词自动生成技术。

1.3 汉语词是如何生成的

无论是自动生成词语还是人为创造词语，人们都应该了解汉语词是如何生成或者说是怎么来的。可以肯定的是，汉语词的生成是由多种方式促成的，而且随着时代的发展，其生成方式也在发生变化。李如龙（2002）

通过历时考察，认为汉语词汇产生的方式大体上可以归为四大类，即音义相生、语素合成、语法类推、修辞转化。这四类方式基本上可以概括绝大多数汉语词的生成规律。纵观汉语词汇的发展历程，我们可以看到汉语词的生成在不同的时期存在着不同的特点。

在上古时期，当汉字逐渐走向成熟，汉语词以单字词为主，产生新词的方式主要是靠造字。此时的汉字生成，主要是靠一些母字孳乳而生。比如形声字的大量出现，就是由一些本字通过添加或改变声旁和形旁的形式产生新的字词。最初造字的方法主要是依托"六书"理论。因为上古汉语中单音节词占主流地位，一个字往往就是一个词，因此汉语词的生成方法也可以说主要依托的是"六书"理论，但实质上还是根据汉字的音和义来造词。在新词语音的生成上，它们基本遵循汉字部件语音相关原则，生成的新词在声韵上和所依托的母字趋于近似，只不过由于上古音的声韵系统和现代汉语发音差别较大，所以有时感觉某些字语音差异较大。但是在新造字的语音来源上，它们一般会和母字相关。例如"陈"字和"阵"字的读音虽然现在有区别，但是按照上古音，两者声韵都是一样的，只不过声调有所不同。

而在语义生成上，人们一般会利用母字的下位语义范畴概念，通过叠加下位范畴的语义特征，合并编码，集合生成新词。这里的上下位语义范畴，有点儿类似于现代语义场理论的上下义关系。这种关系可以是种属（比如由"牛"所衍生的"特"指的是一种牛，公牛），也可以是整体和部分（比如由"车"所衍生的"轮"指的是车的一个部件），甚至还可以是相关关系（比如由"羊"所衍生的"羴"指的是一种羊的气味）。这种词语生成的思维模式，其实就是语义组配的一种模式，只不过这种语义的组配是把几个概念叠加进一个编码里。现在的造词仍然是这种思路，只不过现在的汉语词是把不同的概念放进不同的编码，还是语义的组配。以前，马以及马的动作、状态、样貌是用单音字来表示的，例如“驽”表示不好的马，语义上包含两个语义原子——“不好”和“马”。古代用一个字或者说一个编码就将两者组配在了一起，而现在是用马以及相关表示动作和状态的词组合成复合词“驽马”来表示，此时人们已经不再把命名实体以及它的动作或属性编为一个码。到了上古后期，这种把多个音义编入一个编码的形式促使汉字大量生成，形成了汉字数量的一个高峰。此时为了减少汉字的生成，一些逐渐由两个语素叠加的新词开始出现，比如“朋友”“国家”等。这类词是对已有汉字语素的再利用，减缓了汉字的造字压力，同时又满足了词语增长的需求。以后，这种语素义叠加形式成为汉语词的主流生成模式。大部分汉语词可以说基本都是在语素叠加的基础上产生的。

到了中古时期，生成的汉语词出现了大量的双音节现象，其生成方式出现了语法类推现象。语法类推是语法化的一种重要机制，语法类推式汉语词生成一般包括实词虚化和词缀的附加。也就是说，此时有些汉语词的产生不再单纯是造字，而是靠一些语法手段来生成新词。比如，汉唐以后出现了一批带有词缀的新词。例如，“一骑红尘妃子笑”中的“妃子”就是一个带有后缀的双音节词。再如，唐代出现了很多动词变助词的用法，这类就是典型的实词虚化表现。类似“踏得”“寻得”这类双音节词在唐代就有很多，此时的“得”已经虚化了“得到”的实义，变成一个发挥语法作用的虚词。可以说，实词虚化和词缀附加的出现，也导致了汉语词的双音化发展。

到了近代，汉语词的生成又呈现新的特色。其中之一，就是大量外来词的引入对汉语的词语生成形式产生了一定影响。这使得汉语出现了一大批音译词。这些词一般是由直接利用同外来词相似读音的汉字所组成的新词。例如“引擎”就是英文“engine”的音译词。由于很多外来词音节较长，因此还出现了缩略词。例如“拓扑”是英文“topology”的缩略音译。不过，更常见的是汉语常用多音节词组和汉外合璧词的缩略。比如“报考研究生”这个汉语多音节词组缩略成了新词“考研”，而“申办奥林匹克运动会”这个中西合璧词缩略成“申奥”。这种缩略式造词法，在当下尤其是一些网络媒介中尤为突出，甚至一句话都能缩略成一个新词，比如“十分感动，然后拒绝了你”缩略成一个新词“十动然拒”。这种缩略语浓缩度更高，以至于如果不给你介绍规则和背景，你是不会从字面意思看出到底是什么意思的。比如“不明觉厉”，表示“虽然不明白你在说什么，但好像很厉害的样子”。

当代，随着网络媒体的兴起，新词的产生日新月异，有的甚至已经不用汉字表示，而直接缩略成英文字母，例如“YYDS”表示“永远的神”[①]。很多新词从表面上看不出其生成方式，有的是因为一个历史事件，有的是因为一个人某天喊了个口号，或者是因为追随的人多了觉得新鲜就这么产生了。但是不管怎么产生，它们却有一个共同特点，那就是都能寻找到产生的根源，都有一定的理据。这也说明，无论是人为还是非人为，只要是新词的生成，一定是有其理据性的，是可以根据多维特征的叠加来推导出最终的语义特征的。

其实，以上这些新词的生成方式都可归为一类，那就是映射转化。这种映射不一定是语义上的映射，还可以是语音上的映射。比如，“引擎”就是一种英语单音节对应单音节汉字的映射。这种转化也不一定是字面义上的，也可以是比喻义或隐含义，甚至是隐藏背景知识的转化。比如，现在社会上流行的惯用语“命根子”，就是根据字面比喻义产生的新词；“小

① “YYDS”这种英文缩略语，虽然是几个汉字首字母的缩写，但是严格意义上讲，并不是汉字词。

三”就是带有一定背景知识产生的新词。此前提到的一些缩略语，组成新词的每个语素，都是由某个概念、某个背景转化而来的，又或者是它们的比喻映射。

汉语词产生的方式虽然多种多样，但是都代表着一种来源，这也是汉语词在产生后能够被人们所接受的原因。因此，在汉语词的自动生成领域，无论采取什么技术方案，这些生成方式也都应该成为汉语词自动生成的重要来源。

另外，这些词的产生其实都是基于语素的组合。虽然汉语词表面上看是单个汉字的组合排列，但是有些汉字在词汇的形成中并非都有语义上的贡献，有的只是发挥诸如凑足音节的作用，并不代表其实际的汉字意义。不过，这些大都可以以语素为单位来描述。比如，“布尔什维克”虽然由五个汉字组成，但是我们描述它们时如果按照“字本位”思想去研究每个字的意义显然不合适，若将这五个字归为一个语素，这样研究时就比较方便。此外，尹斌庸（1984）通过现代汉语语料库统计数据，发现 90% 以上的汉字是语素。所以，即使汉语词由汉字组合而成，但是基于“语素本位”来研究汉语词的生成最为合适。

1.4 如何更好地生成汉语词

要想让汉语词更好地生成，我们要先确定一个首要的评判标准，而且这个首要因素要尽量一致。本书认为，应该坚持从语义层面来评判词语生成的效果，毕竟汉语是一种意合语言，词汇是表情达意的重要手段，汉语中一些词的语法特征、语音特征也是基于语义的再度筛选。

接着，我们就要了解“好”的所指对象，或者说什么样的汉语新词才能算是好的词。一个新生成的汉语词，就如同给人起名字一样。“好”的名字有很多判断标准，但最起码的就是这个词产生后人们要能接受，或者说所生成的词要符合一般人的心理认知。比如，同样是名字，对于“狗蛋”和“学良”，可能第二个更倾向于人们的认知心理预期。因此，新生成的所谓“好”的汉语词一定是符合人的心理认知习惯的。人在用词心理上一般都会追求“新颖”和“贴切”。所谓“新颖”，多半指的是用词的差异性，而“贴切”有很多方面，最基本应该是语义的贴切。这个是最重要，也是对“好”最贴切的诠释。语义一般包括三个方面，即理性意义、语法意义和附加意义。因此，好的自动生成的汉语词应该是理性意义贴切、语法意义贴切、附加意义贴切的词汇。

所谓理性意义贴切，就是逻辑、概念语义要接近。比如一个动物叫作“猫熊”，我们俗称“熊猫”。我们不能根据熊猫身上的花纹生成“花猫”这个词去指代，因为前者“熊猫”其实是熊，而后者“花猫”其实是猫，虽然只是替换了一个字，但是这两者所指不一样，理性意义相差万里。虽然有“花猫”这个词，但是指代类似熊猫这种动物就有点匪夷所思，自然这种自动生成就不贴切。如果换成“花熊”，这个词就比“花猫”更适合代指“熊猫”一词。

所谓语法意义贴切，就是要符合一定的词法，或者说在构词法或者字的组合搭配上更加符合一般规则。董秀芳（2016）指出，词法是描述词语内部的构成规则，一般针对的是可以接受或者可能出现的词。当一个词的内部构成是有规则的时候，其意义可以通过所构成成分的意义和词法规则推导出来。对于词语自动生成来说，虽然它是通过计算机这个载体来生成的，但是计算机也是利用一定的算法和模型，依托一定的规则来生成可让人们能接受的词。因此，自动生成的词语一定有其理据性，一般意义上说要符合一定的词法。虽然汉语是一个意合语言，词语和词语的组合多半是意义的叠加，但是很多词的组合不可避免地要符合汉语的一些词法。比如

“白皮松”一般比“皮白松”常见，并不是说这两个词意义不同，其实完全一样。只是因为在偏正类的复合词中，汉语习惯用偏正结构表达修饰部分的内容。诸如“肉夹馍”这个陕西著名小吃其实是“馍夹肉”，为什么叫“肉夹馍”，不叫“馍夹肉”，其中原因众说纷纭。但是从构词法来看，如果强调这是一种“馍”，那么汉语倾向于用偏正结构修饰中心语，而“馍夹肉”是主谓结构，如果作为偏正结构来看，就是一种“肉”，和实际想强调的特征不符合。

所谓附加意义贴切，指的是词汇中蕴含的人们赋予它的主观上的意义要贴切。有的词的构成和人的视觉感官或者视觉联想有关，如“亮晶晶”“喇叭裤”“仙人掌”；有的和人的听觉感官有关，如“乒乓球”“嘟嘟车”；有的和人的触觉感官有关，如“硬邦邦”“软塌塌”；有的还和人们的感情倾向或者感情色彩有关。例如，我们要称赞一个事物，用的词汇多半带有积极倾向性；而如果我们要批判一个事物，用的词汇多半带有消极倾向。因此，自动生成词语时，词语的附加意义倾向应该尽量与描述对象和场景保持一致。比如汉语有个类词缀“棍”，客观来讲，这个“棍”属于一个中性词，但是在很多复合词中，它都倾向于表达消极的感情倾向，如光棍、恶棍、神棍、赌棍等。如果我们要造一个类似“X 棍”结构的新词，所用的语素要符合这个结构的附加意义色彩，而且这个结构所组合成的复合词多半不是什么褒义色彩的词。

1.5 如何更好地让汉语词自动生成

在汉语词自动生成过程中，如何做到“好生成”呢？我们要先了解词语自动生成方法的发展历程。

词语的自动生成问题可以追溯到 20 世纪 70 年代，早期的代表性研究者包括 Robert Lees 和 Ralph Grishman 等。最初，这个领域主要是针对英语等西方语言的研究，研究者主要使用基于规则的方法和统计方法进行研究。随着计算机和自然语言处理技术的发展，研究者开始使用更先进的方法，如基于机器学习的方法、神经网络方法等。中国汉语词的自动生成研究较西方大致晚 20 年，20 世纪 90 年代初期中国的信息学界才开始关注并研究词语的自动生成问题。早期的汉语词自动生成研究主要采用基于规则的方法，利用人工编写的语法规则和词汇库生成新的词语。例如，1996 年，中国科学院自动化研究所的研究人员提出的"基于词法分析的汉语新词生成方法"，就是基于规则的自动生成方法。

随着大规模语料库的建立和机器学习技术的发展，汉语词自动生成的研究开始采用基于统计的方法。这一时期，汉语词的自动生成可以说广为开展，一般经过收集语料、统计分析、构建模型生成等步骤。在收集语料之前，我们要确定生成汉语词的上下文，以便生成具有贴合意义的词语。在收集语料的过程中，我们一般要进行分词和词性标注等文本预处理，从而将原始文本转化为有用的数据。然后，借助分析语料库，我们可以建立概率语言模型，来确定词语的出现概率，进而对生成的词语进行评估和选择。最后也是最重要的就是，运用一些算法模型生成目标汉语词。常用的生成算法包括 N-gram 语言模型、隐马尔可夫模型（Hidden Markov Model，HMM）和最大熵模型（MaxEnt）等。

N-gram 语言模型是一种基于统计的语言模型，它的基本思想是利用给定文本中的前 N-1 个词来预测下一个词的概率。N-gram 语言模型主要包括以下两个步骤：首先，将训练文本拆分成若干个 N-gram 序列；其次，根据训练文本中各个 N-gram 序列出现的频率，计算出每个 N-gram 序列后面出现的各个词的概率。郭忠伟等（2010）就是利用 N-gram 语言模型来进行汉语文书文本的自动生成。

N-gram 语言模型的优点是模型简单易懂，能够利用大量的文本数据进行训练，具有较高的预测准确度。但是，N-gram 模型只考虑了前 N-1 个词的影响，无法捕捉到更长的上下文信息，而且在面对稀疏的数据时，容易出现数据稀疏。

隐马尔可夫模型（HMM）最初是由美国数学家 L. E. Baum 和美国工程师 T. Petrie 于 1966 年提出的。HMM 是一种基于状态转移的语言模型，它的基本思想是将文本视为状态序列和观察序列的组合，其中状态序列表示潜在语义，观察序列表示词语序列，假设观察序列（即词语序列）是由一个隐藏的状态序列（即词语序列对应的潜在语义）产生的。基于这个假设，HMM 可以对给定的观察序列进行概率计算和状态推断，从而实现对语言的理解和生成。HMM 主要包括以下两部分：状态转移矩阵和发射概率矩阵。其中，状态转移矩阵描述了从一个状态到另一个状态的概率，发射概率矩阵描述了在每个状态观察到的某个词的概率。

HMM 最初应用于语音识别领域，目的是通过给定的声音信号识别出说话者所说的语言内容。后来，HMM 被应用于自然语言处理领域，成为一种常用的语言模型。在汉语词自动生成中，HMM 可以用来对一个句子中的词语序列进行建模，并根据给定的输入，生成新的词语序列。

HMM 的优点是可以捕捉到状态之间的转移信息，能够比较好地处理上下文信息。在一些文本生成任务中，如文本分类、机器翻译等，HMM 能够取得不错的效果。HMM 的构建较为简单，在应用上比较灵活，可以通过调整模型的参数和结构来完成不同的任务。不过，HMM 不能充分考虑状态之间的关联性。同时，HMM 对于语料库的要求比较高，需要有大量的数据来训练模型，因此非常受制于语料规模。

最大熵模型是一种用于分类和预测的统计学习模型，同时也是一种基于概率的分类模型。它可以通过学习语料库中的特征和标记之间的关系来预测一个新的标记。在汉语词自动生成中，MaxEnt 可以根据输入的句子来学习汉语词的特征和上下文信息，进而生成新的词汇序列，最终生成和预测新的词语。与 HMM 相似，MaxEnt 首先需要人们从语料库中抽取出所有的单词，并将它们作为 MaxEnt 的特征集合。Zhang（2004）就是基于最大熵模型的汉语新词发现方法，通过分析语料库中的词频和上下文信息，自动发现或生成新的词语。不过在构建 MaxEnt 模型时，人们需要确定哪些特征是最重要的。我们通常使用信息增益或者卡方检验来选择特征，也可以结合专家知识或人工半监督手段进行特征选择，这也就导致 MaxEnt 模型的可解释性较差，模型内部的决策过程还不易被理解。

同时期还经常用到的一些语言模型有支持向量机（SVM）、决策树（DT）等（Klein，2003）。这些模型方法大都将词语自动生成问题看作分类或回归问题，使用训练数据来构建模型，使用模型预测新的词语。

近十年，随着机器深度学习的兴起，自然语言处理方法迎来了变革，很多语言模型不再依赖标注标准不一且质量不高的熟语料，而是转向了直接进行生语料处理的神经网络等语言模型（neural network language model，NNLM）。这一模型近几年在汉语词自动生成问题上也得到了很好的运用。NNLM 主要通过学习词语的分布式表示，实现对文本的建模和预测。在汉语词自动生成中，NNLM 可以用来根据输入的句子生成新的词语序列。在使用神经网络语言模型进行汉语词自动生成时，人们需要选择合适的神经网络架构和训练参数。常用的神经网络架构包括前馈神经网络（feedforward neural network，FNN）、循环神经网络（recurrent neural network，RNN）和变换器（transformer）等。其中，FNN 是最早被应用于汉语词自动生成的神经网络模型之一，该模型使用多层神经元对汉语词进行建模，具有较好的表达能力和处理能力。RNN 则在前馈神经网络的基础上引入了时序信息，能够更好地处理语言序列问题。Transformer 模型则是近年来应用较为广泛的模型，能够对汉语词进行端到端的建模和预测。如 Dai（2019）就是利用 Transformer 模型实现汉语词的高效率自动生成。

近几年在自然语言处理领域很流行的基于 Transformer 模型双向编码器表示模型（bidirectional encoder representations from transformers，BERT）也可以用于汉语词的自动生成。该模型由 Google 研究人员于 2018 年提出。和以往一些方法需要基于大量标注过的熟语料不同，BERT 使用大量的未标记文本数据进行训练，得到文本的表示向量。然后，将表示向量输入解码器中，使用 softmax 函数进行归一化，得到每个词语在该上下文中出现的概率，根据这些概率选择最可能的词语输出作为生成结果。BERT 具有强大的表征学习能力，可以捕捉句子中的语义信息和上下文信息，对于汉语词自动生成任务非常有效。黄益、胡俊杰（2019）就是利用 BERT 模型进行汉语词的自动生成研究的，而且效果不错。不过，包括 BERT 在内的所有神经网络模型都需要超大量的数据、计算资源进行训练和微调，而且对数据的预处理和后处理比较复杂，需要一定的技术经验。需要注意的是，如今的中文信息处理借助这些神经网络模型已经不再像过去一样需要将语料进行词性标注、句法分析等深度处理后才能进行。可以说，它完全变换了处理方式，将语料信息进行语义向量化。这一转变开启了人工智能处理自然语言的新的大门。

向量是一个数学概念，数学向量是指由若干个数值组成的一维数组，通常用加粗的小写字母或箭头上方带有一个小箭头的小写字母表示。向量可以被用来表示空间中的点或物体，或表示在某些方面有类似性质的一组数值。语义向量化就是将语义用若干个数值组成的数组来表示，其发展历程可以追溯到 20 世纪 60 年代，当时研究者已经开始尝试将单词表示为向量以便进行文本处理和自然语言理解。当时，文本数据的处理主要依赖于手工构建的规则和模式匹配，但那些方法存在很多缺点，如需要大量的人工劳动标注，而且无法处理复杂的语言结构等。随着机器学习和深度学习的兴起，研究人员开始使用向量表示方法来处理文本数据。其中，最早的方法之一是向量空间模型（vector space model，VSM），它将文本数据表示为向量，然后使用余弦相似度等方法计算文本之间的相似性。此外，比较有代表性的有潜在语义分析（latent semantic analysis，LSA）和潜在狄利克雷分布（latent dirichlet allocation，LDA）。这些方法基于数学矩阵分解等技术，将文本表示为低维的语义空间中的向量。语言向量化也标志着自然语言处理完全进入了数学分析的领域。

近年来，深度学习的发展使得基于神经网络的语义向量化方法得到了广泛应用和研究。其中比较有代表性的方法包括 Word2Vec、全局向量表示模型（global vectors for word representation，GloVe）和 BERT 等。它们都是通过将单词表示为向量，并利用神经网络来训练和优化这些向量表示。

随着技术的进步，一些模型越来越高效。但是评价生成方法好坏的标准，并不能看它是否运用了先进的技术，或者说看它是否简单或者复杂，而是看它是否能够有效解决问题。如果能高效生成高质量的汉语词，即使它没有运用先进技术，甚至有时候需要大量的工作，那么它也仍然是一个好的方法。

不过目前来看，虽然汉语自动生成方法众多，但是归纳起来一般有两种思路。一种是依靠经验的，也就是通常意义上讲的基于规则来生成。这种方法的好处是生成的词语容易符合各种预期，可解释性强。但缺点就是如果生成规则太多，这样就无所谓规则，要么就是很难找到规则，因为有时候规则之间也会相互冲突和制约。比如，汉语在描述事物时多用偏正结构，但这也不是意味着我们生成的描述新事物的词都要生成偏正结构，有时候为了特殊强调，偶尔也会用到其他语法结构。例如“医生”，很显然就不是偏正结构。

另一种是依靠大规模数据和统计分析的思路，也就是通常意义上说的根据语料中出现的各类情况进行模拟自动生成。它的优点是很多计算机筛选创造的新词能让人类摸不着头脑，符合求新求异的需求，能够迅速生成汉语词；缺点是机器需要学习大量数据集。虽然有些人利用基于神经网络的方法摆脱了对语料的依赖，但是很多神经网络模型仍然需要一定量级的数据集才能具有人工智能的能力。

本书是将两种思路进行结合，即利用一些语言学规则对生成的词汇划定一个基本的规则范围，同时利用机器学习方法自动创造新词。不过，在预训练集上，还应该利用人工打分迭代的形式，帮助计算机筛选出符合人类认知特点的汉语词，这样才能在汉语词自动生成过程中做到高效率，实现高效果，最终生成高质量的、符合人类认知心理的汉语新词。

1.6 总体研究思路和途径

我们先来看一组汉语词生成实例（见表 1-1），这体现了我们的一些研究思路和实现场景。

表 1-1 汉语自动生成词例

输入	输出
陈辞之言	发言
粗鲁之言	粗言
呆傻之言	痴言
肯定之言	断言

续表

输入	输出
狂傲之言	狂言
宣示之言	宣言
臆断之言	妄言
不实之言	虚言
儿童的话	童言
不良的言语	坏言
雄壮的话	豪言
污秽之言	污言、秽语
民间通俗的口头语	俚语

用户输入左边的一组词语之后，汉语词自动生成模型会根据用户输入文本的意思，马上生成新的汉语词（右边）。生成的汉语词既有常见词汇如“发言”“童言”，也有比较少见的新词如“坏言”。经过对生成词语的分析，我们发现这里主要是进行语素的替换。有的语素来源于用户输入的关键词，如“儿童的话称为童言”；有的语素是用户输入关键词的同义语素，如“不实之言称为虚言，呆傻之言称为痴言”；还有的语素是用户输入关键词的映射语义，也就是用带有一定语义迁移或者隐喻义的语素来替换，如“雄壮的话称为豪言”。我们要做的工作就是根据用户输入的文本，进行关键词的替换、筛选和排列。在替换的过程中，我们有可能择取部分输入文本的关键语素，有可能选用同义语素，也有可能选用带有一定意义隐喻或关联的语素，最后生成一个基本符合用户输入文本语义的词语。这就是本书所理解的汉语词自动生成架构。

汉语词的自动生成问题涉及的虽然是词的生成，但总体可以描述成词汇内部结构的类推替换以及排列过程，即选什么语素字表达，以及所选的语素字如何排列。要想做到准确、有效且贴切的替换，人们必须首先弄清楚所替换对象的语义特征是什么、所替换对象间的语义关系是什么，以及组合规则有哪些倾向性。这样一来，本书所做的真实主要是对词汇的下一个语法层级，也就是语素层级进行描写、刻画、替换以及排列的工作。

本书主要涉及汉语词的词义解构、语素替换和搭配规则生成三大部分。前两个解决的是汉语词的语义表达问题，最后一个是解决如何选语素以及如何将这些语素进行排列的问题。汉语词自动生成可以描述为由一组语素 C_1 到语素项 C_n 组合而成的词组 x 生成一个新组合 y 的过程。这里的 C_1 和 C_n 共同构成词组 x，它们可以来源于文本的抽象概括，也可以是对其他词语的关联转化。前一个应用较广的是文本的自动摘要生成技术，后一个就是语言创作技术。这两种其实都是词语自动生成的应用。关于词语自动生成过程，我们可以用一个简单的函数来表示，也就是用 $y=f(x)$ 表示，其中 $x \in \{C_1+\cdots C_n\}$，这里 y 就是由 x 生成的新组合，而 C_1、C_n 就是 x 组合解构后内部原先的语义成分。这里的 n 并不是词或汉字的数量，而是合成词的语素数量，f 就是生成规则。因此，要解决汉语词的自动生成问题，我们绕不开的三大难题就是如何解构选择构成成分的语义特征，如何进行替换以及按照什么意合规则来组配，即语义解构、语素替换和生成搭配规则问题。语义解构是对汉语词汇深层语义的理解和分析。语素替换主要是对汉语词的扩展，这样才能使同一个词可以有无限种生成的可能。生成搭配规则是对新生成的语义元素进行限制和规范，让新的语义成分不能胡乱搭配和生成。其中，语义解构是词语生成的基础，语素替换是词语生成的目标，生成搭配规则是语素能成功替换的保证。本书的总体框架，可以用图 1–2 表示。

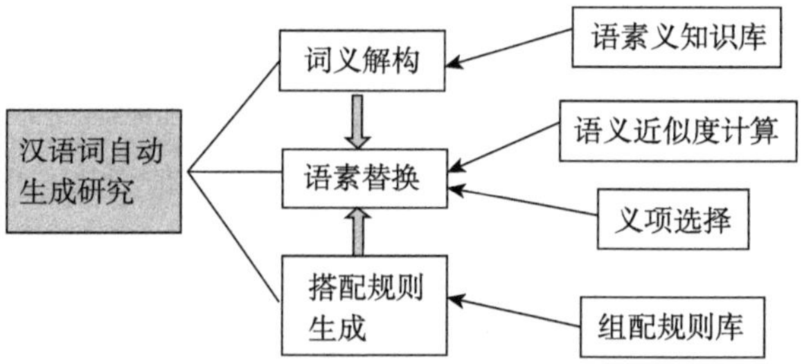

图 1–2　汉语词自动生成研究整体思路

这里，要实现汉语词的自动生成，必须将生成的词语重新进行语义解构，找到生成词的语义构成来源。接下来就是将若干个语义原子进行不同程度的替换，再按照一定的规则进行组配，从而达到自动生成的目的。

本书研究的重点就是如何进行有效的语素替换。在很长一段时间，语义的生成技术都是对既有文本继续抽取和替换的过程。语素隐含着生成词语的语义构件，如何有效地将这些语义构件进行替换和再组配，将直接影响词语自动生成的效果。

我们也可以看到，这一环节涉及两个难点问题：一个是如何有效寻找替换对象，因为语素能映射关联的对象很多，我们该选择哪个来替换，有的可以是近义词，有的甚至是它比喻的对象；另一个就是替换后的语义构件或者说语素能否有效组配。词语的替换可以依据语义近似度来选择，但是生成后的语素不一定能组配。比如，“思”和“想”语义接近，“家”和“乡”语义接近，我们可以说“思家”，但替换生成为“想乡”就不行。所以，成功的汉语词自动生成过程是语义能够成功替换，并且符合相应搭配规则的过程。前一个问题的解决需要依托高质量的语义映射关联，后一个问题的解决需要一个能够模拟人脑认知的合成机制。那么，如何实现两者的有效统一呢？根据生成词库理论，词语组配可以通过有针对性地描写词项来处理。比如“木头”和“桌子”组配后，如果我们描述“木头”的功能角色是“做”，而“桌子”的施成角色也是“做”，这样“木头做的桌子”就可以自动生成。这里的规则其实不一定是句法规则，它可以是一种促发语素组合的机制，也可以是类似动词或者其他形式并能起到连接作用的语言成分。

综上，本书主要研究汉语词的构词规则以及生成机制，然后以语素为抓手，通过构建语素义知识库和搭配规则库的方式，为有效替换相关语素提供技术支持。同时，运用人工智能的一些语言模型来学习这些语素的替换以及组配规则，进而达到生成汉语词的目的。新生成的词语可能是既有词汇，也可以是未出现的新词；可以是一个，也可以是多个语义相近或相关的词汇。

第二章　人工智能技术与自然语言处理

本章主要介绍人工智能技术的发展历程，以及在自然语言处理过程中所运用到的主要技术，为的是揭示人工智能和自然语言处理之间的关系及其作用。

2.1　人工智能技术的发展历程和特点

2.1.1　人工智能技术的发展历程

随着信息技术的发展，计算机技术在行业领域的重要性和优势不断深化。人工智能（artificial intelligence，AI）作为其重要的技术分支，在社会经济发展中起到了不可忽视的作用。计算机人工智能技术一般指的是研究如何使计算机具有人类思维，用计算机模拟和实现人类的某些特殊能力（如学习推理语音、动作等人类特有的行为模式）的一项科学技术。人工智能涵盖计算机科学、数据分析和统计、硬件和软件工程、语言学、神经学、心理学等多个学科，涉及语音识别、图像识别、自然语言处理、机器学习等领域。其发展历程可以追溯到 20 世纪 50 年代，当时人们才开始探索能够模拟人类智能的计算机程序。纵观人工智能技术的发展历程，我们可以将其分为以下几个阶段。

前人工智能阶段（1940—1950 年代）：随着 1946 年世界上第一台通用计算机“ENIAC”在美国宾夕法尼亚大学诞生，人类就开始聚焦如何利用计算机为人类服务的学科研究问题。1956年，首次人工智能会议（Dartmouth Conference）在美国新罕布什尔州达特茅斯召开。作为图灵奖得主的约翰·麦卡锡（John McCarthy）发表主题演讲，并第一次提出了人工智能的概念。这标志着人工智能的正式诞生，1956年也被称为人工智能元年。这个阶段主要是探索人工智能的基本概念和方法，包括符号逻辑推理、搜索算法等。这一阶段还出现了一个著名人物，来自IBM公司的亚瑟·李·塞缪尔（Arthur Lee Samuel）。他首先提出了“机器学习”一词，和麦卡锡一起被称为人工智能的鼻祖。

知识表示与推理阶段（1960—1970年代）：这个阶段研究开始转向基于语义知识的推理，包括语义网络、语义框架等，其中系统从大量的数据中自动学习并创建知识库的代表人物有鲁滨逊、弗里德兰德等。许多数学家和逻辑学家提出了知名的算法，例如感知机和贝尔曼公式（动态规划算法）等等。由于这些算法模型简单，无法对复杂的任务进行处理，在随后的一段时期内，人工智能的发展进入了低谷。不过，这一阶段也发展了“专家系统”。这是一种可以基于人类专家的知识进行推理的计算机程序。同时，也出现了第一个能够学习的程序，即TOMATO（top-down manipulation tool）。

专家系统阶段（1980年代）：这个阶段主要是开发专家系统，将专业领域的知识转化为计算机程序，代表人物有法伯、布莰等。研究者开始关注机器学习技术，这是指让计算机从数据中学习规律和模式，来提高它们的性能。同时，也出现了“神经网络”技术，它是一种模拟人类神经系统的计算模型，如决策树模型和支持向量机模型。

机器学习阶段（1990—2000年代）：随着互联网技术的兴起，人工智能技术尤其是机器学习技术得到发展和应用，主要表现在信息检索和文本分析方面，代表人物有托马斯、贝叶斯等。研究者开始利用人工神经网络完成语音和图像识别等任务，并继续发展了“支持向量机”（support vector machines，SVM），将其用于分类和回归分析。特别是 1997 年 IBM 开发的深蓝机器人（Deep Blue）在国际象棋比赛中赢了前国际象棋冠军卡斯帕罗夫，这一事件吸引了社会的广泛关注，也将人工智能推向了新的发展高潮。

深度学习阶段（2000—2010 年代）：在机器学习技术得到广泛应用的前提下，人们又提出了基于神经网络的机器学习方法。这些被称为“深度学习”技术。深度学习技术的兴起，使得人工智能技术在语音识别、图像识别、自然语言处理等领域取得了重大突破。不过，这一时期由于人们的关注度过高，而实际上并没有产生革命性的技术，所以人工智能发展速度相对缓慢。

多元化应用阶段（2010 年代至今）：随着大数据和云计算技术的快速发展，人工智能从过去的依托算法转向依托大规模海量数据集以及大算力计算机进行迭代优化。同时，也出现了新的人工智能技术和产品，如自然语言生成（natural language generation，NLG）技术。它可以理解人类的语言并且进行推理和预测，典型应用就是 ChatGPT 对话机器人，为人工智能又开辟了新的世界。

在当下，人工智能技术从单一任务的解决逐步发展到多任务的协同解决，从学术界转向工业界，从规模小、计算力弱到数据、算力都大幅提升。这一时期虽然时间不长，但是人工智能技术总体上出现了三个发展阶段，分别是智能计算、智能感知和智能认知。

智能计算是人工智能发展的第一个阶段，也是人工智能核心技术发展的首要阶段。它主要指的是机器具备超强的记忆能力和超快的计算能力，能够从海量的数据里面进行深度学习与积累，从过去的经验里面获得认知和能力，并在当前的环境中得以运用。比如，2017 年 Google 公司所开发的围棋机器人阿尔法狗（AlphaGo），和 1997 年 IBM 公司开发的下围棋机器人深蓝不同，虽然两部机器在围棋比赛中都战胜了人类，但是深蓝是基于暴力穷举实现国际象棋领域的智能。它首先生成所有可能的走法，然后执行尽可能深远的搜索和尝试，并不断对后续局面进行评估，从而尝试找出最佳走法。这种思路使得深蓝的下棋思考时间较长。阿尔法狗是利用策略网络和价值网络这两种深度学习的神经网络模型让机器能够和人下围棋，并且战胜昔日的冠军，其实质是一个内化的智能计算模型技术。

智能感知是人工智能发展的第二个阶段，也是一个借助外在手段来完善人工智能技术的阶段。它主要指的是机器依托相关传感器硬件，具备了听觉、触觉、视觉等感知能力，可以将所接收到的信号数据进行结构化，并且以人类的方式来沟通，和人类互动。比如百度、谷歌正在研发的无人驾驶汽车，它主要就是通过传感器有效地对障碍物（如汽车 / 行人）进行识别，并且做出正确的反应。

智能认知是人工智能发展的第三个阶段，可以说是人工智能技术真正成熟的阶段。它主要指的是机器或者系统，能够像人类的大脑一样思考和理解问题，通过生成假设技术，用多种方式推理和预测结果。典型代表就是 2022 年年底诞生的 ChatGPT 聊天机器人，它让人感知到机器似乎已经能较高程度地理解人类，并能模拟人的思维给人们提出建议。

如今，人工智能技术不仅在学术界和工业界得到了广泛应用，而且渗透到其他领域，如医疗、金融、能源、制造业等，影响了我们日常生活的方方面面。甚至人工智能的使用门槛也不那么高了。比如 ChatGPT 自动问答搜索工具，一经推出就被人们接纳和使用。基于这个工具，很多对某些专业知识一无所知的人也可以从事相应的专业工作。比如，很多非计算机背景的人利用 ChatGPT 来写程序代码等。

当然，人工智能技术还面临着许多挑战，比如解释性、安全性、隐私保护等方面，需要我们继续努力研究和完善。但总的来说，我们已经进入了一个广泛的、多元化的应用时代，人工智能技术正变得越来越成熟化、普及化和实用化。

2.1.2　人工智能技术的特点

经过几十年的发展，人工智能技术逐渐显现出通用性、过程不可知性、数据依赖性等特点。

（1）通用性。人工智能是机器的智能，能够完成复杂的智力任务，是一种通用性极高的技术。人工智能能够结合的应用场景极其广泛，包括制造、交通、医疗、政务、金融等大部分行业，并且可以与其他技术相互补充，有极强的技术溢出效应。

（2）过程不可知性。人工智能往往使用包含多个隐层的复杂算法模型，导致输入与输出的数据关系无法被明确解释。虽然算法模型输出的结果可以被验证是有效的，但算法的使用者只能被动地接受这个结果，而无法对过程有清晰的理解。这就导致人工智能像一个看不透的黑色箱子，大家对其内部情况全然不知，只知道输入与输出，却不了解具体的过程。

（3）数据依赖性。数据是人工智能的基础，人工智能往往通过数据学习规则，进而形成算法。数据的质量会在很大程度上影响人工智能算法。在人工智能的世界，数据就是规则与规律的缩影，不完整或者倾向性明显的数据可能导致算法出现问题，甚至导致人工智能的不可控。

2.2　人工智能处理语言的基本原理

人工智能的本质是对人脑思维过程进行信息化模拟。因为要模拟人脑，计算机首先要学习人类的思维方式。

不管是利用人工智能处理语言、文字还是图像，甚至是一些多维度数据信号，人工智能技术的底层逻辑都是将这些数据转化为机器所能理解的数据形式，进而识别、处理、分析。这就是所谓的让机器进行学习，并据此获得一些必备的知识和选择机制，然后根据所学的知识计算各种可能的动作，进行反馈，从而总结和抽象出类人思维的模式。这样，当再次获得信息时，它就可以以较为接近人脑的行为对可能触发的动作进行预测，进而有针对性的生成，以达到智能化的预测和输出。人工智能还不是一蹴而就的技术，必须基于不同场景、不同动作效果进行自我优化，不断改善自身性能。这是人工智能技术的魅力所在，同时也是人工智能技术的核心之一。

目前，人工智能技术主要集中在底层知识的表示、机器学习算法的实现、自动生成模型的训练三大环节。其中，底层知识主要集中在语义知识的向量转化上，机器学习算法主要是基于神经网络的一些深度学习算法，自动生成模型主要是集中在基于上下文生成和基于词语生成两个方面。

2.2.1 基于语义向量的语义知识转化

要想机器学习人类的思维模式，首先就要让计算机懂得或理解人类的语言。那么，如何让计算机理解人类语言呢？人工智能技术通常采取从大量数据中学习的方式。这种学习方式首先要解决知识转化的问题，即先将文本知识转化为计算机能理解的数据模式，然后收集并清洗数据，接着进行预处理，以便在机器学习算法中使用。以往是通过人工标注的形式将文本转换为计算机可以理解的标签或者符号。例如，在语言学中有一种格语法理论，创始人是菲尔默（Fillmore），他把各种句法成分间的关系（主要是动词和名词的关系）分为十几种，一种关系就是一种语义格。信息科学引入了这一理论，将语义格命名为更加直白的“语义角色”，通过给各个句法成分标注语义角色标签来描述各句法成分间的语义关系。计算机可以识别这些标签来区分各个成分的特点，并根据具体情况提取和转化相应的成分来回答人们的问题，让人类感觉到计算机似乎能听懂人类语言。比如下面一句话：

本周三小王将在学校图书馆举办一场有关职业规划的讲座。

可以先处理为：{[TIME]本周三}{[SUBJECT]小王}将{[LOCATION]在学校图书馆}举办{[NUMBER]一场}{[CONTENT]有关职业规划的}{[OBEJECT]讲座}。

然后，计算机根据语句上的标签识别各句子成分的内容和关系，并根据需要抽取某一部分作为回答。

例如，如果问“小王什么时候举办讲座”，那么“什么时候”所涉及的语义角色是该事件发生的“TIME（时间角色）”，相应地，只要抽取出时间标签的内容“{[TIME]本周三}”来进行回答就可以了。这时计算机只需要做遮罩和提取工作，就可以针对性地回答对应问题。以此类推，当提问“小王在什么地方举办讲座”时，这时只需要提取“LOCATION（地点）”标签所涉及的内容就可以了。这是一些初代问答系统所运用的原理，只不过过程比这复杂，要让计算机反复学习和训练这些人工标注语料，它才能根据出现概率和频次自动判断语义内容的所属标签，达到自动标注、自动抽取和自动问答的目的。

当然，除了语义角色标签，还有很多其他种类的标签，它们的功能也不尽相同。例如词性标签、句法成分标签、情感色彩标签等等，这些标签集都是为了某一特殊的处理需求而产生的。比如情感色彩标签，主要是运用于情感计算领域，如果不人为地为一些文本标注出情感色彩，那么计算机是不会通过其他途径来推断情感倾向的。可以说，标签标注的质量很大程度上影响着语言处理的结果。但是对语料进行标签标注，是一个较为烦琐和单调的工作，需要大量的人工，而且人们的认知能力和专业素养也不太一样，甚至有时候标注的标准也不一样。比如汉语词性的标准，目前汉语学界都没有统一，这就容易造成标签标注的混乱和多样化。虽然我们现在可以通过测试集和一些自然语言处理的预训练模型减少语料标注的工作量，但是这些模型算法也是历年高质量的熟语料训练集训练出来的结果。在自然语言发展初期，学界不得不投入大量的人力和物力进行数据标签标注工作，为的是有朝一日逐渐摆脱烦琐的标注工作。

不过，随着时代的发展，不仅计算机算力和互联网等硬件开始了飞速发展，而且在方法理论上也有了质的突破。除了吸收语言学理论，一些神经认知、数学统计的方法在自然语言处理中也得到了极大的应用。近年来，在自然语言处理过程中，人们大都采用语义向量转化的方法先将文本变成向量的形式，这样计算机就可以通过语义向量这类数学表示方式来理解和处理语言了。

向量，可以翻译为“vector”，开始时有“搬运”的意思，最初被应用于物理学领域，用来衡量一些有方向、大小的物理量，描述物体在空间中的运动轨迹。例如力、速度、位移、电场强度、磁感应强度等物理量都有方向和大小之分，所以需要用向量来表示。公元前 350 年，古希腊著名学者亚里士多德就认为两个力的组合作用可以用平行四边形法则来表示，这就是力学的一种向量表示思路，只不过当时并没有为其命名。我们可以把向量比喻成有方向和大小的箭头，它们结合所波及的范围数值在二维平面上可以是类矩阵图形。后来，这种带有趋向和箭头的有向线段被引入几何领域，用来表示复数的几何表示，并据此研究几何与三角问题。

人们通过这种方式不仅逐步接受了复数，也学会了利用复数来表示和研究平面中的向量，进而它被数学界所熟知和使用。向量这一术语正式出现是在 19 世纪 20 年代，主要用于复数的几何表现。数学界开始把空间的性质与向量运算联系起来，使向量成为具有一套优良运算通性的数学体系。例如，复数的加法运算就可以利用力学中的平行四边形法则。

我们可以先看图 2–1。

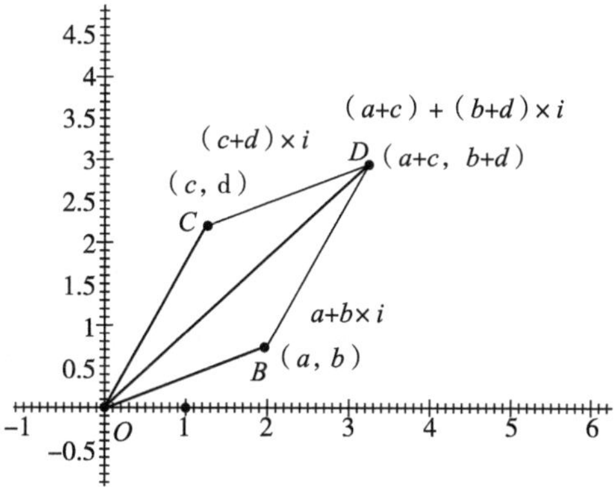

图 2–1 复数加法运算和平行四边形法则

图 2–1 中 C 点的坐标是（c, d），B 点坐标是（a, b），两条线段 OB 和 OC 分别代表两个复数“（a+b）× i”和“（c+d）× i”，复数的相加在几何上的表示也就是以某种方式将两条线段相加，然后用这两条边所构建的平行四边形的对角线 OD 就是合并的两线之和，也是两个复数相加的结果。

但在初期，向量的利用是受限制的，因为它仅能用于表示平面，若有不在同一平面上的力作用于同一物体，则需要寻找三维甚至多维的向量以及相应的运算体系。不过，后来数学家们将复数推广到“四元数”，让三维向量分析得以进行，还引入了两种类型的乘法，即数量积和向量积。这不仅把向量代数推广到变量的向量微积分，而且这些成果也在物理高维空间上得以广泛应用，最终在 20 世纪产生了向量分析。

表示向量时，人们一般采取三种方式：代数表示、几何表示和坐标表示。

代数表示：一般是在字母上方加一右向箭头，如 a 的向量表示为“$\overrightarrow{a}$”。如果给定向量的起点（A）和终点（B），可将向量记作 AB 上方加一右向箭头的形式“$\overrightarrow{AB}$”。

几何表示：向量可以用有向线段来表示。有向线段的长度表示向量的大小，向量的大小也可以称为向量的长度。长度为 0 的向量叫作零向量，记作 0。长度等于 1 个单位的向量，叫作单位向量。箭头所指的方向表示向量的方向。如图 2–2，线段 OA 可以表示向量“$\overrightarrow{a}$”；线段 OB 可以表示向量“$\overrightarrow{b}$”；线段 OC 长度为 R，也表示两个向量的相加结果，即“$\overrightarrow{a}+\overrightarrow{b}$”。

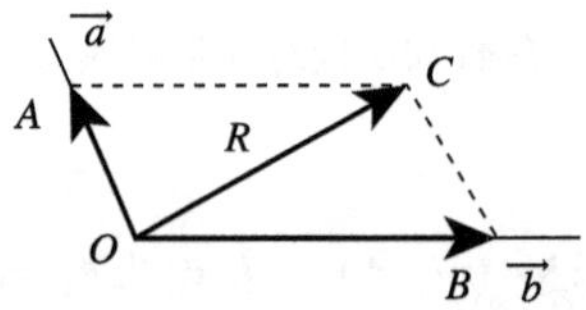

图 2–2　向量的几何表示

坐标表示：向量可以被标注在二维或者多维坐标体系中。如果是在平面直角坐标系中，分别取与 x 轴、y 轴方向相同的两个单位向量 i、j 作为一组基底。a 为平面直角坐标系内的任意向量，以坐标原点 O 为起点、P 为终点作向量 a。由平面向量基本定理可知，有且只有一对实数（x，y），使得 $a=xi+yj$，因此把实数对（x，y）叫作向量 a 的坐标，记作 $a=$（x，y）。这就是向量 a 的坐标表示。其中，（x，y）就是点 p 的坐标。向量 a 称为点 P 的位置向量。

在三维空间直角坐标系中，分别取与 x 轴、y 轴，z 轴方向相同的 3

个单位向量 i、j、k 作为一组基底。若为该坐标系内的任意向量，以坐标原点 O 为起点作向量 a。由空间基本定理可知，有且只有一组实数（x，y，z），使得 $a=ix+jy+kz$，因此把实数对（x，y，z）叫作向量 a 的坐标，记作 $a=$（x，y，z）。这就是向量 a 的坐标表示。其中，（x，y，z）就是点 P 的坐标。向量 a 称为点 P 的位置向量。具体如图 2–3 所示。

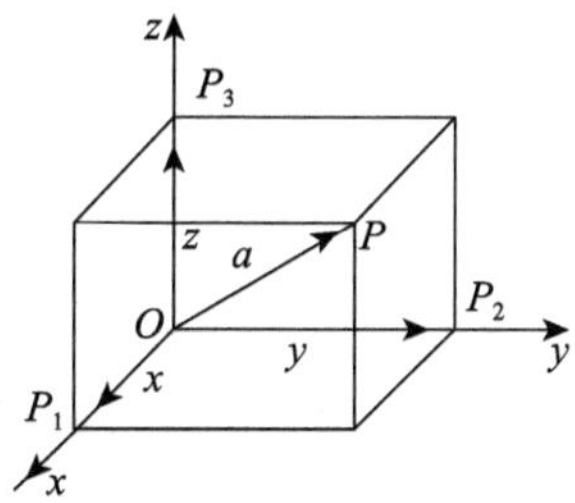

图 2–3　向量的坐标表示

当然，还可以转换成矩阵（matrix）的形式表示向量。这里的矩阵可以被理解为一个按照长方阵列排列的复数或实数集合，向量是一个有序数组，两者较为近似。矩阵一般是由 $m \times n$ 个数组成的 m 行 n 列的矩形表格。一个 $m \times 1$ 矩阵也被称为一个 m 维列向量；一个 $1 \times n$ 矩阵，也被称为一个 n 维行向量。上面的二维和三维向量 a，我们可以分别表示为：

$$a=\begin{bmatrix} x \\ y \end{bmatrix} \text{和} \, a=\begin{bmatrix} x \\ y \\ z \end{bmatrix}$$

由于向量是有方向特征的，而方向是无所谓大小的，所以一般情况下，向量是不能比较大小的。但是向量有长度，我们俗称向量的模，一般用绝对值符号标识，比如向量 a 的模记作 $|a|$。向量的模是可以比较大小的，而且，向量的模一般是非负实数。

那么，向量是如何被引入计算机领域的呢？

其实，在20世纪中叶计算机诞生不久，由于图形处理的需要，相关专家就引入了向量来表示物体的位置、方向、速度等属性。起初向量被广泛应用于表示图像和计算机图形中的几何对象。尤其是在一些游戏和三维建模软件中，复杂图形的渲染和动画效果都要用到向量计算。为此，专门的向量处理器诞生了，它也是超级计算机的重要组成部分。

人们在自然语言处理领域引入向量处理则要到20世纪七八十年代。鉴于以往依托语言学理论的标注方法较为烦琐，所以自然语言处理的有关人员转向了数理方法。当时研究人员开始使用向量空间模型来表示文本，并将其应用于信息检索领域。在向量空间模型中，文本表示高维向量，每个维度代表一个词语或者短语，向量中的值表示该词汇或短语在文本中的出现频率或权重。这种表示方法使得文本可以被看作在一个向量空间中的点。

举一个例子，假设我们要表示两个单词“猫”和“狗”，可以使用向量表示方法，为每个单词分配一个向量。这个向量可以是有多个维度的实数向量，每个维度表示这个单词在某种语言特征上的重要程度。例如，我们可以用三维向量表示“狗”和“猫”，其中第一维表示这个单词的动物种类，第二维表示它的大小，第三维表示它的性格特征。比如，“狗”可以表示为（1，1.2，0.6），“猫”可以表示为（1，0.5，0.8），从这两列数组中，计算机可以辨别出这两个词语在某一维度上是一样的，但是在其他维度上相差较大。如果再多一个“鱼”，假设用（2，0.3，0.4）表示，计算机基本上可以断定“鱼”和“猫”“狗”属于完全不同的东西，因为它们没有一个维度是完全相同的。由于数值相差不太大，有些特征可以理解为相似。基于这种思路，研究人员常常利用向量来计算两个单词的相似度。

假设词汇表中有以下四个词——“猫”“喵”“狗”“汪”，它们的向量可能是这样的：

猫：［0.8，0.2］

喵：［0.9，0.1］

狗：［0.2，0.8］

汪：［0.1，0.9］

在二维坐标上，上述词的向量可以用图 2-4 表示。

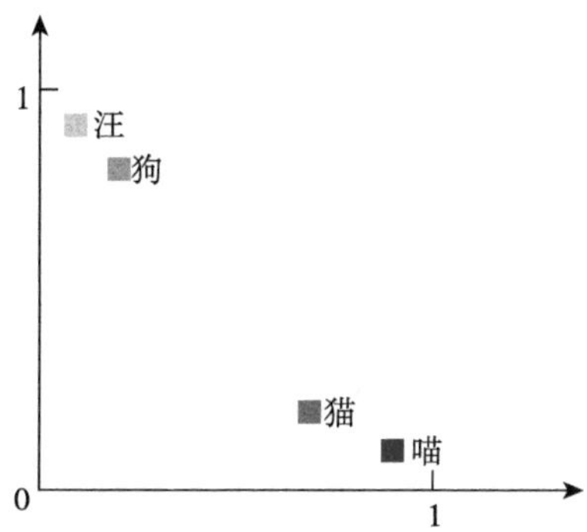

图 2-4　“猫”“喵”“狗”“汪”向量的坐标

通过坐标图，我们可以看到“喵”和“猫”距离较近，它们的向量表示也较“汪”和“狗”的向量更为相似。对于计算机来说，它并不理解“猫”是什么东西，“狗”又是什么东西，只是通过数学的形式捕捉到了“猫”“狗”“汪”“喵”这四个词之间的关系。这里的向量是二维的，我们在平面图中就可以看出来。实际应用中，为了更好地捕捉到语义信息，我们往往要运用到几十上百个维度，仅仅依靠大脑是想象不了的。而且，眼睛只能观察到大致的相似程度。在具体应用过程中，我们需要精确的数值来反映出若干组向量间的差异程度。这就需要利用一些相似度算法。

我们可以通过计算向量之间的距离或角度来衡量。在自然语言处理学界，词向量相似度计算公式主要有欧氏距离、Jaccard 距离、余弦相似度等。它们的计算方式和应用场景不同，具体的差异如下。

欧氏距离：一种常用的度量向量间距离的方法，计算两个向量之间的距离。欧氏距离考虑向量之间在每个维度上的差异，并将所有维度上的差异加权求和，最后开根号得到距离值。用公式表示就是：

$$P=\sqrt{(x_1-y_1)^2+(x_2-y_2)^2+\cdots+(x_n-y_n)^2}=\sqrt{\sum_{i=1}^{n}(x_i^{\ 2}-y_i^{\ 2})^2} \quad \text{公式（1）}$$

假设我们有两个向量，利用几何坐标表示就是 a=［1，2，3］和 b=［4，5，6］，这些向量表示三维空间中的两个点。我们可以使用欧氏距离来计算它们之间的距离：

$$d(a,b)=\sqrt{(4-1)^2+(5-2)^2+(6-3)^2}\approx 5.196$$

这个结果表示向量 a 和向量 b 之间的距离约为 5.196 个单位，它们在三维空间中相距较远。欧氏距离适用于连续型数据，如图像、声音等。它的计算结果受维度之间的尺度影响较大，因此对于尺度或者数据范围不同的特征，需要进行归一化处理。

Jaccard 距离：一种计算集合相似度的方法，它主要用 Jaccard 相似系数（Jaccard similarity co-efficient）来比较有限样本集之间的相似性与差异性，也可以用来度量两个向量之间的相似性。Jaccard 系数值越大，样本相似度越高。Jaccard 距离考虑的是向量之间共有的元素占总元素的比例，即集合的交集与并集的比值。

假设我们有两个集合 A=｛1，2，3｝和 B=｛2，3，4｝，可以使用 Jaccard 距离来计算它们之间的相似性。Jaccard 距离是根据两个集合的交集与并集的比值来计算的：

$$J(A,B)=|A\cap B|/|A\cup B|=|\{2,3\}|/|\{1,2,3,4\}|\approx 0.5$$

这个结果表示集合 A 和集合 B 之间的相似性较高，因为它们共有的元素占总元素的比例较大。

Jaccard 距离适用于数据呈现二元型的情况，如文本分类、社交网络等领域。

余弦相似度：一种常用的计算向量相似性的方法，它用于比较两个向量在方向上的相似程度，而不考虑它们在长度或者绝对大小上的差异。之所以两个向量的余弦值能反映两个向量的相似度，是因为在几何向量表示中，如果两个向量线段平行或重合，就可以认为这两个向量相似度为 1（100%）；如果这两个向量垂直，或者说正交，那么一般我们可以把这两个向量的相似度看作零。它和两个向量的余弦值夹角变化规律相似。这提示我们，可以用两向量夹角的余弦值来度量两个向量的相似度，也就是 $\cos(a, b) = (a, b) / |a||b|$，这里的绝对值符号表示向量的模。

那么，如何运用余弦相似度方法计算文本的相似性呢？

假设我们有两个文本字符串 a（“喜欢猫”）和 b（“喜欢狗”），可以使用余弦相似度来计算它们之间的相似性。首先，将这两个文本字符串转化为向量表示；然后，通过比对式的排列，发现这两个字符串只涉及三个词语“喜欢”“猫”和“狗”；接着，同 a 和 b 中的元素进行比对，有就标识 1，没有就是 0。我们可以将文本字符串通过几何坐标标注的形式表示为：$a=[1, 1, 0]$，$b=[1, 0, 1]$。

首先，计算它们的内积，也就是 a 和 b 的乘积再相加。

$$a \times b = 1 \times 1 + 1 \times 0 + 0 \times 1 = 1$$

然后，计算它们的长度，即向量的模。

$$|a| = \sqrt{1^2 + 1^2 + 0^2} = \sqrt{2}$$

$$|b| = \sqrt{1^2 + 0^2 + 1^2} = \sqrt{2}$$

最后，使用余弦相似度来计算它们之间的相似性。

$$\cos\theta = a \times b / (|a| \times |b|) = 1/2$$

余弦相似度的取值范围在 –1 到 1 之间。如果这个分数比较高，说明它们在某些特征上比较相似，反之则不相似。比如 0.5，表示向量 *a* 和向量 *b* 具有中等程度的相似。余弦相似度的计算不受维度之间的尺度影响，非常便于人们比较和解释。目前，自然语言处理一般是计算两个向量之间的余弦相似度，得到它们的相似度分数。

余弦相似度也可以被用来比较较长文本之间的相似性，从而完成文本分类、聚类、信息检索等任务。

例如，我们要计算下面两句的相似度：

句子 A：这件衣服号码大了，那件号码合适。

句子 B：这件衣服号码不小，那件更合适。

怎样计算上面两句话的相似度呢?

基本思路是：这两句话的用词越相似，它们的内容就应该越相似。而衡量用词情况的特征可以通过统计每句话的词频得出。因此，我们可以从词频入手，统计每句话各个词频的向量，计算它们的相似度。

第一步，分词。

句子 A：这件 / 衣服 / 号码 / 大了，那件 / 号码 / 合适。

句子 B：这件 / 衣服 / 号码 / 不 / 小，那件 / 更 / 合适。

第二步，列出所有的词。

这件，衣服，号码，大了，那件，合适，不，小，更。

第三步，计算队列词频。

句子 A：这件 1，衣服 1，号码 2，大了 1，那件 1，合适 1，不 0，小 0，更 0。

句子 B：这件 1，衣服 1，号码 1，大了 0。那件 1，合适 1，不 1，小 1，更 1。

第四步，写出词频向量。

句子A：（1，1，2，1，1，1，0，0，0）

句子B：（1，1，1，0，1，1，1，1，1）

我们可以把这两个句子看作两组向量：

a=［1，1，2，1，1，1，0，0，0］

b=［1，1，1，0，1，1，1，1，1］

可以把它们想象成空间中的两条线段，都是从原点（［0，0，…］）出发，指向不同的方向。

两条线段之间形成一个夹角，我们可以通过夹角的大小来判断向量的相似度。夹角越小，就代表越相似。利用余弦相似度计算公式，代入上述数值后，我们得到：

$$\cos(\theta)=\frac{1\times 1+1\times 1+2\times 1+1\times 0+1\times 1+1\times 1+0\times 1+0\times 1+0\times 1}{\sqrt{1^2+1^2+2^2+1^2+1^2+1^2+0^2+0^2+0^2}\times\sqrt{1^2+1^2+1^2+0^2+1^2+1^2+1^2+1^2+1^2}}$$

$$=\frac{6}{\sqrt{9}+\sqrt{8}}\approx 0.71$$

这个值较为靠近1，表示两者较为接近，事实上两者的意思也差不多。

自然语言处理学界将这种把文本转化成向量的表示方法称为向量表示或者嵌入（embedding）。如果是来自词汇表的单词或短语被映射到实数的向量，则称为词向量（word embedding），又叫词嵌入。词向量训练可以说是目前自然语言处理中特征学习最基础的技术，也是最为重要的技术之一。这是因为词向量可以被用于词汇表征、文本分类、情感分析、机器翻译和自然语言生成等任务中，其训练质量将极大地影响后续依托词向量计算的语言模型。

在这种方法中，每个词语或者短语都被映射到一个有固定大小的向量空间中的向量上。

向量除了可以用于表示词语，也被应用于句子、段落、文档等的表示和生成任务中。这大大提高了自然语言处理的效率。

2.2.2 基于语义向量的深度学习方法

有了语义向量作为媒介，怎么利用就成为信息学界接下来应该考虑的问题，目前主要有机器学习和深度学习两种途径。

所谓机器学习，是一种通过训练数据和算法自动地学习规律和模式的方法。机器学习分为监督学习、无监督学习和强化学习等类型。如最早的向量表示方法——潜在语义分析方法（latent semantic analysis，LSA），就是一种基于矩阵分解的无监督机器学习方法。这种方法将文本转化为一个词——文档矩阵，然后通过奇异值分解减少矩阵的维数。奇异值是一个非负的实数，按照降序排列，表示矩阵在每个维度上的相对重要性，即奇异值越大，它对应的维度越重要。在奇异值分解中，我们通常选择保留奇异值较大的维度，舍弃奇异值较小的维度，以实现对矩阵的降维。它通常将文本矩阵分解成三个矩阵的乘积，其中一个矩阵代表文本的概念空间，另一个矩阵代表单词的概念空间，最后一个矩阵则表示每个单词在每个文本中的权重，最后得到一个文本的低维度向量表示。然后，通过计算这些向量之间的余弦相似度，我们可以确定文本之间的语义相似性。这种方法没有考虑到词语之间的语义关系，容易出现词语混淆的问题。我们可以看“I saw a bat flying in the sky.”这句话。

这里的“bat”有蝙蝠、球棍等意思。如果将“bat”解释为蝙蝠，则“bat”和“sky”之间的相似度会比“bat”和“baseball”之间的相似度更高，因为“bat”和“sky”都出现在这个句子中，而“baseball”则没有。如果将“bat”解释为球棍，则“bat”和“baseball”之间的相似度应该更高，因为它们是有关联的词语。但是LSA模型不能很好地区分这两个含义，因为它只考虑了单个词语的出现情况，而没有考虑到词语之间的语义关系。

因此，在处理一词多义的文本时，我们需要使用更加复杂的模型。

深度学习是机器学习的进阶，它是一种基于神经网络[①]模型的机器学习方法，通过多层神经网络学习数据中的高层次抽象特征。深度学习可以自动地从原始数据中提取出有用的特征，并用于各种领域。目前，在自然语言处理过程中，几个主要的技术方法都是深度学习方法。

深度学习在语义知识表示上来源于词袋模型（bag-of-words model）这一文本表示方法。上一节在介绍如何用向量区分两个文本的相似度时，是通过统计每个单词的出现次数（频率）作为向量生成依据的方式。这也是一种较为基础的文本表示方法，人们通常称为词袋模型。通过这一模型，一篇文档可以用统计的所有单词数目来表示，每个文本用一个向量来表示，向量的每个维度表示一个词语在文本中出现的次数或权重。这种方法不考虑语法和单词出现的先后顺序，因此不需要句法分析或者特殊标注，就可以比较两个文本的语义。但是在实际运用过程中，句子语义的复杂程度是不能仅仅通过词频来体现的，所以词袋模型也是一个较为基础的文本表示方法。严格来说，它也不算是一种机器学习方法，而是一种预处理方法，但是它在一定程度上启发了后续的基于词向量的神经网络模型（Word2Vec、GloVe 等）、循环神经网络（RNN）、长短时记忆网络（LSTM、TBERT、GPT）等。

近十年，语言处理模型大致经历了从 Word2Vec 到 BERT，再到 ChatGPT 4.0 的几个阶段，大致可以用图 2-5 来表示。

---

① 神经网络（neural network）是一种模拟人脑神经元的计算模型，是深度学习方法的基础。神经网络由输入层、隐层和输出层组成，每个神经元都与下一层的神经元相连，可以通过权重来调整神经元之间的连接强度。循环神经网络（recurrent neural networks，RNN）、卷积神经网络（convolutional neural networks，CNN）、自注意力机制（self-attention mechanism）是几种常见的神经网络技术模型，只不过面向的对象和功能有所不同。

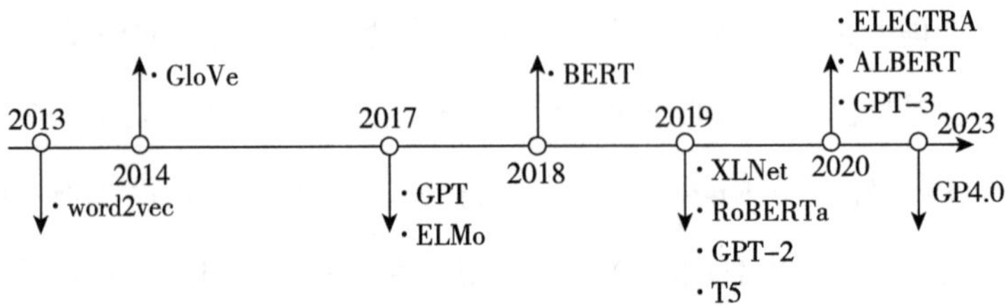

图 2-5　近十年语言处理模型发展历程

这些方法都在一定程度上改进或突破了词袋模型的局限性，为自然语言处理领域的发展做出了贡献。目前，对语义向量的训练，一般人用得较多的是 Word2Vec 和 BERT。这两个模型都是基于神经网络的向量训练模型，是比较常用的深度学习模型。

（1）Word2Vec。Word2Vec 是 2013 年由米克诺夫（Mikolov）设计的一个基于神经网络模型的词向量生成工具。

从字面意义上看，Word2Vec 是涉及单词的向量训练模型，通过将每个单词表示为一个向量，来捕捉或学习词汇之间的关系。其训练模型本质上是一个只具有单一隐含层的神经元网络，如图 2-6 所示。

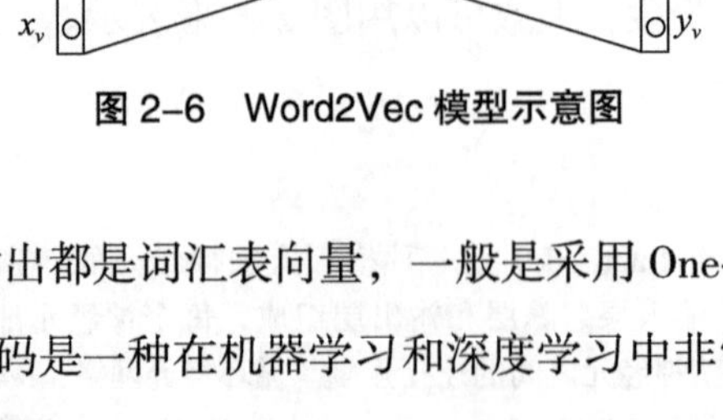

图 2-6　Word2Vec 模型示意图

它的输入和输出都是词汇表向量，一般是采用 One-Hot（一热）编码格式。One-Hot 编码是一种在机器学习和深度学习中非常常见的，将分类数据转换为数字数据的方法。在 One-Hot 编码中，每个不同的类别被赋予一个独特的数字编码。这个编码通常是一个长度等于类别总数的向量，其中只有一个元素为 1，其余元素均为 0，One-Hot 就是采用这种编码方式将每个词都表示为一个独立的离散变量。不过，One-Hot 编码格式表示法的缺点也较为明显，因为它的编码方式只能区别词，并不能有效表达词与词之间的关联性。也就是说，One-Hot 编码不能有效地表达出词之间的语义信息和语法关系。例如，“狗”和“猫”这两个词，它们的 One-Hot 向量是完全不同的，但是它们之间有很强的语义关联。于是，在神经元网络的隐含层，它将每个词转换成一个分布式表示的词向量，用一个固定长度的向量来表示每个词，使得这个向量可以表达词与词之间的语义和语法关系，从而更好地表达词与词之间的关联性。比如，图 2-6 中单词的词向量便是矩阵 $W_{V\times N}$ 的第 i 行的转置。这样我们就把原本维数为 V 的词向量变成维数为 N 的词向量（N 远小于 V），词向量间保留了一定的相关关系。在这个环节，每个词向量的维度通常比较小，一般在 50~300 之间。这也意味着相较于 One-Hot 编码，词向量所需要的存储空间大大减小，更容易让模型学习到更多的信息。

Word2Vec 的优点是可以在不需要标注数据的情况下，对语料库进行有效的无监督学习，得到每个单词的向量表示。这种思路是基于一个基本假设——“相近的词汇有相近的含义”。

比如，假设给定一个长度为 T 的文本序列“$w1$，$w2$，…，wT”，Word2Vec 的首要目标是学习到每个单词 wi 的向量表示。对于每个单词 wi，我们定义一个窗口大小为 c，从当前单词 wi 的左右两侧各取 c 个单词作为上下文，即上下文单词为 $wi-c$，…，$wi-1$，$wi+1$，…，$wi+c$。然后，使用当前单词 wi 来预测其上下文单词，即最大化给定上下文单词下出现 wi 的概率，也就是最大化以下损失函数：

L = –log P（w_｛$i-c$｝，…，w_｛$i-1$｝，w_｛$i+1$｝，…，w_｛$i+c$｝

| w_i）

其中，P（w_｛i–c｝，…，w_｛i–1｝，w_｛i+1｝，…，w_｛i+c｝| w_i）是给定上下文单词的前提下出现 wi 的概率。这个概率可以是将所有单词的概率值归一化后作为输出层的结果。在训练过程中，我们可以不断更新每个单词的向量表示，使得损失函数最小化。训练完成后，我们可以将每个单词的向量表示用于各种自然语言处理任务。

下面，我们可以以一个包含四个句子的文本来说明如何学习到每个单词的向量。

这四个句子是：

I like to eat pizza.

I hate vegetables.

I love to travel.

I like to eat spaghetti.

为了方便起见，我们假设窗口大小为 1，即上下文单词只包括左右相邻的单词。那么，对于第一个句子“I like to eat pizza.”，我们可以得到以下训练样本：

Input: “like”, Output: “I”

Input: “like”, Output: “to”

Input: “to”, Output: “like”

Input: “to”, Output: “eat”

Input: “eat”, Output: “to”

Input: “eat”, Output: “pizza”

其中，Input 表示上下文单词，Output 表示当前单词。我们将所有训练样本输入神经网络中进行训练，得到每个单词的向量表示。下面是一个假设的结果：

“like”:［0.2, 0.1, -0.3, 0.5］

"I":［-0.1, 0.3, 0.4, -0.2］

"to":［-0.2, 0.5, 0.1, 0.2］

"eat":［0.4, 0.2, -0.5, 0.1］

"pizza":［0.3, -0.1, 0.2, -0.4］

这些向量表示可以用于各种自然语言处理任务。例如，我们可以使用余弦相似度计算两个单词之间的相似度。假设我们要计算"pizza"和"spaghetti"之间的相似度，可以将它们的向量表示相乘，再将结果相加，最后除以它们的长度得到一个相似度值。

Word2Vec 有两种训练方式，即 CBOW（continuous bag-of-words）和 Skip-gram。CBOW 是通过上下文词汇预测目标词汇，输入的一般是与某一特征词的上下文相关的词对应的词向量，其输出的是这特定的一个词的词向量。Skip-gram 和 CBOW 相反，它是通过目标词汇预测上下文词汇，即输入的是特定的一个词的词向量，而输出的是特定词对应的上下文词向量。比如有这样一个句子："猫喜欢吃鱼。"在使用 CBOW 方法处理时，我们可能会根据"喜欢"和"鱼"来预测"吃"这个词。而在 Skip-gram 方法中，我们会以"吃"为中心，预测"喜欢"和"鱼"这两个词。在适用面上，CBOW 适合于数据集较小的情况，而 Skip-Gram 在较大型的语料中表现得更好。

目前，Word2Vec 这一向量工具可以在一些自然语言处理工具包中调用。如 Gensim 自然语言处理库中现在就自带有 Word2Vec。这里的 Gensim 是一个用于自然语言处理的 Python 库，提供了多种常用的 NLP 工具和算法，如主题模型、词向量、相似度计算等。Gensim 库致力于提供简单、高效、可扩展的自然语言处理工具。

以下是一些常用的 Gensim 库的功能及 Python 调用方法实例。

①调用 Word2Vec 训练词向量。

```
from gensim.models import Word2Vec
sentences = [ [ 'this', 'is', 'a', 'sentence' ], [ 'this', 'is', 'another', 'sentence' ] ]
model = Word2Vec ( sentences, size=100, window=5, min_count=1, workers=4 )
```

这个示例代码描述的是使用 Word2Vec 算法训练词向量，其中 sentences 是一个列表，包含多个列表，每个小列表表示一句话。size 表示词向量的维度，window 表示上下文窗口大小，min_count 表示单词最小出现次数，workers 表示线程数。

②计算文本相似度。

```
from gensim import corpora, models, similarities
# 假设有一个包含多个文档的语料库 , corpus 表示这个语料库的向量表示
corpus = [ [ ( 1, 0.5 ), ( 2, 0.2 ) ], [ ( 0, 0.1 ), ( 1, 0.8 ) ], [ ( 2, 0.4 ), ( 3, 0.6 ) ] ]
dictionary = corpora.Dictionary ( corpus )
tfidf = models.TfidfModel ( corpus )
corpus_tfidf = tfidf [ corpus ]
# 构建索引
Index=similarities.SparseMatrixSimilarity ( tfidf [ corpus ] , num_features=len ( dictionary ) )
# 计算文档相似度
query = [ ( 0, 0.5 ), ( 2, 0.2 ) ]
sims = index [ tfidf [ query ] ]
```

这个示例代码使用“TF-IDF”算法[①]计算文本相似度。其中“corpus”是一个包含多个文档的语料库，“dictionary”表示语料库中所有单词的字

① 这里的 TF 是词频（term frequency）的缩写，指的是某个词在文档中出现的次数，IDF 是逆文档频率（inverse document frequency）的缩写，指的是所有文档中某个词出现次数的倒数的对数。该算法是基于“如果某个词在一篇文档中出现的次数很多，但在其他文档中很少出现，则该词对于该文档的重要性较高”这一思想来计算某个词在文档中的权重。

典，“tfidf”表示计算“TF-IDF”权重的模型，“corpus_tfidf”表示语料库中每个文档的“TF-IDF”权重。然后“SparseMatrixSimilarity”类用于构建索引，“index”索引用于计算文档相似度。

虽然 Word2Vec 能够不依靠标注语料生成高质量的词向量，尤其是在寻找近义词上面，我们可以借助 Word2Vec 生成每个单词的向量表示，并使用聚类算法将相似的单词分为一组，但是该模型并不能有效地区分一词多义的情况。为此，很多专家基于此模型，在训练数据集上进行了优化，并且根据数据调整了算法模型。这里较有代表的是 Tissier 等人（2017）从词典定义或词汇资源中学习词向量的 Dict2vec 模型。Dict2vec 主要是参考多部词典的释义条目信息，来获得词嵌入表示，从中生成语义向量。该方法借鉴了 Word2Vec 的构建思路，不过由于基于词典释义，而词典对各词的义项都已经做了区分，所以能训练不同义项词语的词向量。这在某种程度上弥补了 Word2Vec 的一些缺陷。

（2）BERT。BERT 是一种用于自然语言处理的预训练语言模型，全称是 Bidirectional Encoder Representations from Transformers。所谓预训练是一种迁移学习的概念。例如，假设我们有大量的维基百科数据，那么通过这些巨大的数据，我们可以学习很多规则然后进行泛化。当我们需要在特定场景使用时，例如做专业领域的命名实体识别，只需要简单地修改一些输出层，再用我们自己的数据进行增量训练，对权重进行轻微的调整即可。预训练语言模型有很多，典型的如 ELMO、GPT、BERT 等，这些都可以通过对大规模文本语料进行无监督的训练，生成通用的语言表示。

BERT 从 2018 年诞生起，便曾以卓越的性能被誉为谷歌乃至世界非常强的自然语言处理模型。从 BERT 每个字母所含的意义上，我们可以看到 BERT 和变换器（Transformer）模型颇具渊源，可以说是它的一个变体。变换器模型其实是一种自注意力机制模型，包括接收文本机制和预测文本机制，可以学习文本中单词之间的上下文关系。这里的注意力机制（attention mechanism），是一种可以帮助神经网络聚焦特定信息的技术，是为了让计算机分权重地关注自己感兴趣的特征，从而关注不同的输入对输出的影响。一般情况下，一句话中有关键信息，也有次要信息，计算机不可能对每个信息都花同样的精力去处理。当遇到一个较长的长文本时，人们往往只会注意到其中的一些关键词或短语就可以理解整个文本，并不会也不需要把每个字都记清楚。这种自动关注重点信息的过程就类似于自注意力机制。而变换器模型的自注意力机制就是当传入不同信息时，计算机可以依托自动调整权重的手段对句子所含信息进行区别性关注，并且能自动地根据特征权重去组织关键信息来生成或预测新的文本。所以，自注意力机制是 BERT 预处理文本的基础。

图 2–7 就是 BERT 采用自注意力机制预处理文本的过程。

注意力机制主要涉及三个概念：query、key 和 value。其中 query 一般涉及目标字，key 主要涉及上下文的各个字，目标字及其上下文的字都有各自的原始 value。这里的 query、keys、values 都是向量，注意力机制需要先将目标字和上下文各个字的语义向量表示作为输入，通过线性变换获得目标字的 query 向量表示、上下文各个字的 key 向量表示以及目标字与上下文各个字的原始 value 表示，然后计算 query 向量与各个 key 向量的相似度作为权重，把上下文各个字的 value 融入目标字的原始 value 中，最后这些作为注意力机制的输出内容。输出是通过 values 的加权求和来计算的，这里的权重通过一个 query 和对应的 key 的兼容函数来计算。

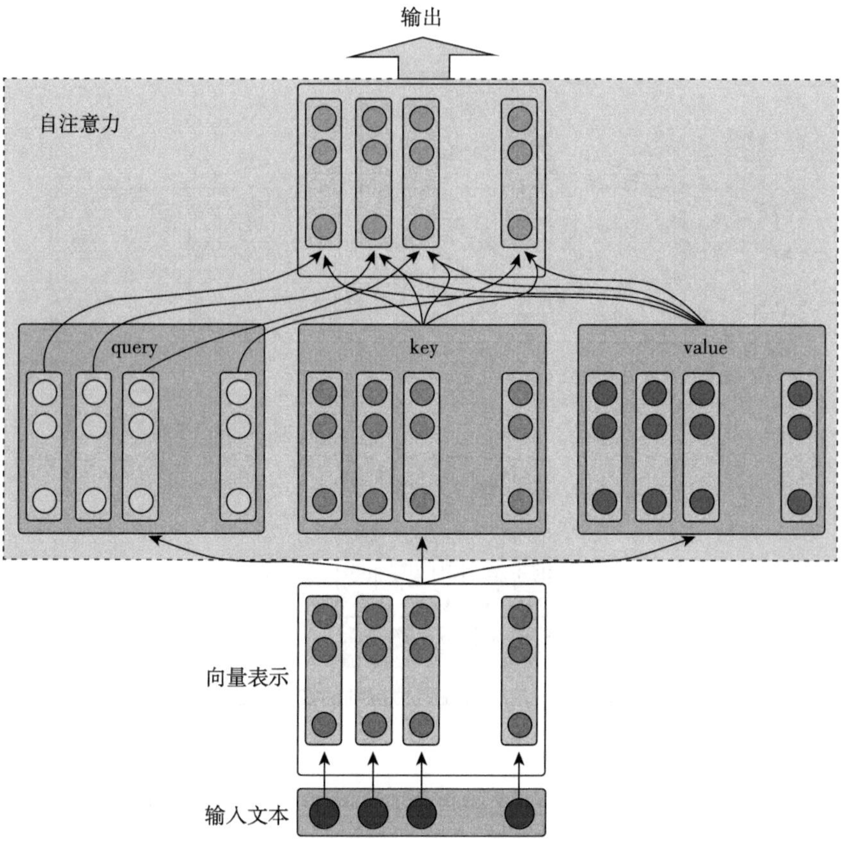

图 2-7　自注意力机制的技术路线

在这种情况下，query、key 和 value 的向量表示均来自同一输入文本，因此该注意力机制也叫自注意力机制。

不过，BERT 为了更多地获得文本中每个字在不同语义空间中的语义向量，充分发挥注意力机制的多样性，采用的是多头的自注意力机制，如图 2-8 所示。

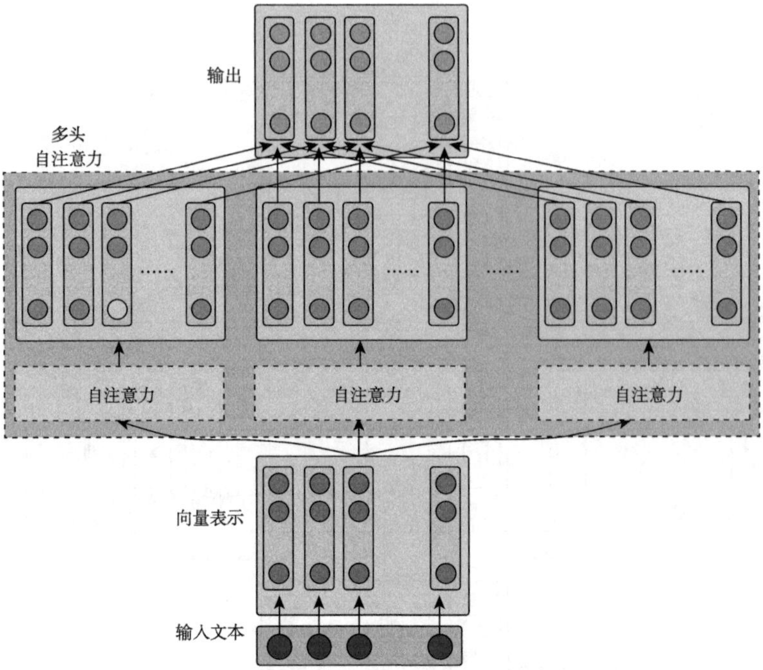

图 2–8　多头自注意力机制的技术路线

基于这一思路，BERT 的多头自注意力模型具体如图 2–9 所示。

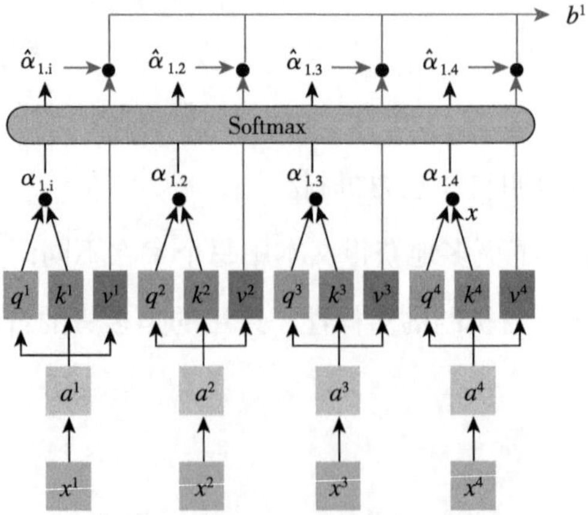

图 2–9　自注意力机制模型

假设我们有 4 个文本，这里的 x^1、x^2、x^3、x^4 是经过向量转换的带有一定时间顺序标签的 4 条时序文本信息，多头自注意力机制基本上有 4 个步骤。

①首先，将 4 条信息加上位置向量，得到 a^1、a^2、a^3、a^4，这样做是为了获取文本的时序相关性。

②然后，多头注意力机制要对每条信息分配三个特征的权重，并分别与 a^1、a^2、a^3、a^4 相乘后形成 3 个矩阵 q^i、k^i、v^i。这里的 Q、K、V 分别是注意力机制训练中的 query、key 和 value 三个特征。

③分别将 q^i 与 k^i 点相乘，得到 $\alpha_{1,i}$。

④然后用 softmax 计算公式[①]计算其分布概率，得出相关的权重，再据此对 V 进行加权，计算得 b^1。最后使用同样的方法计算得 b^2、b^3，…，

---

① softmax 函数是一种常见的数学函数，它将一组实数转换为介于 0 和 1 之间的概率分布。对于一个具有 n 个元素的向量 $x=[x_1, x_2, ..., x_n]$，softmax 函数可以定义为：

softmax $(x)=[\exp(x_1)/\text{sum}(\exp(x)), \exp(x_2)/\text{sum}(\exp(x)), ..., \exp(x_n)/\text{sum}(\exp(x))]$

其中，exp (x) 表示指数函数，sum (exp (x)) 表示 x 中所有元素的指数函数的和。因此，softmax 函数将每个元素的指数函数除以所有元素的指数函数之和，得到一个概率分布。这样，softmax 函数可以将任何实数向量转换为概率分布，使得每个元素的值都介于 0 和 1 之间，且概率分布的总和为 1。

为什么自注意力机制要引入 softmax 函数呢？这是因为使用 softmax 函数可以帮助我们将相似度向量转换为概率分布，对注意力权重进行归一化处理，以便为每个词生成一个合理的权重。

在自注意力机制中，我们需要计算一个序列中每个位置与所有其他位置之间的相似度，并将其转换为注意力权重。注意力权重表示该位置对其他位置的重要性，因此需要满足以下两个条件：

（1）所有注意力权重的值都在 0 和 1 之间；

（2）所有注意力权重的总和为 1。

由于 softmax 函数的性质，它可以将相似度向量中每个元素的值转换为概率分布，使得所有权重的总和为 1。因此，我们可以将相似度向量的每个元素作为 softmax 函数的输入，使用 softmax 函数将自注意力机制中的相似度向量转换为注意力权重，然后将输出作为注意力权重。通过这种方式，我们可以将相似度向量转换为概率分布，以便在多个时间步或多个注意力头之间进行归一化。这一方法也是经过反复的实践证明的。

b^i。将 b^1、b^2、b^3，…，b^i 进行合并，完成自注意力训练。

多头自注意力机制其实就是通过多场景、多途径的上下文来优化语义向量的表示。如“长”有两种读音，而且是两种完全不同的语义。在“武汉市长江大桥”这句话中，可能存在一定的歧义，但是这种歧义会根据语境来消解。多头自注意力机制就是模拟多种不同语义场景，进而在不同语义场景下对这句话有不同的理解：“这座桥，是武汉市 / 长江大桥”，或“这位领导，是武汉市长 / 江大桥”。经过多语境的计算，计算机可能得出当和“江”字组合时，“长”在前一种语境中才能形成一个正确的语义单元；而在后一种语义场景下，它则需要和“市”字组合才能形成一个正确的语义单元。这种多头注意力机制往往需要更多的语料，而自注意力机制旨在用文本中的其他字来增强目标字的语义表示。因此，多头自注意力机制可以理解为考虑多种语义场景下目标字与文本中其他字的语义向量的不同融合方式。其实，通过上面两个原理图的比较，我们可以发现，多头自注意力机制的输入和输出在形式上基本相同，输入的都是文本中各个字的原始向量表示，输出的都是各个字融合了全文语义信息后的增强向量表示。因此，多头自注意力机制可以理解为一个对文本中的每个字分别增强其语义向量表示的黑盒。这样一来，就增加了其运算量，再加上 BERT 本身又是一个双向的 Transformer 语言模型，可以同时在左右两个方向考虑上下文，因此 BERT 模型需要大算力机器和大规模数据的支持。这也是基于目前计算机算力大幅提升出现的高质量预训练模型。

虽然 BERT 这个预训练语言模型是基于 Transformer 架构的双通道语言模型，但当我们在训练语言模型时，很多模型是在一个序列中预测下一个单词。比如，要预测“The child came home from ___”中“from”后面的内容，这对于双向的方法有诸多限制。为了克服这个问题，BERT 使用了以下两个策略：一个是掩码语言模型（masked language model，MLM），另一个是下一句预测（next sentence prediction，NSP）策略。

MLM 主要是在输入的文本中随机遮蔽一些单词，并预测这些遮蔽的单词是什么，从而学习上下文相关的单词表示。这种处理思路有点儿类似完形填空。一般先将输入文本中的一些单词或标记随机地替换成“[MASK]”标记，然后将整个序列作为输入传递给模型，模型预测替换后的标记的原始值。这种方法训练模型可以使其在理解上下文的同时，也了解缺失的信息，使模型更好地理解输入文本。

例如，有这样一个未标注句子：“这是一条鱼。”我们会随机选择一个单词，比如“鱼”来进行遮蔽，使其变成 “这是一条[MASK]”，然后模型的任务是根据上下文和其他单词，预测出“[MASK]”原来的单词是什么，使预测出“鱼”的可能性最大。这就要求模型将上下文的语义信息学习并体现到具体参数中去。

NSP 策略主要是确定两个输入句子之间是否存在关系，并判断先后位置。模型会接收两个句子作为输入（50% 情况下是真正相连的两个句子，50% 是随机拼接的两个句子），并在其中添加一个特殊的标记来表示它们之间的分隔。然后，模型会被要求判断第二个句子是不是第一个句子的下一个句子。

比如，输入的两个句子是“小王在图书馆里看书”“小李在公园里玩”，NSP 策略要根据语境判断第二个句子“小李在公园里玩”是不是第一个句子“小王在图书馆里看书”的下一个句子。

在设计预训练任务时，一般是首选设计好“下句预测”任务，生成该任务的标注信息，在此基础上设计“掩码语言模型”任务，生成掩码语言模型的标注信息。

之所以 BERT 要采用这两种策略，主要是为了解决自然语言处理过程中的两类问题：多义性和歧义性；句子之间的关系。

这两类问题也是困扰自然语言处理学界多年的问题。首先，自然语言中的单词通常有多个意思，也有歧义，因此需要一种方式让模型学习到单词的多义性和歧义性。MLM 可以让模型在预测时遮住一些单词，从而强制模型去推断这些单词的意思。这种训练方式可以使模型更加准确地理解单词的意思，同时提高模型对上下文信息的敏感性，从而更好地捕捉句子的语义。

其次，自然语言中的句子通常是相互联系的，因此需要一种方式让模型学习到句子之间的关系。NSP 策略可以让模型学习到句子之间的逻辑关系，例如是否为连续的句子，是否为同一个话题等。这种训练方式可以帮助模型学习到更加全面的语言模型，从而提高模型在自然语言处理任务中的性能。

MLM 和 NSP 两个策略的联合训练，使 BERT 可以解决词汇的多义性、歧义性和上下文关联性等问题。这是传统的语言模型所不具备的。这两个策略也在多种自然语言处理任务中取得了优秀的成绩，相关实验也证明了这种训练策略的有效性。

BERT 可以在大规模无标注数据上预训练得到高质量的语言模型，然后通过在特定任务上进行微调改进以适应不同的任务需求，因此具有较好的通用性和泛化能力。不过，需要注意的是，BERT 模型需要大量的训练数据和计算资源。如果你没有足够的训练数据或计算资源，可以考虑使用预训练的词向量模型，如 Word2Vec 或 GloVe，来执行相似性计算任务。

2.3　人工智能技术对自然语言处理的影响

传统意义的自然语言处理主要包括词法分析、句法分析、语义分析、语音识别、机器翻译等方面。人工智能技术的兴起，不仅改变了自然语言处理的传统思路，而且推动了自然语言发展技术的应用与进步。它的技术基本渗透到自然语言处理的方方面面，尤其是在机器翻译、情感分析、信息抽取、文本生成等领域。

2.3.1 机器翻译方面

人工智能技术的发展对机器翻译原理和翻译思路、翻译过程和手段以及翻译评价的影响是深远的。

在翻译原理和翻译思路上，早期的机器翻译主要采用基于规则和统计机器翻译的方法，要么是需要语言学家事先归纳出一些语言规则，要么是基于标注语料后的反复推衍统计才形成一套行之有效的翻译机理。随着深度学习技术的发展，一种基于神经网络模型的神经机器翻译（neural machine translation，NMT）逐渐成为主流。神经机器翻译利用深度神经网络模型进行建模，可以更好地捕捉语言的上下文信息和语义信息。它不仅解决了需要繁杂的深层标注才能理解人类语言处理方式的问题，而且在翻译准确度和自然度上表现得更加优秀。

在翻译过程和手段上，虽然人工智能技术和传统方法都需要依托一定数量级的语言知识库，但是在知识库管理、存储和既有翻译知识的分析管理上它也有了新的变化。以往的翻译记忆库是将翻译过的文本保存在数据库中，供翻译人员或机器翻译系统查询和利用。人工智能技术则可以利用深度学习技术从海量的翻译记忆库中自动学习到规律和模式，对翻译记忆库进行自动化管理和智能化分析，从而辅助提高最终的翻译质量和效率。

在翻译评估上，人工智能技术也起到了不少的推进作用。传统的评价方法主要是基于人工，费时费力且受到专业水平、文化背景等若干主观因素的影响。基于人工智能技术的自动评价方法，则可以利用深度学习技术让计算机自己学习翻译的评价标准，进行自动评价，更快速、准确地评估机器翻译质量。

2.3.2　情感分析方面

首先，人工智能技术在情感词典的构建上有着独有的优势。情感词典是对文本中的情感词进行编码并标注情感极性的词库。传统的情感词典大多是由人工制作而成，成本高且容易出现主观偏差。如基于深度学习的词嵌入技术，人们可以自动化地构建情感词典，并根据实际应用场景自动调整情感词的权重，提高情感分析的准确性和适用性。其次，基于深度学习的情感分析模型在情感分析任务中得到了广泛应用，如构建了基于卷积神经网络（CNN）和循环神经网络（RNN）的情感分析模型。这些模型能够自动从大量的文本数据中学习到情感特征，并且准确地识别和分类情感。

2.3.3　信息抽取方面

信息抽取是从结构化或半结构化文本中提取有用信息的一种技术。利用深度学习技术，人们可以更准确地识别和抽取出文本中的实体、关系和事件等信息。假设我们想要从新闻文章中提取出公司的名称、地点和成立时间，传统的自动抽取做法是由人类给相关文章进行标注，以人机协作的形式提取信息，但这样的方法效率较低。

现在，借助命名实体识别（named entity recognition，NER）技术，机器可以自动识别文章中的实体，还可以根据用户要求进行高质量的自动分类。如果你想将标注的新闻文章分为政治、经济、娱乐等类别，直接利用一些基于已有新闻训练数据集训练好的语言处理分类模型就可以自动对新闻文本进行分类。这对于新闻聚合、社交媒体监控和舆情分析等领域非常有用。

2.3.4　文本生成方面

人工智能无论是对文本生成的方式还是效果都有着显著的影响。目前，市面上随处可见的自动写作系统、自动写诗歌系统还有自动问答系统，都是人工智能技术和文本生成深入结合的典范。

文本生成最开始应用的领域是文本摘要。传统的自动文本摘要需要基于标注过的熟语料，比如一些核心动词和主干成分的标注等，进而生成训练数据集，再根据主题生成或者浓缩模型生成目标文本的主要概括信息。这个过程需要消耗大量的时间和精力，而且主要功能是提取原始文本中的信息，涉及的是信息抽取技术。基于深度学习的文本摘要模型，其自注意力机制能够对信息进行自动的筛选和赋权，这样就能够自动判断文本信息的重要性和关联性。它不仅可以学习如何从原始文本中提取关键信息并生成符合摘要长度限制的文本，而且能够生成易于人们理解或转写为多种风格的摘要。可以说，人工智能技术让文本摘要从过去的自动提取原始文本信息过渡到了个性化文本的自动生成。

另外，文本生成还有一个重要的领域就是自动问答。以往的问答系统主要是基于一定专业范围和领域特征的问答，而如今，例如 ChatGPT 基本涉及通用领域，它可以快速有效地对通用领域进行自动问答。ChatGPT 所生成的答案经过机器学习的优化，可以从若干历史数据中自动学习并改进，提高回答的准确性，自动优化回答结果。再比如，人工智能还运用了一些知识图谱技术，将海量的知识组织成一张结构化的图谱，自动寻找答案以外的相关知识，在回答问题时从中提取关联信息，甚至根据不同的情景提供相关的建议和预测。目前，一些尖端的人工智能技术基本都集中在文本生成领域，尤其是自动问答领域。虽然自动问答看起来形式简单，但是一个精良的自动问答系统能全面反映人工智能技术对人类社会的影响程度。

机器在通用领域自动生成高质量的回答，让人理解并相信，可以说是人工智能逐渐走向成熟的标志。就目前来看，虽然出现了ChatGPT这类具有划时代意义的产品，但是它的未来发展之路其实还很漫长。

总之，人工智能技术的发展为自然语言处理技术带来了革命性的变革。自然语言处理也是人工智能的一个重要分支，旨在使计算机能够理解、分析和生成人类语言。传统的自然语言处理方法主要依赖规则和模板，而现代的人工智能技术，如深度学习和神经网络，使得计算机能够从大规模的数据中学习和推理，更准确和高效地完成自然语言处理任务。人工智能技术的进步，不断推动着自然语言处理技术的发展和应用，为人们提供更加智能化和高效的自然语言处理服务。同时，自然语言处理技术的进步也推动了人工智能的发展。自然语言处理技术的提升，使得计算机能够更好地理解和处理人类语言，从而实现更智能化的对话和交互。这对于智能助理、聊天机器人、智能搜索等应用具有重要意义，为人们提供了更便捷和个性化的服务体验。人工智能技术和自然语言处理技术相互促进、相互支持，共同推动着语言智能化的进程。

第三章 构词法和造词法

汉语词的自动生成，虽然看似涉及的是造词法，但是不可避免地和构词法也有着紧密的联系。本章主要讲述了传统意义上构词法和造词法的区别和联系，包括各自的纵向发展和主要研究内容，一方面为人们大致区分了两者的差异，另一方面也为汉语词自动生成给出了基本的理论框架和研究方法。

3.1 构词法

所谓构词法，从词面意义上看，是词语内部构造的法则，面向的对象是语素（morpheme）。这其实是西方语言学的产物，汉语一开始只有造词法，而没有构词法，因为汉语词最开始是以单字的形式出现的，一个汉字一般就是一个词。直到汉语出现复音节词时，人们才有研究词语间内部构成法则的必要。

在英语学界对构词法有两种表达，一种就是词法（morphology），另一种是构词法则①（word formation）。它们表达的虽然都是词汇构成的规则，但两者还是有细微差别的。《现代语言学词典》对"构词法则"

① Aronoff M. Word Formation in Generative Grammar［M］. Cambridge：MIT Press，1980.

的解释为："最一般的含义指构成词的整个形态变化过程，即包括屈折（inflection）和派生（derivation）两大类。"这里的"屈折"指的是语法关系的词形变化，比如单复数、第三人称单数等，派生指的是词汇关系的词形变化。不过，这和开始的构词法则所指有细微不同。"构词法则"一般认为是 1973 年由哈勒（Halle）提出的。从他在著作中的举例可以看到，构词法则指的是一般的词语既有的内部组合规则，非常具体，有时不具有能产性，只是描述和分析词语内部的组合规则。比如，一个动词 +er 的形式派生出一个新名词，这是一种成词规则。再比如，由"work"变成"worker"，这就是一种派生构词法。他还认为，一些语素如何排列，其顺序也属于一种成词规则。比如"berrystraw"（浆果草）和"strawberry"（草莓）两个词，就是由"berry"和"straw"两个语素以不同的排列顺序所构成的，这也是一种成词规则。但是后者能够类推和能产的可能性很小，因此是非常具体的、极为有限的规则。与其说是规则，不如说它是一种构成方式的描述。

词法是一个来源于生物学的术语，本义是对于形式的研究，可以翻译为形态学，在生物领域主要研究生物的形态，比如大小、形状和结构等。后在 19 世纪引入语言学，它指的是研究单词的内部结构和其形成方式。按照 Aronoff（1980）的说法，词法是一个语言中可以接受或可能出现的复杂的词的内部结构规则。这比较符合当代词法学研究的重点方向，也就是说，词法学研究的对象不是目前所有的现实出现的词的内部结构，而是可能出现的生成语言中的词的内部构成法则，也可以说是潜在的合法的词的内部结构规则。这就类似句法学，研究的并不是现实的所有句子内部的构成法则，而是主要研究可以形成潜在合法句子的内部构成法则。狭义的词法和句法一样，都是具有能产性的，所谓的能产，就是能够产出潜在的词、短语或句子。这种能产是基于人有一种类推性思维。比如，一个人在理解了一些基本的词汇意思后，当他面对一个新的句子，即使以前没有遇到过这个句子所用的词汇的排列组合，他也能理解这个新句子的意思。词法的能产性，也能产生让人理解潜在新词的效果。一个新词虽然在组合形式上没有在人脑中出现过，但是已有语素组合成词所依赖的旧的规则，也就是词法是在人脑中已经有的，人们根据现有的词法就能够理解新词。这就是研究词法的重要目的。本书所研究的词法是一种具有能产性的、能够理解潜在词语的构词法，这种构词法虽然是对已成词汇进行分析和描写，但是所得出的规律可以为可能出现的词服务。

对于汉语来说，虽然一开始它并无构词法一说，但是随着汉语双音节词的增多，人们逐渐形成了一些固有的构词法或者构词模式。“× 者”就是一种典型的汉语构词模式，这种模式古已有之，如“肉食者谋之”。虽然它开始是以词组的形式出现，但是唐宋以后很多已经固化成词，例如“行者”“舞者”。真正语言学意义上的构词法研究，直到近现代才出现，公认的词法学奠基者是马建忠，他在 1898 年出版了《马氏文通》。虽然彼时书中多以字述词，但是在介绍复音节词时，马建忠用列举的方式描述了其构成规律，并把它们分为三类。第一类是名字骈列、动字骈列型，这类大概相当于我们现在的联合结构、动宾结构等复合词。骈列还包含“两字对待”和“双字同义”，有点儿类似于一些“反义复合词”和“近义复合词”。从这里我们可以看出，马建忠当时对复合词的划分主要依据的是西方形式语法的思路，而下属分类描述又结合了语义特征。第二类是“前加”“加字”和“殿字”“后附”型，对应我们现在所说的添加前缀式构词法和添加后缀式构词法。第三类是“双声”“叠韵”“重言”，这类以复音单纯词为主。马建忠所归纳的这些构词特征，虽然只是散见于举例当中，但是他归纳和划分的汉语构词法至今仍然被人们认可并沿用。后世的一些学者在描述汉语构词法理论体系时，也大都吸收了马建忠的做法。其中影响较大的是 1923 年黎锦熙的《复音词类构成表》。黎锦熙在描述汉语复音词时，也是把复音词分为三大类进行描述，只不过下属又继续分为 15 个子类，后续又包含三个层级，比马建忠的描述更加细致。当时人们所构建的汉语词描述体系，参照了印欧语系的词法理论，用内省列举的方式给我们展现了各类汉语的构词法则，基本上呈现了汉语中常见的复音词，大致对应了西方构词法中的复合式构词法和派生式构词法。人们还发现了一些汉语特有的构词规律，形成了汉语构词法研究的框架纲领。

到了 20 世纪中叶，随着一大批以结构主义语言学理论研究汉语构词法学者的出现，汉语构词法研究逐渐走向成熟。这期间，代表人物是赵元任。他在 1948 年出版的《汉语口语语法》中以结构主义的研究方法来描写汉语词的构成，侧重的是语法结构的构成。此时还出现了有关汉语构词法的专著。如卢志伟等编著的于 1957 年出版的《汉语构词法》，在描述汉语的构词法时，分为“向心（修饰）”“动宾”“主谓”等九类，基本确立了基于现代汉语复音词从语法构成入手的汉语构词法理论体系。这一著作几乎可以说是我国第一部系统研究汉语构词法的理论著作，书中提到的理论体系基本上和当下构词法的划分体系相差无几，划分词语内部结构的理念基本一致。目前，大学通用黄伯荣、廖旭东主编的《现代汉语》教材，它对词的结构类型划分如下，详见图 3–1。

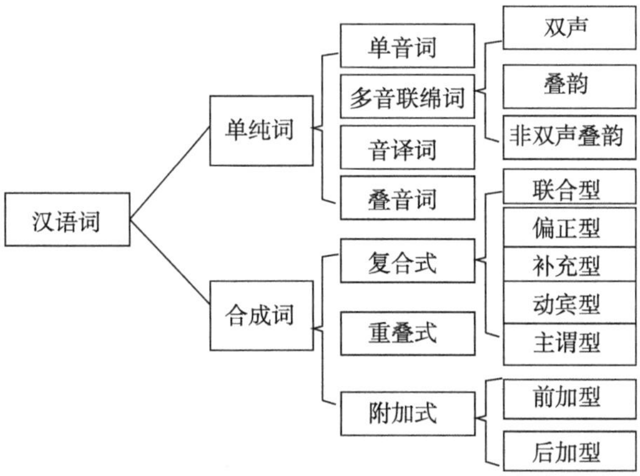

图 3-1　黄伯荣、廖旭东主编《现代汉语》教材对词的结构类型的划分

这一时期，在构词法研究领域，人们开始进行多元研究。例如，吕叔湘于 1963 年在《现代汉语单双音节问题初探》一文中谈到了音节对汉语构词的影响，可以说迈出了从语音角度研究汉语词构词规律的重要一步。自此以后，有关汉语构词法的专著和论文逐步增多。利用中国知网，我们以“汉语构词”为主题进行检索，发现了 303 篇相关文献。这些文献大致从 20 世纪 60 年代开始出现，如图 3-2 所示。

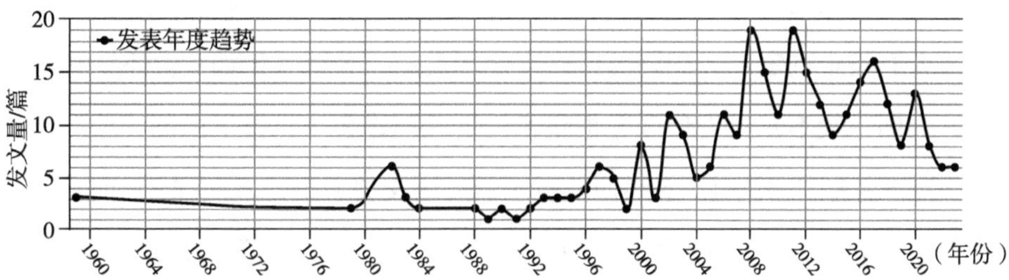

图 3-2　中国知网以“汉语构词”为主题词的科研论文发表趋势

中国知网收录文献未必全，但是至少能够反映汉语构词的大致研究趋势，那就是汉语构词法研究大致起于 20 世纪 60 年代，在 80 年代有一个小高峰，然后从 90 年代开始保持着持续增长的态势，到 2008 年左右达到一个顶峰。

其实，到了 20 世纪晚期，中国学界在汉语构词法的研究上无论是研究角度还是内容都有了长足发展。比如，虽然构词法是语法层面的问题，但是有的学者从语义的角度来研究汉语构词的规律。徐通锵（1990）在《语言论》中认为，对于由双字编码的汉语词有离心和向心两种，这是从语义的角度考量的。所谓的向心构词，就是核心字在后，语义功能主要是描述后字的，如“红花、手套”这些双字词，后面的“字”可以理解为核心语素，前面的“字”（语素）起修饰作用，是限定或修饰后面的语素的。离心就是核心词在前，后字的语义功能主要是起到衬托前字的作用，如“答题、研究”等类型的词前面的“字”是核心，后面的“字”主要是起到衬托、描述或补充等作用。这种角度很显然是根据双音词内部的语义关系来描述和划分的，但似乎也是一种构词的表象法则。只不过很显然，有些词不知道是归入离心还是向心，而有些词是不能归入离心或者向心的。例如，“葡萄”“玛瑙”这类词的内部所包含的两个字，既不是离心关系，也不是向心关系。

另外，从语义上去分类，有时候由于相关语义知识的缺失或者太过复杂，人们很难判定双音词内部两个字之间的语义关系。比如“公主”这个词，人们一般不知道为什么会把皇帝的女儿叫作公主，这里面的“公”和“主”分别有多种词性，不同词性所表示的语义关系也是不一样的。而且，它们组合的所指，要是人们没有相应的历史文化知识，是很难判定的。《春秋公羊传・庄公元年》载：“天子嫁女乎诸侯，必使诸侯同姓者主之。”也就是说，古时候按照一般礼节，皇帝嫁女儿时，自己不能主婚，因为皇帝是九五至尊，所以只能由同姓的诸侯，也就是“公”来主婚，因此得名“公主”。这一行为逐渐被后世用来指代皇帝的女儿。经过对其来龙去脉的探讨，我们才能知晓“公主”是一种向心词，这种语义上的划分比根据直观的形式语法方式划分要难得多。

除了从语义上研究汉语构词法，还有很多学者从语音和韵律的角度研究构词法。典型代表是冯胜利。他在《汉语的韵律、词法与句法》（1997）中提出，汉语的复合词首先必须是韵律词，在这个前提下就可以探讨韵律规律对构词形式的影响，进而得出“汉语复合词的构词法就是韵律词构词法”等新颖观点。在冯胜利的理论体系中，汉语复合词被看作一种韵律，那么，作为韵律词的复合词也可以看作是由音步、音节和韵素这三级韵律级单位构成的。他认为，韵律可以控制复合词的成词，而解决韵律控制复合词问题的关键在于音步。因为一般情况下，汉语的一个音步包含两个音节，所以双音节词是汉语的“标准韵律词”。同时，复合词是在韵律词的基础上实现的，因此复合词必须首先是一个韵律词。韵律词是由音步决定的，所以冯胜利认为，音步是最终制约复合词构词的基本要素。这样一来，汉语构词法的分析就完全脱离了传统的句法范畴和语义范畴，而彻底转向了语音系统。冯胜利利用韵律结构特征很好地解释了为什么“影院”可以说成“电影院”，而“越轨”“改正”不能说成有类似同义替换关系的“超越轨”和“修改正”。这是由于动宾、动补结构的优势音步不同于偏正结构，冯胜利认为，韵律词内部的韵律结构特征差异决定了各类复合词的构词法差异。

除了冯胜利，王洪君（1999）在《汉语非线性音系学：汉语的音系格局与单字音》中也系统地描述了汉语的节律、语调、重音等方面对汉语构词法的影响和制约，为从语音的角度研究汉语构词法开拓了空间，提供了更多的参考和借鉴。

如今，对构词法的研究除了借鉴以前的理论和经验，还走向了量化统计的道路，将汉语构词法根据某些特征进行自动聚类，减少了人为归纳，研究思路也不同于传统语言学。不过，从研究角度上看，它并没有跳出语法、语义、语音三个维度，很多学者将这三个方面进行融合式研究，或者说是综合式研究。例如冯胜利（2001）的《论汉语“词”的多维性》、叶文熙（2004）的《汉语语义范畴的层级结构和构词的语义问题》在研究汉语构词时，都是多角度的多维研究。这也预示着语音、语义和语法在构词法中的关系愈加紧密，它们相互影响。随着时代的发展，更多的理论被运用于描述汉语的构词法问题，而且研究得更为细致。例如顾阳、沈阳（2001）利用生成语法理论和论元语义角色理论，探讨了汉语复合词的论元关系及其构造过程。其核心观点是合成类复合词既不是根据句法衍生出来的，也不是由词法衍生出来的，而是在词库和句法之间的层面构造出来的。例如“放牛娃”等合成类复合词，其内部的动词性成分和名词性成分之间具有动作和论元关系，它们在语义上又可以直接用论元角色理论进行描述，因此是通过动词论元结构的变化形式构造出来的。根据这一理论，我们发现，以前用于句子中标注论元角色的方法，其实也可以用于某些合成类的复合词中。

其实，除了语言学本体研究，构词法在当前还涉及一些与计算机学科交叉的应用研究。刘璐、亢世勇（2017）就吸收了西方计算语言学家普斯特焦夫斯基（Pustejovsky）生成词库理论中的物性角色描述方法，研究了无向型名词语义构词法。这为汉语构词法的理论研究和应用研究扩宽了视角。

经过多年的发展，从研究内容上看，构词法主要是基于语素的层面，大致涉及以下内容。

（1）汉语合成词的构词法。由两个或两个以上的语素构成的词就是合成词。汉语的合成词一般分为复合词和派生词，复合词一般由两个词根语素构成，派生词一般由词根语素和词缀语素构成。对于复合词，我们重点探讨其逻辑结构类型。这是汉语构词法研究最多的。虽然汉语词汇内部逻辑结构的类型划分有所不同，但只是在概念，尤其是模糊地带的区分上有所差异。一般大致有：

联合结构：英雄、语言、开关、打印

动宾结构：煮饭、洗手、穿衣、拉手

动补结构：煮熟、发现、听到、打偏

主谓结构：官司、地震、耳鸣、月食

偏正结构：好汉、疯狗、红花、汽车

提到逻辑结构类型，人们谈论最多的一般是复合词。这是从以往一些句法理论衍生的划分方法，单纯词一般不具备内部的逻辑结构，或者逻辑结构趋同。在汉语史发展过程中，现代汉语的复合词一般内部结构比较清晰，规则性强，内部逻辑结构比较好划分。但是一些由古汉语演化而来，甚至带有古汉语短语词汇化的痕迹，此时就不容易区分了。比如，“知道”很容易让人联想到“联合结构”，因为“知”和“道”现在都可以被看作动词。但是从语源上看，“知道”是古汉语的动宾结构短语经过词汇化而来，“道”以前是名词，和“知”组合成这个结构后，就逐渐失去了语义（董秀芳，2016）。再比如，“雷同”的“雷”似乎对于整个词贡献的意义不大，我们很难确定“雷”的意思，也就无法很好地判断“雷同”的结构类型。因此，要想很好地了解词语内部的逻辑结构类型，有时候要掌握一些字根语素的语义来源，才能判断其语义和词性，进而准确判断其结构类型。

合成词的另一个类型是派生词。派生法是一种经济便捷的构词方式，也是汉语构词法的重要内容，不过派生词不是汉语的强势语法模式。说派生词重要，是因为从汉语史发展来看，派生词从中古时候就已经出现，但是相对于汉语的复合词来说，它的数量又不多，因此它不是汉语的主要构词方式。

在西方，构词法其实主要指的是派生法。虽然汉语构词法是在国外语言学理论的影响下产生的，但是派生法并不是汉语的强势构词法。关于为何派生法不会成为汉语的强势构词法，主要原因是汉语以复合词为主，那些充当词缀的汉字词往往有很多意思，而且加上同一个词缀后在词性上不太稳定，经常可以跨词类使用，因此造成理解上的困难。比如“子、儿”的义项有十余种，再比如“老化”“女性化”和“全球化”同样都是“化”，但是它们的词性都不同。“老化”是动词，后面可以加“了”；“女性化”可以充当形容词，前面可以加“很”修饰；“全球化”前面一般不能加“很”，它可以充当名词。当然，按照派生的定义，典型的派生词缀一般是可以改变词的意义或者词性的，但是汉语词专门用于做词缀的字很少，而且会存在兼做其他类词的情况，所以汉语中能专门做派生词缀的词很少。当然，也有学者如董秀芳（2002）认为，之所以汉语派生词不会成为强势词汇，是因为它的词根和词缀形式在语音上没有差异，分不清哪个是词根，哪个是词缀，所以派生词的存在成为一大疑问。

其实，即使汉语的词根和词缀在语音形式上能够被区分，但对于汉语来说，要想准确区分一个词是词根还是词缀是有一定难度的。这是由汉语先天因素决定的。无论是词根还是词缀，其首要前提是一个字，也就是说，在古汉语阶段，起码是一个词。人们普遍认为词缀应该是没有什么意义的，或者说是虚义。但事实情况是，很多字在组合成词时不知道表达什么意思，而不是没有意思。比如，“老虎、老师、老百姓”中的“老”字同“老王、老张、老实”中的“老”字同样属于词内成分，两者的意义都比较虚，也难以描述确切的意思。人们也许普遍认为“老师、老虎”中的“老”字是词缀，而有些学者相反，如董秀芳（2002）认为只有“老王、老张”中的“老”字才可以被看作词缀，“老虎、老师”中的“老”字不能被看作词缀，理由是前者的“老”后面可以随意接“单姓名词”，是周遍的，其意义也较为统一，而后者所接名词极为有限。这里，我们无意争论谁对谁错，但是可以从某种程度上反映出西方语言学的词缀概念在汉语里是很比较难区分的。因此，对于汉语来说，也很难形成数量群体庞大的派生词群。不过，汉语词汇中还是有一些由词根语素外加词缀构成的派生词的。它们一般大致分为：

前缀式：老张、老李、老王，阿姨、阿姐、阿哥

后缀式：桌子、椅子、凳子，木头、年头、盼头

有人认为，只有派生词的构词法属于词语内部也就是词法范畴，复合词的构词法属于句法范畴，如李仕春（2011）。其实，关于词法和句法的关系，有一句名言说得很真切，那就是塔尔米·吉翁（Talmy Givón）在 1971 年提出的“今日的词法是昨日的句法”（Today’s morphology is yesterday’s syntax）。可见，词法和句法的内涵在本质上是非常相似并有着很强关联的。

其实，无论是派生词还是复合词，它们都属于合成词，而词法和句法虽然有很紧密的关联，但是针对对象不同（词法针对的是词语内部语素的搭配，句法针对的是词间的搭配），属于两个不同的层面。对于同为合成词的派生词和复合词来说，其构词法则都是语素和语素的组合方式。其中，复合词是词根语素，派生词是词根语素和词缀语素，两者都应该属于词法的管辖范畴，内部也应该有逻辑语义关系。只不过，对于派生词，我们一般不强调逻辑关系，或者说很难弄清其逻辑关系，因为有时候我们也弄不清派生词内部的词缀具体是什么语义。比如，“老师”“老鼠”中的“老”字很显然不是在形容，但是其到底表达什么意思，或者说怎么来的，目前还说不清楚。因而，对于派生词，人们一般多从形式上去划分和研究。

在西方的语言学理论中，和派生法相似的还有屈折法。对于屈折和派生的区别与联系，语言学著作中一般都会提到。屈折词和派生词一般都是由词缀构成，所不同的是，派生词的词缀位置不固定，而屈折词的词缀位置是固定的。词根添加词缀后能够构成新词，意义或词性发生变化的是派

生词。屈折词的词根添加词缀后一般不能构成新词，词性也不会改变。虽然瑞典汉学家高本汉（Karlgren）于 1921 年曾经用法语在《亚细亚学报》（*Journal of Asiatigue*）上发表了一篇题为《原始汉语是屈折语》（“Le proto-chinois，langue flexionelle”）的论文，指出上古汉语是屈折语，但是所列举事实极为有限。实际上，学界基本达成共识——汉语是一种孤立语。屈折构词法一般针对的是屈折语，所以汉语一般没有真正意义上的屈折词。

（2）汉语单纯词构词法。汉语的单纯词一般只有一个语素，词语内部没有实在的语义关系，所以在研究单纯词构词法时，往往从外在形式特征入手，主要从语音形式的角度进行划分。汉语单纯词按照音节数量可以分为单音词和多音词，单音词从音节角度无法继续划分。学界多集中于多音节单纯词的结构类型，其划分体系主要如下：

双声词：恍惚、慷慨、踌躇、犹豫

叠韵词：荡漾、咆哮、泛滥、缠绵

非双声叠韵单纯词：蝴蝶、葡萄、垃圾、憔悴

重叠词：蛐蛐、姥姥、爷爷、奶奶

音译词：引擎、德律风、沙发、布尔什维克

双声、叠韵、非双声叠韵的单纯词可以归为多音词的联绵词。有时候，联绵词也写作连绵词，都是指两个音节连缀成义而不能拆开的词。联绵词中的字只是音读单位，只表示一个音节，在词语中本身没有意义，只有和其他音节词合起来才能表示一个最小的完整意义。重叠词和音译词有时不止两个音节，所以不能归入联绵词中。这里需要指出的是，重叠这种形式上的划分角度不仅适合单纯词，同时也适合合成词。只不过在一般情况下，绝大多数合成词属于非重叠或者非双声叠韵单纯词。比如前面所列举的合成词都是非双声叠韵的，这样一来，这种形式上的划分对合成词的意义不是很

大，一般人也不利用这种方式去研究合成词。

利用重叠的方式，除了可以理解为一种单独意义的构词法[①]，还可以理解为一种造词法。比如，网上有时会出现一些词利用内部同一个语素进行重叠的方式造成新词新语的现象。如"讨厌"和"讨厌厌"比较，显然"讨厌厌"在一般文本上出现的概率不大，可以理解为是一个新造词。在可能出现的场景中，我们可以设想，当男女之间吵架，女方如果对男方说"讨厌厌"，那么此时一定不是表示厌恶，而是在撒娇。可见重叠不仅可以造新词，还可以影响原来词语的意思，甚至有些重叠式造出的新词并非原义的加强或者和原词意思一样。不管重叠是构词法还是造词法，显然这些都是从形式而不是语义上进行划分的。

以上是构词法的主要内容，也是学界通行的构词法分析要素。

3.2　造词法

结合汉语表达的发展历程，汉语造词法的研究应该早于构词法，因为上古时期一个汉字就是一个词，造字也就是造词。东汉许慎在写《说文解字》时提到的"六书理论"，不仅是一种造字法，同时也是造词法。通过六书理论，我们能够窥见汉字是怎么创造出来的。许慎对这些字源的探讨并不都是他所考证，很多时候是参考了先秦史料，因此汉语造词法的研究其实在先秦时代就有了。那时，人们主要是依靠创造新字的方式来造词，以此来应对不断出现的事物。因此，古时候造词法的研究多是围绕汉字的生成进行的。其间比较有代表性的，除了许慎的《说文解字》及其六书理

① 有的学者认为汉语语素的重叠不是一种构词方式，因为有时不能类推。但是石毓智（1996）明确指出，汉语的重叠形式也是一种构词方式。

论，还有东汉末年刘熙所著的《释名》，这两部著作基本上奠定了古代汉语造字用词起源研究的基础。汉字数量发展到了一定程度会进入相对饱和的状态，汉字也不可能无限制地增多，因为新事物产生的同时，旧事物也在消亡。因此，很多伴随旧事物消亡的汉字也随之消亡，或者被赋予了新的意义。语言文字的这种经济性原则，让汉字的数量在中古时代基本保持了相对稳定的数量级。有时，人们不得不通过创造新字的手段为这些事物命名，多音节词表义的形式就出现了。多音节（主要是双音节）表义，一方面减少了汉字的创造行为，另一方面也让人们对汉字造字法的研究由探求单字的字源转向进行汉字的组配上。

但是现代语言学意义上的汉语造词法研究要晚于汉语构词法研究。有人（如李仕春）据此认为，专门研究造词法的人数要远少于研究构词法的人数[①]。运用中国知网文献检索系统，我们发现情况恰恰相反。以“汉语造词”为主题，我们发现有关“汉语造词”的文献多达 1034 篇。这个数量远多于以“汉语构词”为主题词检索的 303 篇文献。从文献的时间线路图来看，起点是 20 世纪 80 年代，大致比构词法研究要晚 20 年。具体相关文献年度发表趋势如图 3–3 所示。

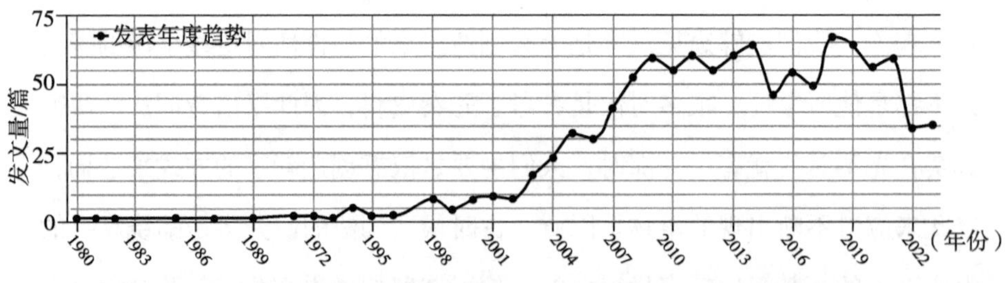

图 3–3　中国知网以“汉语造词”为主题词的科研论文发表趋势

① 李仕春．汉语构词法和造词法研究［M］．北京：语文出版社，2011：15.

由图 3–3 我们可以看到，“汉语造词”的研究在 21 世纪初逐渐成为热门并开始加速，研究高峰大概出现在过去十年。和“汉语构词”的研究年度趋势图相比，我们可以看出，“汉语造词”研究相对慢热，不仅起步晚，而且热门时间也较晚，但是却后来居上。当前，无论是研究热度还是研究广度，“汉语造词”研究都超过了“汉语构词”研究。

为此，我们又将“汉语造词”和“汉语构词”学术文献的相关主题进行了检索对比，结果如图 3–4、图 3–5 所示。

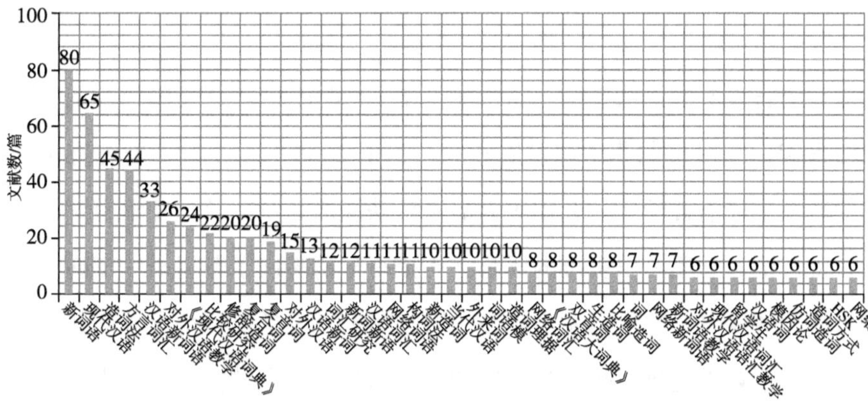

图 3–4　中国知网“汉语造词”相关主题分布

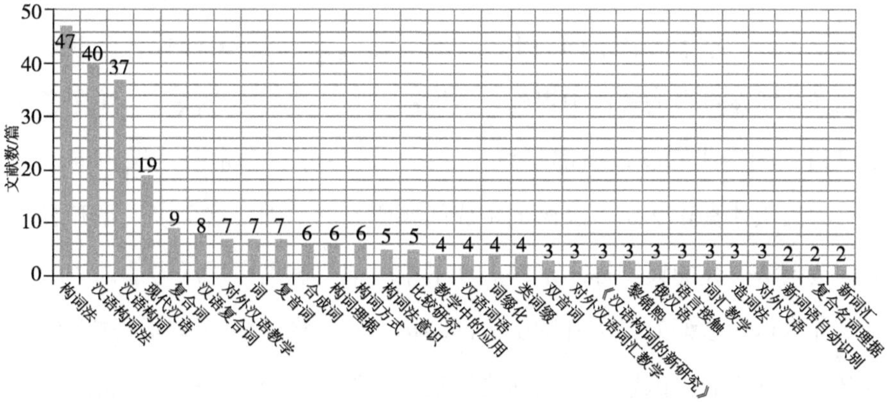

图 3–5　中国知网“汉语构词”相关主题分布

通过图 3-4 和图 3-5，我们可以看到“汉语造词”的研究更多的是围绕新词新语的生成，而“汉语构词”的研究主要是围绕“构词法”展开的，彼此的研究内容有所交叉，也就是“汉语造词”和“汉语构词”研究有很多主题重合，有时是你中有我、我中有你，比如研究“造词法”的也会涉及“构词法”，研究“构词法”的也会涉及“造词法”。

现代语言学意义上的造词法研究应该起源于 20 世纪中叶。20 世纪初，随着西方结构主义语言学相关理论、思想的引入，语言学逐渐发展到寻找普遍语言学规律，进而再到解释语言现象的阶段。具体表现为：20 世纪上半叶，由索绪尔创立的结构主义语言学注重分析语言的内部结构，详尽地描写语言表层的语法结构。这影响到了 20 世纪 40 年代美国描写语言学派的兴起，并由布龙菲尔德发展壮大。到了 20 世纪下半叶，随着乔姆斯基的转换生成语言学、韩礼德等人的系统功能语言学以及认知语言学的兴起，现代语言学逐渐由多维的语言结构描写分析转向了普遍语法范畴下对语言规律的探寻，并进而发展到在语言描写基础上的对可解释性问题的探讨。西方语言学这种思想潮流的转变，也给汉语研究的方方面面带来了相应的影响。这也表现在汉语词汇的研究中。

比如在 20 世纪初，汉语学界的注意力逐渐集中于汉语多音节词的构成问题，而忽略了多音节词的生成问题。到了 20 世纪 40 年代，廖庶谦和赵元任开始在各自的著作中提到“造词法”或“造词的方法”，并注意到了汉语词的生成问题，但都是只言片语。1956 年，孙常叙《汉语词汇》一书的出版才真正奠定了汉语词生成问题研究的基础，这可以说是开展汉语词造词法研究的典型标志事件。在书中，他明确提出了汉语造词法的概念，并且认为造词的方法有别于造词结构，应该将造词法和构词法严格区分开来。这为后世区别造词法和构词法，并将两者分别进行研究奠定了一定的理论基础。孙氏造词法理论体系的提出，让中国的语言学研究由以往的注重词语结构的描写转向对词语生成原因的探讨。这不仅符合现代语言学发展的趋势，也符合人们的认知顺序。据此，我国具有现代意义的汉语“造词法”研究逐渐发展起来。

其实在一开始，孙常叙就为我们构建了一个层次分明、脉络清晰、分析全面的汉语造词法体系。他从词的语音、语义和结构特征出发，将汉语词造词法分为语音造词法、语义造词法、结构造词法三大类。孙常叙1956年所创立的汉语造词法体系具体如表3–1所示。

表3–1　孙常叙汉语造词法体系

<table>
<tr><td colspan="16">汉语造词法</td></tr>
<tr><td>语音造词法</td><td colspan="3">语义造词法</td><td colspan="12">结构造词法</td></tr>
<tr><td rowspan="4">象生造词</td><td rowspan="4">变异造词</td><td colspan="2">比拟造词</td><td colspan="8">词汇—结构造词法</td><td colspan="4">形态—结构造词法</td></tr>
<tr><td rowspan="3">单纯比拟</td><td rowspan="3">条件比拟</td><td colspan="5">非词根结构造词</td><td colspan="3">词根结构造词</td><td colspan="2">音变造词</td><td colspan="2">附缀造词</td></tr>
<tr><td colspan="4">词组结构造词</td><td rowspan="2">短句结构造词</td><td rowspan="2">分化</td><td rowspan="2">附注</td><td rowspan="2">重叠</td><td rowspan="2">不改变因素</td><td rowspan="2">改变部分因素</td><td rowspan="2">加前缀</td><td rowspan="2">加后缀</td></tr>
<tr><td>修饰</td><td>并列</td><td>因果</td><td>支配</td></tr>
</table>

从表3–1我们可以看到，孙常叙的这一分类参考了以往的构词法理论体系，而且是基于语法结构来进行划分。例如，他在划分词组结构的造词法时，除了考虑因果关系，内部继续划分的“修饰、并列、支配”几乎和构词法中划分复合词类型的“偏正”“联合”和“动宾（支配）”是一致的，而且“重叠、加前缀、加后缀”等的划分类别和构词法的一些分类思路一致。我们可以判定，此时的汉语造词法理论并没有摆脱汉语构词法的划分思想，不过其理论的出现让人们开始反思西方结构主义方法对汉语词汇学研究的局限，也为后面学者提出较为独立的造词法体系提供了参考。

1981年任学良《汉语造词法》的出版预示着汉语造词法的研究迈出了重要一步。任学良对造词法的研究思路和角度已经开始脱离汉语构词法的理论体系，明确提出造词法的本质是要研究“用什么原料和方法创造新词”的问题。可以说，任学良为我们现代语言学界研究汉语造词法指明了方向。任学良根据造词原料和造词方法的不同将汉语造词法分为语音学造词法、句法学造词法、词法学造词法、修辞学造词法和综合式五种，具体划分体系如表 3–2 所示。

表 3–2　任学良汉语造词法体系

汉语造词法																													
语音学造词法							句法学造词法						词法学造词法				修辞学造词法								综合式				
取声命名	取声表情	单纯拟声	双声	叠韵	合音	音译	主谓	谓宾	补充	并列	主从	其他	附加	重叠	音变	转类	比喻	借代	夸张	敬称	谦称	婉言	对比	仿词	词法内部综合	句法内部综合	词法句法综合	语音句法综合	修辞句法综合
布谷	哎哟	嘎吱	蜘蛛	窈窕	甭	吉普	霜降	掌柜	附近	籍贯	春耕	讨嫌	老王	爷爷	附和	号召	银耳	红颜	千古	大驾	寡人	短见	胜败	促退	飘飘然	地震局	急性子	哈哈镜	火烧云

任学良基于汉语语言事实，首次提出了修辞学造词法，这是一大创举。事实上，很多汉语词汇的诞生就受到了语用修辞的影响。例如“红颜”“秋波”“地头蛇”“仙人掌”等词的出现，虽然其内部构词的结构不同，但它们都是通过比喻的手段所创造的。

不过，任学良关于造词法的整个理论框架大多还是和构词法体系中所列构词法的基本类型一致，可以说仍然没有脱离传统结构主义语言学的研究思路和方法体系，本质上和孙常叙的理论体系一样，都是基于语法构成的造词法体系。

直到 20 世纪末期，汉语的造词法理论体系才发生了新的变化。刘叔新（1990）指出了以往造词法理论体系的问题，认为造词法的分类标准要统一。他按照使用什么样的造词材料造新词的标准把汉语造词法分为词汇材料式、语音材料式、混合材料式三大类，具体如表 3–3 所示。

表 3–3 刘叔新汉语造词法体系

<table>
<tr><td colspan="17">汉语造词法</td></tr>
<tr><td rowspan="4">混合材料式</td><td colspan="4">语音材料式</td><td colspan="12">词汇材料式</td></tr>
<tr><td rowspan="3">拟声法</td><td rowspan="3">表情法</td><td rowspan="3">连绵法</td><td rowspan="3">音译法</td><td rowspan="3">叠连法</td><td colspan="2">转化法</td><td colspan="5">改造法</td><td colspan="4">结合法</td></tr>
<tr><td rowspan="2">分立</td><td rowspan="2">词化</td><td rowspan="2">倒序</td><td rowspan="2">换素</td><td rowspan="2">合音</td><td rowspan="2">改调</td><td rowspan="2">缩略</td><td colspan="2">附加</td><td colspan="2">组合</td></tr>
<tr><td>后附加</td><td>前附加</td><td>喻指</td><td>直指</td></tr>
</table>

刘叔新造词法体系以造词材料为研究视角和标准，主要研究造词材料的性质、词素义和词义之间的关系。

除此之外，还有一些学者也提出了造词法的分类体系。例如葛本仪（2001）根据人们运用造词材料的不同方式，将造词法分为 8 类，它们是：音义任意结合法、幕声法、音变法、说明法、比拟法、引申法、双音法、简缩法。这种分类从方法论角度出发，思路较为新颖，尤其是“音义任意结合法”弥补了任学良造词法体系的不足。不过，我们也可以看到这个分类体系中有四类和语音有关。这虽然反映出语音在汉语词生成过程中的重要作用，不过也反映了葛本仪过于注重语音对造词的影响。

21 世纪前后，人们对汉语造词法的研究已经逐渐脱离了从微观角度或者说词的层面（无论是词法、词音还是词义）来刻画和描述，开始吸收西方构式语法（construction grammar），从跨词结构入手研究造词法。例如李宇明（1999）提出了“词语模”的概念，认为“词语模”框架是产生新词的一种机制，并且可以根据所替换类推成分的位置分为前空型（X 小姐）、后空型（文化 X）、中空型（吃 X 饭）。还有的学者甚至从语言外部来考虑汉语新词生成的趋势。比如袁庆德（2002）提出了一种“摹态法”造词法，指出这是早期汉语的一种重要生成方法，即用发音器官来模拟事物的外部形态、动作行为、运动变化，然后根据这些特征创造新词。

21 世纪对汉语造词法的研究角度也较以往更为丰富多样。李如龙（2002）在将汉语词汇的生成方式分为音义相生、语素合成、语法类推和修辞转化四种时，依据就是从历时语言学角度寻找汉语词特征，从而进行划分。李仕春（2011）也是结合汉语的历史发展特点，从音节数出发，建立了一套基于语义构成的造词法体系。他将造词法分为单音词造词法和复合词造词法，其下属的子类划分能使造词法和构词法有机联系起来，使得运用构词法理论分析出来的每一类型的词都能由相应的造词法生成。这种分类的核心是从形式上划分。虽然根据音节分类的方式较其他学者的研究新颖，但是底层还是从语言学常规造词的角度在音变、义变和意合三个方面来进行划分，具体分类体系如图 3–6 所示。

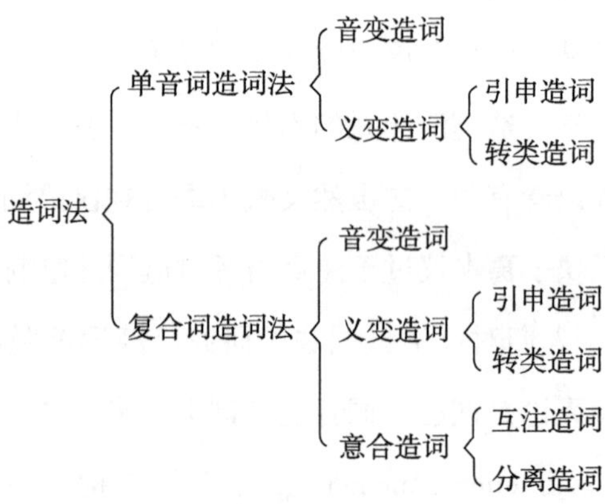

图 3–6　李仕春汉语造词法体系

还有的学者直接用并列列举的方式对造词法进行了列举式划分。如张斌（2011）直接列举了 11 种造词法，即拟音造词、翻译造词、紧缩造词、重叠造词、类推造词、音变造词、转类造词、字母造词、变序造词、派生造词和组合造词。这种划分方式可以说是多标准和多角度的，容易造成内部交叉。有些造词方法还有能产和不能产的区别。例如变序造词法就是一种不能产的造词法。比如“枣红、红枣”这种词语可能是通过序列对调来生成的。但是这种方法很受限，如“黄瓜”就没有生成“瓜黄”这个词。

在造词法的研究范畴，除了现代汉语的新造词，还有的学者研究方言中的新造词，研究角度也比较新颖。例如董博静（2014）从人类认知心理的角度，结合地域风俗习惯、民族之间交往等方面因素，探讨了一些方言词汇产生的原因。

汉语造词法研究经过近 70 年的发展，其主要内容集中在以下几个方面。

（1）造词的原料。这应该是造词法研究首先要解决的问题，它同时也是构词法的基本研究对象，只不过侧重点不同。一般认为成词的单位是语素，因为语素是构成词的基本单位，所以造词的原料自然就是语素。诚然目前绝大多数的词是由语素构成的，但是在汉语造词法里，虽然词比语素层级高、级别大，但词也是可以造的，例如“办公室”是动宾结构复合词“办公”和语素“室”组合成的一个偏正结构的词。因此，造词原料既有语素，也有词。

随着研究的深入，造词法对于语素的研究，由过去的词根语素逐渐转向了词缀语素，尤其是随着网络信息技术的发展，很多借由类词缀语素造词的方式越来越多。例如，“云”虽然是一个词根语素，可以独立成词，单独用是一个名词，与其他语素合用时也可以保持本义成词，但是“云计算、云服务、云技术、云硬盘、云平台、云邮箱”等新词中，这里的“云”似乎成为前缀，语义也发生了改变。因此，新近有关词缀语素研究的文章，大都集中于类词缀的研究上。

（2）词语的内部结构。虽然词语的内部结构一般属于构词法范畴，但是对于造词法来说，它也是一个须重点研究的内容。即使是同一语义，但是由于结构形式不同，人们最终选择的词也不一样，也就是说，人们对于词的内部结构有一定的倾向性选择。例如，有一种松树叫作“白皮松”，但为什么不叫“皮白松”，原因是“白皮松”和“皮白松”的内部结构形式不一样，前者的中心词是偏正结构，后者的中心词是主谓结构。董秀芳（2016）指出，名词性复合词的优势结构类型（同时也是主要的结构类型）是定中结构。在对偏正结构和主谓结构选择的情况下，人们倾向于选择偏正结构表达。再比如，“环境美化员”和“美化环境员”其实都是“环卫工”的雅称，但是人们一般倾向于前者，因为前者是“主谓”结构，后者是“动宾”结构。这些都说明词语的内部结构对造词法有一定的影响。其实，汉语词的内部结构是汉语构词法研究最多的内容，因为汉语构词法的理论体系脱胎于西方结构主义语言学，自然比较重视对汉语内部结构的分析和描述。不过，对于造词法来说，虽然内部结构的差异化表现并不是生成新词的唯一方式，但是造词法有时候要依托结构主义语言学所生成的一些概念体系来寻求造词的机理。例如，“词缀”的概念就是结构主义语言学的产物。和西方词缀显性特征的显著特点不同的是，汉语没有那么明显的专用词缀语素，我们必须通过词语的内部结构分析才能确认哪些语素是词缀。尤其是近些年出现的很多利用类词缀的造词方式进行仿造词的方法非常流行，研究和分析词汇内部的结构自然就成为造词法研究的一个基本内容。比如“客”本身就是一个词根语素，但是随着互联网而出现的“闪客、黑客、拼客、威客”等新词中的“客”就可以理解为一个类词缀，这些词的内部结构特点会直接影响汉语造词。目前，造词法对词语内部结构的研究，主要集中在合成词内部逻辑结构类型的划分上；对于派生词的结构研究，主要集中在词缀的判定以及类词缀的挖掘上。

（3）造词的方式。又称造词的方法，这可以说是造词法最直接的研究内容。关于造词的方式方法研究，有人认为有 11 种之多，如张斌（2011）。

少的认为仅有两种，如李仕春（2011）。随着研究的深入和时代的发展，造词的方式越来越多，但大多是利用词缀或者把一些词根语素类比成词缀的方式造词。这也是西方语言产生新词的一种方式。王德春（1981）强调，“词缀新义”是产生新义的一种方式。结构主义语言学家索绪尔提出，创造和使用新词语的时候，常用的方式就是类比，即不断地用已有的结构和材料，用类比的方式创造新词。例如，计算机领域经常出现“云计算”这个新概念，这里的“云”指的就是互联网上的一种服务器，根据英语直接翻译过来的，因为互联网上的服务器感觉就像在云端一样遥不可及，而不是实实在在在你身边的。根据“云”这一衍生出来的新的概念，所有和网络云端相关的技术、概念和事件都可以利用“云 X”的格式来表达，“云”逐渐成了一个前缀，表达的意思是“在网络云端发生的”。比如，“在网络云端开的班会”就是“云班会”，“云合唱”“云购物”等词语也是根据“云 X”这个结构类比而来的。

（4）造词的机理。造词机理的研究包括对造词动因、造词理据及造词机制等的分析。

造词动因就是为什么要造词。关于这个问题，孙常叙（1956）指出，这是由社会基础、认识基础、语言基础决定的。刘晓红（1998）认为，对出现的新事物命名时就需要造词。当人们认识深化，需要对事物的特征进行分解或原来分解的特征合一时，就需要造词；当人们表达丰富的感情色彩和主观情趣时，就需要造词；甚至造词者不断更新审美需求，以及期望用简单的手段表达复杂的语义时，也需要造词。概括起来就是，新事物或新概念的客体因素、主体的认识或表情等因素，以及语言系统本身因素，与影响造词的因素是相辅相成的。

不过，目前有些语言学界学者认为词汇化也是一种越来越成熟的造词机理，但是词汇化同时限制了汉语词生成的研究视野，因为它会把不同原因生成的词牵强附会地认为是词汇化的结果，这样的做法不利于人们对真正造词机制的研究。

以上学界的研究主要是用来解释为什么一个汉语新词能够出现并产生，以后又会如何生成一些新词。究竟造词是为了什么，关于这个问题其实较少有学者进行专门的研究，只是散见于一些论著的引言部分。其实，造词的动机和目的决定了应该造出什么样的成品。这个问题应该引起学界的重视。

3.3 构词法和造词法的关联

有时候，构词法和造词法相互联系，甚至被看作一体。宋玉柱（1986）针对丁声树等人合著的《现代汉语语法讲话》中有关构词法的问题提出了质疑。丁声树等人在《现代汉语语法讲话》中提出："名词、代词后加'们'跟后加词缀'头'、'者'、'家'构成名词一样，是构词法"，"动词后面加'了'、'着'也是构词法问题"。宋玉柱对这一观点提出了质疑，认为"名词或代词加'们'根本不创造新词，它只是使该名词或单词由单数变成了复数"。他还认为："动词后加'了'、'着'也和构词法无关，因为它不能创造新词"。宋玉柱认为是丁声树等人把"构词法"和"构形法"搞混淆了。从宋玉柱的文章中，我们发现他在谈到构词法时经常提到"创造新词"，并且明确提到"构词法总是与新词的创造相联系的，构形法则与创造新词无关"[①]。由此我们可以看到，宋玉柱所理解的构词法应该是造词法，其所提到的"构形法"其实是西方语言学界一开始所提到的狭义的构词法，也是《现代语言学词典》中对"构词法则"（word

① 宋玉柱. 应该把构词法和构形法区别开来［J］. 逻辑与语言学习，1986（5）：19.

formation）的解释。显然，宋玉柱的论断是把构词法和造词法混为一谈。因为“构”也有“构造”的意思，这样一来，“造词”和“构词”似乎同义，学界有时候将这两个术语通用，都用来指称语言中构造出新词的方法，但是“造词”侧重创造，而“构词”侧重“结构”。陈光磊（1994）针对学术界经常混淆两个概念的情况，进行具体分析，认为两者应该区分。因为构词法是语素构成词的法则，是对既成词的结构做语法分析，说明词内部结构中语素的组合方式，是对复合词、单纯词、派生词等结构类型做分析；造词法则是新词形成的方法，它主要分析的是造词所用的语言材料和手段，并说明成词的原因和理据。

对于构词和造词的区分，早在 1956 年孙常叙就明确提出过。他首次指出造词方法和造词结构是不相同的，这里的造词结构就是我们所说的构词法则。他认为造词构词就是对素材以及它们所生成关系的描述，是对已成的对象做静态分析的结果；造词方法的研究是从造词活动方面来分析词构成的，研究的是选词和造词的方法，并认为造词法可以决定构词法，不过他的理由是不同的造词方法可以产生相同的结构关系和形式。这个理由似乎有点儿站不住脚，因为相同的造词法也可以产生不同的结构关系和形式。

随着研究的深入，目前学界已经有了基本共识。虽然造词法和构词法在内容上有一定交叉，而且都研究词语的内部构造，但是随着各自研究的发展，汉语造词法应该和汉语构词法加以区分，两者的性质、研究对象、研究目的以及侧重研究内容有所不同。具体可以归纳表述如下。

（1）性质不同。构词法属于描写性质的，是对既成语言事实进行的静态的语言分析，是从微观角度，主要利用结构主义语言学思想和方法把汉语词的构成（包括语音构成、语法构成、语义构成）描写清楚，遵循的是语言自治原则[①]。通俗地讲，构词法主要研究词是“怎么样”的问题；造词法是属于解释性质的，主要是运用非自治的原则，用宏观语言学甚至其他非语言学的研究方法把汉语词的生成解释清楚，是动态地研究词“为什么这样”的问题。

（2）研究对象不同。构词法研究的对象是已有语素，包括词缀、词根、缩略词等构成方式以及语素间的结构关系。在西方，构词法主要研究词缀语素，汉语构词法则主要研究词根语素。造词法也是以语素为研究载体，研究新词的形成和使用，包括新词的来源、创造者的身份、新词的意义，主要研究对象是一种心理产生机制。总体上说，构词法的研究对象和范围要比造词法狭隘。

（3）研究目的不同。构词法研究的主要目的是方便而准确地了解词语的内部结构，以便更好地区分语义，从而更好地用词。造词法研究的主要目的是了解词语生成模式和词语产生的原因（也就是造词理据），自觉运用规律创造更多、更贴切的词，而且这些词能更好地表达人们的意思（这里的“好”指的是便捷、准确和贴切）。我们可以通过探讨造词理据，为词语的规范化提供正确的理论指导。

（4）研究内容不同。构词法主要研究词汇构成的规则和机制，如各种构词方法的规则、构成方式的分类等。造词法主要研究词语尤其是新词

---

① 语言自治原则是由语言学家乔姆斯基在 1957 年提出的，他认为语言是一种自我调节和自我组织的系统，不受意识或外界干预，能够自行发展和变化。根据语言自治原则，人类的语言能力是生来具备的，每个人天生就有一套语法体系，能够产生无限多的句子，并能理解其他人说的句子。这个语法体系是在大脑中自然存在的，并不需要特别的教育或训练。语言自治原则也指出，语言的规则和结构是由人类大脑中的一些固有机制所决定的，而这些机制是所有人都共有的，与文化和社会环境无关。因此，所有人都能够学习和使用语言，不论其文化、教育和社会背景如何。总之，语言自治原则认为语言是一种独立于意识和环境的普遍人类能力，构词法就是一种独立于外部、不受人类意识和能力干预的内在的法则。

的创造和使用，如造词的原料、造词方式、新词的词源、创造者的动机、新词的发展趋势等。

但是我们并不否认构词法和造词法还有着紧密的联系。比如，面对“白菜”和“木马”这两个词，如果从构词法的角度研究，它们的内部组合形式完全一样，也就是说，由同一词法模式组合而成。不过，我们发现，“木桌”是一种桌子，“木马”却不是马。为什么说两者有如此差别？这是用一般构词法理论所解释不了的，只能通过词语各语素的语义来源，也就是从造词法的角度来解释。这里的“木马”运用了一种比喻的手法，而“木桌”这个词的诞生却没有使用比喻手法，两者的差别是造词法的不同。但由于“木＋X”构词结构能够表达一些由木头做成的东西，据此我们又可以推出一些由木头为材料做出的东西的命名格式可以选择“木＋X”或“木头＋X”，如“木猫”“木笔”“木瓦”。同时。因为“木”字除“木头”的含义外，还有“木楞”“麻木”等意思，所以人们在表达或命名由木头为原材料做成的东西时，往往倾向于选择“木头＋X”格式。例如“木人”，我们倾向于说“木头人”；“木筷子”，我们倾向于选择“木头筷子”。当然，人们倾向于选择说“木头筷子”，还跟汉语词构词法中的韵律构词规则有关，因为现代汉语的强势韵律节奏是“2+2”。所以，从某种程度上说，构词法也能影响造词法。

综上，我们介绍了汉语的造词法和构词法，两者虽然各有侧重，但也相互渗透。我们在生成词语时，既要考虑到词语的构词规律，也要依据一些生成规则和生成方式。

第四章　汉语新词的判定、类型及特点

在了解词汇构词法以及创造法则的基础上，我们还需要结合新词的特点来研究新词的生成。这就需要我们弄清楚什么是新词、应该用什么标准来判定新词、新词是如何产生的、有哪些类型、在当下新词有哪些特点等问题。

4.1　汉语新词的判定标准

汉语词生成的一个重要内容就是新词的生成。从字面意义上看，所谓新词，就是新出现的词。只要一个词之前没有出现过，原则上都可以将它看作新词。表面上看，新词是一个主要和出现时间相关的概念，但是实际上，并非只要是新出现的或者以前没有见过的词就是新词。假设今天社会上诞生了一个新词，但是从明天开始没有人使用或者以后它消失不用了，这个词也不能被称为新词。这是因为新词的判定要基于一定的时间段，还涉及社会接受度的问题。亢世勇（2003）认为，仅汉语每年产生的新词就达 20000 个以上，但国家语委每年公布的新词新语也就几百个。而且，很多所谓的新词并不“新”，因为它们都出现过，因此，完全意义上没有出现的词还是很少。人们在判定新词时也并非要求新词必须在以前从来没有出现过，多半是根据一个距离当下较为接近的时间段去收集和判定。“新”

是一个相对的、模糊的概念，有的人把最近 20 年出现的词也称为新词。如亢世勇（2008）把新词界定为：1978 年以来通过各种途径产生的，具有现代汉语常用词汇所没有的新形式、新意义或新用法的词。不过，有的词以前一直都有，并不新，但是新近却出现了新的意思。例如“表哥”这个词，以前是一种亲属称谓，现在有时候指代“非法拥有多块名表的官员”，是个贬义词。因为汉语词的这类意思以前没有出现过，语义出现了新的变化，有人认为它也属于新词。

可以说，定义新词是一个复杂且具有挑战性的过程。在语言学领域，新词通常是指在一定时间段内出现的，具有创新性的词汇。它们可能是完全新创的词汇，也可能是从其他语言借用或由现有词汇演变而来的。对于新词如何定义，本书并不想给出唯一的答案，因为所处领域不同，人们对新词的认知也不尽相同。但是判断一个词是不是新词，我们可以从以下几个方面来考虑。

（1）使用频率。一般情况下，新词并不是使用频率最低的词，而是有一个由低到高的过程。新词在诞生的时候，使用频率无疑是很低的，但是一个新词产生后，往往会在较短的时间内被越来越多的人使用，使用频率逐渐上升。一般的常规词汇在使用频率上都比较稳定，要么是持续保持较低频率使用状态，要么是一直持续保持较高频率使用状态。对比历史数据，我们可以发现这个词在过去是不常见的。在互联网普及之前，“自拍”这个词并不常见。但随着智能手机和社交媒体的普及，人们越来越喜欢自拍，“自拍”这个词的使用频率逐渐上升。

（2）语境变化。新词通常出现在特定的语境下，与某些主题、行业或者社会现象紧密相关。观察这个词在不同语境下的使用情况，可以帮助我们判断它是不是一个新词。常规词汇一般不会因为特定的事件而形成特定的用法。

（3）词义拓展。新词在不断被使用的过程中，词义可能会不断丰富和拓展。一般性词汇的词义都较为稳固，义项也较为固定。如果一个词的含义正在发生变化，那么它可能是一个新词。

例如“云”，虽然它是一个基本词汇，指的是天空中的云彩，但是在计算领域却拓展出新的词义，比如“云计算”“云服务”。这里的“云”指的是一个现代化的互联网终端技术，即通过网络提供计算资源和服务。

（4）社会影响。新词往往伴随着社会变革和文化传播，一般性词汇不会随波逐流，受社会变化的影响较为有限，也不能影响社会。如果一个词在某种程度上影响了社会、文化或者人们的认知，那么它很可能是一个新词。

例如“萌”，它源自日本动漫文化，用来形容可爱的、使人怜爱的角色。随着日本动漫文化在全球的传播，“萌”影响了许多年轻人的审美观念和喜好。

（5）词源。了解一个词的词源，可以帮助我们判断它是不是一个新词。如果一个词是从其他语言借用，从现有词汇演变而来的，或者是由多个词汇组合而成的，那么它很可能是一个新词。比如“网红”（Internet celebrity）这个词，它是从英文翻译缩略而来的，由“网络”（Internet）和“红人”（celebrity）两个词组合而成，表示在互联网上广受欢迎的人物。这个词的出现，改变了很多人的人生理念，因为“网红”可以吸引很多流量，而在互联网世界，人们可以凭借高流量换取高的收益，以至于有的人的人生目标就是成为“网红”，并把它当作职业。再比如“艾特”这种从特殊互联网符号“@”音转译过来的词，不仅以前人们没有见过，它还可以作为动词用，用以表示关注、联系、提醒某人。这种随着互联网的诞生而产生新形式、新用法的词，一般可以被认为是新词。

（6）官方认可。有时语言学家和辞书编纂者会对新词进行研究和评估，将其收录到词典中。这可以作为新词是否被正式认可的标志。

目前，除国家语委每年都会公布年度新词、新语和发布“新词语编年本”外，很多专家学者每隔一段时间也会编著一些新词词典。这些词典或资源对新词的收录有自身的标准和理由。人们会经过一定的考证和对比，再结合心理接受度，从而确定哪些词应该作为新词，哪些词还不能作为新词收录。官方认可的词汇一般都是出现了一段时间，经过较为严格的筛选的。它们出现的频率较高，有一定的知名度，而不仅仅是某些特定群体或行业内的专业术语。同时，能代表一种新的事物、技术或概念，而不仅仅是简单的词汇变异或拼写错误。官方认可的词一般较为容易让人理解，且能够被大多数人正确地读写和发音，有一定的独特性和创新性。如 2022 年国家语委公布的诸如“数字藏品、场所码、精准防控”等新词，既符合当下时代特点，又都基本符合上述特征。

需要注意的是，一个词是不是新词，不一定都要满足以上要求，上述判定标准只是帮助我们从多个角度来判断一个词是不是新词的参考指标。新词的识别和定义是一个动态的过程。随着社会的发展和语言的演变，新词会不断地出现和消失。

4.2　汉语新词的类型

根据以上新词的判定标准，结合近 20 年所生成的新词，我们从新词生成的方式出发，认为新词一般有直接式意合新词、修辞式意合新词、旧词新用类新词、方言借用类新词、外来词等几种类型。

4.2.1 直接式意合新词

这类词语无论从形式组合还是表达意义上都是以往没有出现过的，是全新的。比如，当社会上产生了新事物，就用一个新的语素形式来表示这些新的意义，其组合有一定的语义理据基础。这类新词的产生可以直接理解为内部语素义的叠加，一般没有语义的隐喻迁移。比如“股市”“互联网”“区块链”等，都属于伴随新事物的出现而出现的新造词，它们所表达的大都是语素义的直接合成。

这类新词大都能够“望文生义”，其语义来源于每个语素，可以理解为每个语素各自意义的简称组合。而且，内部语素都是词根语素，都能成词，最终的表现形式大多为复合词。

比如“高冷”中的“高”是“高傲”的意思，“冷”是“不苟言笑、冷酷”之意。如果一个人既高傲又冷酷，我们就可以用一个复合新词“高冷”来形容。其合成原理是将每个语素所代表的词进行缩略合并。

事实上，对于很多直接式意合新词，如果不告诉你每个语素代表什么意思，有时候你也很难猜出这个词是什么意思，尤其是一些经过缩略的意合新词。如下面一些词就是越来越难理解，如果不告诉你具体意思，估计你很难猜出它们是由哪些词组成的：

高大上：高端、大气、上档次；

社死：社会性死亡；

爷青回：爷的青春回来了；

九漏鱼：九年义务教育漏网的鱼。

需要注意的是，这类新词有时候会和其他类别的新词在划分上存在交叉。一些缩略词本来就是语素的组合。

4.2.2　修辞式意合新词

这一部分新词虽然也是全新的形式和语义，但是从构词方式来看，它们却不仅仅是组合语素形式或语素义的叠加，而是在产生时大都和某些修辞方式有关，可以说是语言运用的结果，并非简单的语义组合。我们可以将这类新词细分为如下几个小类。

（1）比喻引申类新词。这类新词的内部语素往往带有隐喻色彩，并非语素的字面意义。如：

豆腐渣工程：并非指的是做豆腐渣的工程，而是形容工程质量很差。这里的“豆腐渣”比喻质量不堪一击、偷工减料的东西。

黄昏恋：并非指的是在黄昏恋爱或者与“黄昏”恋爱，而是比喻老人的恋情。这里的“黄昏”比喻人们年老的时候。

朝阳产业：并非指的是和朝阳有关的产业，而是比喻像朝阳一样，具有活力、生机的产业。

下海：并非指的是到海里去。下海行为蕴含着很大的风险，下海比喻从事一些风险行业，包括创业等。

蜂族：源自莫卧儿的小说《女蜂》，指在出版、媒体、翻译等文化行业中，像蜜蜂般奔忙、制造精神食粮的白领。

抹布女：指在为了爱情付出自己所有的一切之后，就被像抹布一样丢弃的女子，常含贬义。

瓷男：指像瓷器一样易碎、抗压能力弱的男性。

橡皮鸡蛋：指产下的劣质蛋，也指用化学制剂制成的假鸡蛋，因其在煮熟后可以像橡皮一样弹起，故称。

（2）借代类新词。这种造词方式是给事物进行艺术化的换名，不直接说事物本身，而是用与其关联的特征来表述。这种造词方式显得十分风趣，与比喻造词比较，它的重点在于与事物本身的相关性，而不是两个事物的相似性。

菜篮子工程：指的是农副产品供应链建设工程。由于以往人们经常用菜篮子去买农副产品，所以这里的“菜篮子”和农副产品相关，人们也容易理解其主要借代的是农副产品。

泥鳅内阁：指日本以野田佳彦为首的一届新内阁。因为新一届内阁中缺少知名度高的面孔，野田佳彦在发言中曾几次用“泥鳅”来说事，曾自比朴实无华的“ 泥鳅 ”，所以人们就用“泥鳅”作为特征来指代。

白富美：指皮肤白皙、有钱、长得漂亮的女生，因为“白”“富”“美”是很多男生眼中理想的女性伴侣特质，所以这几个词浓缩在一起借代优质女性。

（3）仿造类新词。所谓仿造，是指在原有词语的基础上，调换个别语素，模仿原有词语的形式特征，使其在形式或内容上很相似却又有区别。这种造词方式能够让人们即便是通过固有的思维也很容易去理解新词语的意义。比如：

贵羊羊：是对羊肉价格上涨的谑称。这个词的形式是仿造国产动画片中关于羊的命名特色。动画片中有“喜羊羊、美羊羊”等类型的羊，于是对于越来越贵的羊肉，人们就仿造出了“贵羊羊”这个新词。

有的新词除了带有模仿原有词语的特征，还带有比拟的效果。如：

好莱虎：很显然是模仿了“好莱坞”，主要是描述和形容好莱坞电影在国内上映的情景。因好莱坞电影往往对国产电影票房造成冲击，气势如虎，故称。

（4）类推类新词。这类词和仿造类的词有点儿接近，所不同的是，类推一般是根据逻辑语义的对立意义或者相似意义进行推断，而仿造侧重形式相似。如：

网络上曾经流行一首歌叫《伤不起》，近几年流行的《伤得起》就是由此类推而来的。

有的类推是依据一些带有某个共同语素的词来推出以此语素为共同特征的新词词族。如：

股民→烟民、彩民、网民、基民。

黑客→红客、闪客、威客。

内卷→外卷、混合卷。

酒吧→餐吧、网吧、氧吧、书吧、咖啡吧。

（5）谐音双关类新词。这类词一般有一定的双关色彩，语音上也有对应的常规词汇的谐音表现。如：

葱击波：对大葱价格猛涨的戏谑说法，其谐音对应常规词组“冲击波”。和其意思基本相同，也是通过谐音双关造词法生成的词还有“向钱葱”。

蒜你狠：对大蒜价格上涨太狠的戏谑说法，其谐音对应常规词组“算你狠”。

妻税：因在不动产权证上所加多为妻子姓名，故称，其谐音对应常规词汇“契税”。

（6）缩略类新词。所谓缩略，就是表示节缩和省略语言文字的一种方式。关于缩略能否成为一种修辞，早在20世纪30年代就有人给出了肯定的意见。这类词是经过简写或缩略处理的，和原有词相比，形式上更加精练，是新的，语义所指基本相同。有些缩略新词，直接从字面上甚至看不出意思，也难以分辨是由哪些词经过缩略得到的。比如火爆全球的视频软件“抖音”，从字面意义上有时候看不出表示什么意思，它完全是一个新造词，但它其实是指“抖动的音符”。这个和它的母公司“字节跳动”（也就是“跳动的字节”）有一定的关联，只不过省略后有时候猜不出其原先的意义。

如果要细分，缩略类新词根据省略方式还可以分为三小类。

第一小类，简称词。这类缩略词没有省去核心语素，只是把称呼简化了。

博导：博士研究生导师的简称。

伦奥：伦敦奥运会的简称。

澳网：澳大利亚网球公开赛的简称。

超市：超级市场的简称。

麻小：麻辣小龙虾的简称。

第二小类，略语词。这类缩略词多半是因为原词表达的意思有些复杂，所以刻意省略掉部分表述内容，而且多半是省略靠后语素所关联的内容，造成字面直接表达意思的缺失。

严打：严厉打击犯罪活动的省略。“打”后面的内容被省去了，从字面意义上，人们根本看不出要“打击什么”。

防伪：防止假冒伪劣产品的省略。“伪”所指代的内容被省，从字面意义上，人们根本看不出是要“防止出现伪劣的行为”还是“防止出现伪劣的产品”。

自出版：人们通过电子图书平台来出版作品。这里的“通过电子图书平台”被省略了。如果没有相关背景，人们是很难想到这一缺省信息的。

第三小类，数字缩语词。这类词多半是几个并列结构。当每个结构都出现共同的语素时，人们往往通过数字加共同语素的形式对这些并列结构短语或句子进行概括。

“三讲”：讲学习、讲政治、讲正气。

“三养女”：修养、涵养和保养都很好的女人。

“双百”：百家齐放、百家争鸣。

这类词语的出现是人们遵循语言经济原则的重要表现。这些词语的词形都是新的，词义则有的是新的，有的是原有的。

缩略造词迎合了现代人快节奏的生活方式。人们追求简短明了、诙谐风趣的语言形式，所以就产生了很多这样的新词语：将原本由较多音节构成的词语缩略成少音节、短音节的词语。这也使得新词的形式更加多元化。

4.2.3　旧词新用类新词

这类词语是指过去已有的词在使用中产生了新的用法和语义。

比如“骑士”，在古代指的是一种骑马的战士，但是现在也被用来指儒雅、绅士的男子。再比如“碾压”，原本指粉碎物体，现在被用来指在某个领域、某个比赛中以绝对优势战胜对手，类似“完胜”。

旧词新用一般有三种情况。

第一种，一般是原有的词语增加了新的意义，如：

充电：以往指的是给电器补充电量，现在也可以指人的进修、学习等深造过程。

造血：以往一般指产生血液，现在也可以指提升能力、自力更生。

躺平：以往只是指一种躺着的姿势，现在变成一种安于现状、不思进取的人生态度。

第二种是原有的词语有了新的用法，比如：

“你这人很娘”中的“娘”，以前一般是名词性的，现在可用作形容词，表示“女性化倾向”。

第三种是原有的词语很长一段时间不用，现在又重新启用，有点儿类似词语的“回潮”。当然，重新启用时，其中意义也发生了一些变化。比如：

小姐：这个词以前就有，主要是指大户人家的闺女。但是现在又重新流行起来，其语义较为复杂，有时特指一些性工作者，有时也成为对年轻女性的日常称呼。

日不落：这个词表面上看表示太阳不落下，曾经用来形容大英帝国，但是随着大英帝国殖民地纷纷独立，“日不落”已经逐渐淡出历史的舞台。近两年，它又在社会上流传起来，主要是对“日化产品集体涨价”的戏谑说法。

4.2.4 方言借用类新词

这类词语一般来源于某些地方的方言，但在普通话中很少出现过。不过，随着一些方言在普通话中的流行，某一时期，普通话中也会逐渐涌现出一些方言词汇。但从普通话常用的词汇来看，它应该在形式和意义上都是新的。

如“发烧友”（形容对某事或某物非常热衷的人）、“埋单”（结账）、“拍拖”（谈恋爱）这些词语在粤语中经常使用。随着广东沿海一带的经济发展，当地的一些文化和方言进入普通话体系当中，以至于很多人运用这些词语来表达对应的意思。

再如东北话的“忽悠”，经过春晚赵本山的系列小品变得广为人知，这个词也逐渐进入普通话的词汇系统中。

近些年，还有一些新词来源于方言词的变体。

如“欠客”，表示言行举止不稳重，经常会说一些不得体的话，或手脚闲不住、爱闯祸的人。之所以有这种意思，首先来源于“欠”的所指。“欠”源自东北方言，原多为贬义，现趋于中性。然后套用一些时尚的新词生成构式“X 客”而成为“客”族新词。

4.2.5 外来词

这类词和方言词不同。汉语方言大致保留了汉语的语法、语义或语音特点，但是有的外来词和汉语词大相径庭，由外来词借来的新词大都是音译。外来词具体包括以下几类。

（1）音译词，这类词直接就是通过相似发音的汉字来组成新词。如：

“沙发”是由“sofa”直接音译过来的。

“酷”是由“cool”直接音译过来的。

“秀”是由“show”直接音译过来的。

“血拼”是由“shopping”直接音译过来的。

（2）意译词，这类词一般是根据外来语对应单词的中文意思翻译过来的新词，如：

“热点 ”是根据“hot spot”所对应的中文意思翻译过来。

“音乐电视”是根据“music television”所对应的中文意思翻译过来。

“热狗”是根据“hot dog”所对应的中文意思翻译过来。

“超级市场”是根据“super-market”所对应的中文意思翻译过来，后来又进一步缩略为“超市”。

（3）音译兼意译词，这类词一般是部分根据外来词的读音，另外部分结合外来词对应的中文意思组合而成的新词。如：

“桑拿浴”的英文是“Sauna bath”，前半部分是音译，后半部分是意译。

“迷你裙”的英文是“mini skirt”，前半部分是音译，后半部分是意译。

“酒吧”的英文是“wine bar”，前半部分是意译，后半部分是音译。

还有一些外来词是直接使用日语汉字词，如放送、物语、写真、人气等。日本借用中国古代汉字来表义，但是随着时间的推移，这些字义又发生了改变。我们将这些汉字词又借用回来形成新词，它们中的大多数，词形、词义相对汉语来说都是新的。但是对于借出国来说，它们不算新词，除非意义发生了改变。比如“手纸”是从日语中借回的词，但是在日语系统中，汉语“手纸”的意思和日语“手纸”的意思已经发生了改变，指的是两种不同的东西。

有些带有字母的缩略新词，多半涉及外来词。

比如网络上流行的“BMW 族”，指“用公交、地铁和步行这三种方式上下班的人群”。其中，公交车（bus）、地铁（metro）、步行（walk）这三个词汇英文首字母的缩写合并成了“BMW”，这和宝马车的标志正好相吻合。

有的学者认为，汉语新词应该包括这些字母词。例如 IT 业、NLP 等，它们虽然也是随着新事物出现的新形式词语，但由于要么是缩略，要么直接来源于外来语，所以本书不将其作为单独的类。本书主要探讨汉语词的自动生成，这些字母词往往含有字母，不属于本书自动生成的目标，对这类字母词只是做一些简单介绍。

本书所研究的自动生成汉语新词主要是指直接式意合词和修辞式意合词，一般是形式上以前没有出现的组合，是一种全新的词，不涉及生成外来词或者从方言词库中寻找新词。

4.3 汉语新词的特点

对于汉语新词的特点，已有众多学者探讨过，无论从语义、语法等语言学内部因素，还是从社会、心理等外部因素都有所涉及。基于前人对新词的研究，再结合当下时代特征，汉语新词的特点大致概括如下。

（1）从新词所关涉的领域来看，当今新词的产生明显有着科技驱动的特点。

随着现代化进程的加快，科学技术的快速发展，越来越多的新技术和新产物进入人们的生活。在科技发展较快的互联网、人工智能、生物医疗等领域，相关科技的出现催生了大量的新词汇，例如区块链、人脸识别、智能穿戴、精准医疗等。中国国家语言资源监测与研究中心发布的《2020

年度语言生态大数据报告》指出，2020 年度新词中与科技相关的新词比例达到了 34.6%，排名第一，其他类别的新词则相对较少。这一数据表明，现在科技相关的新词比例远大于其他类别的新词，科技对汉语词汇具有越来越大的影响。

（2）词语内部组合的形式更加多元化。

以往生成的新词多是一些新概念、新事物的叠加。比如“共享经济”出现后，有些“单车”可以共享，因此出现了一个新的词，叫“共享单车”。现在，不仅概念叠加了，而且在形式上，一些中英文夹杂的新词更加普遍。如“很 man”“IT 业”这类词出现的概率较大，甚至还用上了一些英语类的语法表现形式，如：

学习 ing：表示正在学习，“ing”这种英语表示正在进行的方式用在了汉语词末尾。

学习 er：表示学习者，“er”这种英语表示做某事的人的语法方式用在了汉语词末尾。

这种特殊的中英文夹杂形式，不仅使得汉语词有了屈折词的特征变化，还从某种程度上冲击了汉语意合词的特点。除了中英文夹杂的形式，现在还出现了其他形式的组合，如：

@ 我：表示在网络媒介上“提醒我”或者“叫我”。

学界将话语中外来符号和汉字文本混合的情况称为语码混合。实际上，这种混用现象是在经济全球化影响下文化全球化的表现之一，虽然在新词中所占比例不高，但对于汉字体系其实也是个挑战。我们虽然阻挡不了这种趋势，但是可以深入地引导和规范，不能任由其自由泛滥。

（3）趋向简化。

这里的简化，一方面指的是语义压缩，比如用一句话甚至一个词来表示。例如：

喜大普奔：非常喜欢，不禁大声欢呼，并向普通人奔走相告。

不明觉厉：不太明白，就觉得很厉害的样子。

人艰不拆：人生已经如此艰难，就不要拆穿了吧。

另一方面，新词在简化形式的过程更加浓缩，还经常出现字母词，也就是一个字母代表一个意思。这些词汇通常由两个或多个单词的首字母组合而成，比如：

CBD：中央商务区（Central Business District），指城市中心的商业、金融和行政区域。

DIY：自己动手做（Do It Yourself）。

以前的缩略词大多来源于英语等外来语，如今有很多是来自汉语拼音的简写。这些拼音缩略词往往是基于拼音输入法的简写规则而流行的。人们从字母表面上一般很难猜到其含义，但是当把这些拼音首字母运用拼音输入法输入就可以得到较为确切的意思。在如今的打字时代，快速表达情绪情感或者传递信息已经成为人们高节奏生活的迫切需要，例如：

YYDS：永远的神。

XSWL：笑死我了。

当然，以往产生的新词中，缩略词也占有相当比例。如今的缩略词，不仅形式比以前更加多样，而且省略后留下的词根，其表意也更加灵活。比如，一些政府公文中产生了若干具有高度概括力的词语，如“三讲”“四有”“五心”“八荣八耻”等，这里面的数字基本上都表示数量，而现在流行的“十动然拒”意思是“十分感动然后拒绝”。这里的“十”不是表示数量，而是表示程度副词“十分”，可以说让人很意外。这类缩略词虽然各自都能代表一个词的语义，但是仅凭字面义，人们有时很难想到对应的意思，必须借助“哏”或者说故事背景来帮助理解。比如，“十动然拒”主要是因为在相亲节目中，女生或者男生拒绝对方经常使用的托词而出名。

这样的词还有：

然并卵：然而并没有什么卵用。

城会玩：城里人真会玩。

需要注意的是，随着表达含义更加复杂，在音节数量上，新词并没有简化，反而三音节、四音节甚至多音节的新词数量逐渐增加。例如，“利用影响力受贿罪”就是一个八音节的新词。我们统计了《中国语言生活状况报告》（2016—2021 年）所收录的 1964 个新词的音节数分布情况（见表 4-1）和 2003 年《新华新词语辞典》的新词音节数情况（见表 4-2），并对其相关数据进行对比分析。

表 4-1　2016—2021 年收集新词音节数分布

音节数	单音节	双音节	三音节	四音节	多音节
数量	11	372	665	685	231
比例 /%	0.56	18.94	33.86	34.88	11.76

表 4-2　2003 年《新华新词语辞典》2200 个新词的音节数分布

音节数	单音节	双音节	三音节	四音节	多音节
数量	10	1240	322	449	179
比例 /%	0.45	56.4	14.6	20.4	8.15

图 4-1 是以上数据的饼状图。

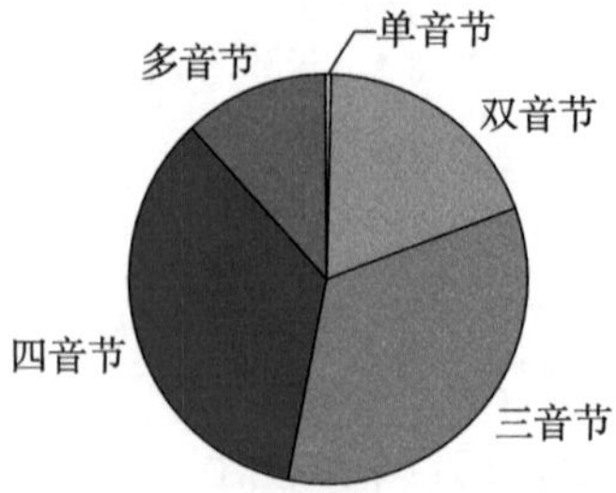

（a）2016—2021年新词的音节数量分布

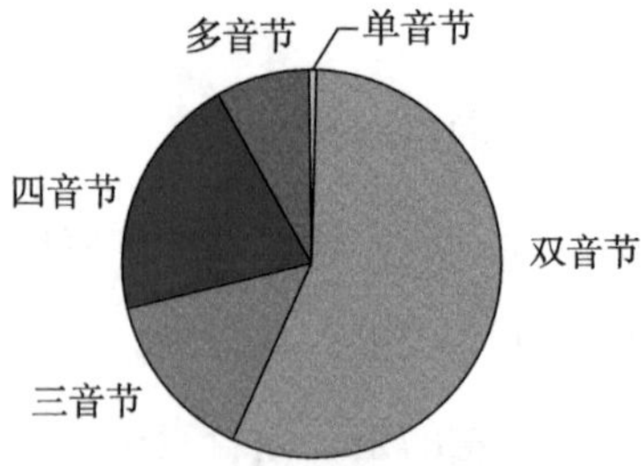

（b）2003年新词音节数分布

图 4-1　2016—2021 年新词和 2003 年新词音节数分布

通过两个阶段新词音节数分布的对比，我们发现，近几年三音节以上的新词所占比例迅速提升，双音节词所占的比例逐渐减少。

苏新春（2001）对《现代汉语词典》（1983 年版）的 56147 个现代汉语常用词的音节数进行了统计（见表 4-3）。

表 4-3　《现代汉语词典》（1983 年版）常用词音节数分布

音节数	单音节	双音节	三音节	四音节	多音节
数量	1054	35056	5703	4364	454
比例 /%	18.78	62.47	10.16	7.78	0.81

《现代汉语词典》（1983 年版）的常用词音节数分布饼状图如图 4-2 所示。

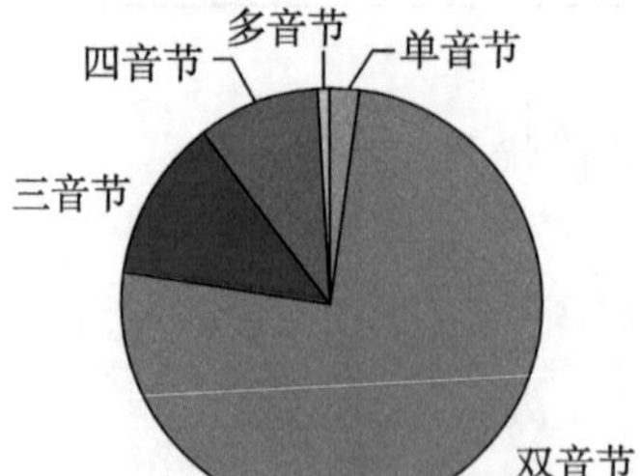

图 4-2　《现代汉语词典》（1983 年版）常用词音节数分布

我们可以看到，在常用词汇中，二字词还是占到绝对优势。也就是说，即使目前的新词已经逐渐变成以三音节词和四音节词为主，但是它们仍然无法撼动汉语词汇系统以双音节词为主的格局。

上文提到，现在出现的新词虽然趋向于简化，但是词语的音节数并没有减少，反而是两个以上的新词占到了大多数。这主要是因为新词在承载语义的量级上扩大了，相应地，这些音节所承载的信息量也比以前大得多，甚至很多词描述了某些历史事件。这说明，即使新词带有一定程度的语义压缩或形式压缩，但是在音节长度上，需要相应增加才能够较为便利地传递更多信息。即使社会发展需要更加简洁和迅速的传播载体，但当下社会的发展也导致语义表达更加复杂和多元，必然也要求生成音节数更多的词来承载语义的变化。事实上，大量四字新词的出现，降低了长句的出现频率，在某种程度节省了人们阅读文本的时间，让人们的交际整体上变得更加高效、快捷。这就是为什么一方面我们的表达更加简洁化，而另一方面新词长度却出现了增加的态势。不过，即使新词的音节数有所增加，整体上汉语词还是以双音节词为主。

（4）类词缀化现象凸显。汉语词中意合而成的复合词占绝大多数，随着时代的发展，各种文化交融，越来越多的新词通过添加词缀的方式产生。比如“第”，一般是作为前缀成分，这个语素在现代汉语中基本已经没有了实际意义，只是表示语法功能，不是词根，而是词缀语素，和一些数字组合成序数词，如第一、第二等。这些同词缀一起组合而成的词被称为派生词。汉语也有很多由专用词缀语素组合而成的派生词。下面都是专用词缀组合而成的派生词：

阿 –：阿姨、阿哥、阿姐、阿婆、阿爸、阿妹、阿嫂等

– 子：桌子、椅子、骗子、推子、金子、凳子等

– 化：数字化、信息化、智能化、政治化等

－性：国际性、全球性、全国性、刚性、韧性、柔软性等

－者：学者、志愿者、患者、读者、笔者、消费者、投资者、观者、业者等

－界：学界、娱乐界、科技界、投资界、音乐界等

－型：网红型、流量型、淑女型、慢热型等

－乎乎：黏乎乎、稀乎乎、稠乎乎、胖乎乎

也有一些实词在使用过程中逐渐失去了实词功能，转向了较为虚化的语法功能，这就是类词缀化。高琳娜（2013）统计了汉语新词的构成方式分布，指出在1991—1994年间，汉语新词以语义的复合为主，2006—2010年间多以附加式为主，且这些附加形式大都是类词缀现象。类词缀化的新词在造词法中多采用仿造或类推的形式，生成大量的以某一个类词缀为核心的词族，如：

被－：被代表、被投票、被自杀、被小康、被和谐等

零－：零风险、零故障、零利润、零容忍、零失误等

－风：网红风、佛系风、央视风、国风等

－热：出国热、考公热、考研热、文凭热、托福热等

－秀：脱口秀、时装秀、手机秀、身材秀等

－控：声控、漫画控、游戏控、电子控、手机控等

－客：闪客、威客、黑客、红客、偷渡客等

这些由类词缀构成的新词，其类词缀的意思和这个语素单独使用时在功能或语义上已经发生了改变，甚至其构式也具有了某种特殊的构式义。有些类词缀具有改变词性的功能，如“高X”，无论与名词、动词组合，组合后，该词便转变为名词，如高标准、高制作、高品位等。“X哥”放在名词、动词、形容词的后面，都用来指称人，成为名词，如火车哥、奔跑哥、犀利哥等。

有的类词缀形成某语族后，其构式就具有了特定的语义特征。比如在“被 X”这个构式中，就具有“+ 遭受 + 否定 + 非自主性”的语义特征。我们看，“被代表”是没有代表，并且不是自愿的；“被自杀”就是没有自杀，而且是被人冠上自杀之名的假象。这些都有否定、被迫和遭受的内在含义。

某些词成为类词缀后，其词性还会发生改变。例如“控”是动词，但是成为类词缀后，其构成的“X 控”词族都是名词性的。如我们经常说，“他是一个电子控”，这里的“电子控”作宾语，是名词。

新近出现的大量新词中，很多以前是实词的词根，现在开始充当类词缀的角色，这也反映出汉语的动态性和灵活性。

（5）借助热门事件迅速生成新词。

网络社会，很多热门事件受到人们的关注，因此从热门事件中诞生出来的词也容易在社会上迅速流行。

这里的热点事件词，有的是指一些众所周知的社会事件中所产生的词。如果不了解事情的来龙去脉，我们很可能对这类词不明所以。如：

太空会师：主要发生在 2022 年，神舟十五号 3 名航天员顺利进驻中国空间站，两个航天员乘组首次实现“太空会师”。后来，这个词随着新闻媒体的广泛传播，被人们广为接受，主要是指两个或更多的太空船在太空中进行会面，通常是交换货物、合作完成太空任务或为了达成其他协作目的。

雪糕刺客：该词主要产生于 2022 年上市的某品牌雪糕。上市之初，该雪糕的定价在 13~20 元，其随后推出的高端雪糕售价为 66 元甚至上百元不等，引发了不小轰动。而且，它的包装比较迷惑大众，经常隐藏在冰柜里，看似其貌不扬，结账时却有一种被价格刺中心脏的心痛感。令消费者感觉上当受骗的巨大落差，使得这类性价比严重不符的雪糕被称为“刺客”。“雪糕刺客”事件是一场发自消费者群体的互联网运动。消费者借反“雪糕刺客”运动，表达对当下雪糕越卖越贵、品质与价格不对等的市场乱象行为的不满。

这里的热门事件词，有时候关涉一些流行音乐的歌词或曲名，本身承载了愿望、精神等。随着一些流行歌曲被传唱，其歌名本身就成为新词，词义基本就是这些歌曲所传达的主题思想。如：

一起向未来：2022年北京冬奥会和冬残奥会的主题口号推广歌曲，由陈伟霆、袁娅维演唱，后来成为一句口号词，语义也是这首歌的主题，表达人类对于未来的美好愿景和对于世界和平的向往。

孤勇者：网络游戏《英雄联盟》衍生动画《英雄联盟：双城之战》于2021年推出的中文主题歌，由中国香港歌手陈奕迅演唱，后来在以“10后”为主体的小学生中间刮起了“病毒式传播”，变成当代小学生的“接头暗号”，从而火爆网络。其语义基本就是这首歌表达的人物特征，即不畏强权，即使身处绝境，孤身一人，也能奋力为自己、为梦想而战。

这些带有特殊历史背景的新词的出现，不仅传达了某一个具体意思，更多的是反映了一个时代的方方面面，也可以说是对热门事件的概括或标签化。它们传达的意思已经远远超出字面意思。

需要注意的是，一旦借助热门事件产生新词，人们还会运用类推思维迅速地创造一批类似格式的新词，通过词汇组合形式明白传达相关语义。比如“雪糕刺客”这个不符合常规搭配的新词产生后，人们又迅速类推出了“西瓜刺客”，暗示一个不起眼的西瓜价格却惊人，有一种被深深地给了一刀的感觉。以此类推，比如“蛋糕刺客”“草莓刺客”“苹果刺客”“话梅刺客”等，这些词即使以前没有出现过，但是有着“雪糕刺客”事件背景的加持，人们也能迅速理解这些仿造类推出来的新词所描述的是一个什么样的场景事件。

以上是目前新词产生的一些主要特点，这些特征也给我们自动生成新词带来了一些启发。比如在自动生成新词时，我们除了进行语义替换，还要多考虑以类词缀多音节等多元候选形式来造词。

例如，根据“喜爱烈性大型犬种的人”这个意思，计算机一般会生成常用词汇“爱犬人士”。目前，具有相近意思的“X 控”在网络上更受人推崇，计算机可以根据新词中的“X 控”这个表达“喜欢某某方面的人”语义的类词缀构式来生成“烈犬控”或“大狗控”等近似又相对生动、时髦的新词。真正的人工智能技术，不仅能够帮人们找出用一个词来形容用户所输入的意义，而且还能够紧跟时代的步伐，利用新颖的形式表达相同的意思。更值得期待的是，有一天当你输入了一个语义，计算机所生成的词不仅能准确描述你所说的意思，而且这个词可能还是你没有见过的。更意外的是，即使你以前没有见过，但是一旦这个词出现在你的面前，你顿时能够明白或者推理出这个词是什么意思，因为它的产生符合人类的常规认知规律。

第五章　汉语语素义资源的构建及描述

汉语词的自动生成实质是语义的转化输出。对于汉语这种由义素组合为主流构词方式的语言来说，打造一个基于语素的语义知识库可以说是基本工作。

5.1　语素义知识库的构建思路及整体框架

5.1.1　语义范畴化与语素义描述

学界关于语素数据库的构建，早在 20 世纪 90 年代就已经开始了。苑春法和黄昌宁于 1998 年建立了“汉语语素数据库”。他们考察了包含 6763 个汉字的汉语语素及其构成的二字词、三字词和四字词，最后得出结论：在构词过程中，汉语语素的意义在大多数情况下是保持不变的，少数情况下发生的语义变化也是有规律可循的。基于这一结论前提，那些通过构建语素数据库来推断词语语义的方法才是可行的。俞士汶、朱学锋、李峰（1999）开发了“现代汉语单音节语素库”，主要目的是研究中文文本信息处理中未录入词的识别问题。可见这时信息学界已经注意到语素义知识库对词语构词规律以及一些新词语义理解和生成所产生的作用。吴铭（2015）专门构建了一个现代汉语的常用语素项的属性库，可以说更进一步精细化了语素知识的描述，由此有关语素的资源建设不断向纵深方向发展。然而，数据库的构建并非越精细或者越全面就越好，主要还是看构建的初衷以及所要实现的目标。我们所构建的语素义知识库，主要是为生成汉语词服务。当用户输入一句话或者一个短语时，计算机能够输出相近语义的词语，所以它首要涉及的是相近语素义替换的问题，而这必然涉及语素之间的关系描述。因此，在语素义知识库中，不是语义知识描述得越精细越好，而是在描述语义的同时，也要较为精确地标注出其间的语义关系，这样才能高质量地替换语素生成词语。

那么，如何描述语素义才便于语素间更好地产生关联呢？这里，我们借鉴了语义范畴化理论。语义范畴化理论认为，语言中的词汇并非孤立存在的，它们之间存在着一定的关联和联系。语义产生关联和联系，要有一个基本语义范畴。所谓的基本语义范畴，是指若干语义都是基于一个层面的意义衍生或者归纳。在语义范畴化理论中，语义范畴被认为是词汇意义的基本单位，是一类具有共同语义特征的词汇的集合。这些共同的语义特征可以是物理特征、功能特征、心理特征等。对于汉语来说，由于语义的表达主要依托汉字，而汉字的语义来源又主要依托主要部首，因此汉语的基本语义范畴应该围绕一些能够作为部首的主要汉字。确定了基本范畴，其上下位义范畴就相对简单了。在古代，汉语的语义替换都是以字为单位，一个字就是一个词。现代汉语双音节词的出现，从语义上看，其实就是具有上下位语义关系的字组合的过程。比如，古汉语用“驽”表示不灵巧的马，其中“驽”作为“马”的一种，是“马”的下位义范畴，以前是将下位义通过汉字部件的形式合并到同一个汉字里；现代汉语是将下位义范畴以一个语素或词的形式描述一个特征，再和上位范畴词进行组合的方式，产生了双音节词“驽马”，其利用下位范畴词造词的原理没有变，只是方式变了。掌握了这一现代汉语成词规律，我们在描述语素词义时就要有针对性地描述和区分上下位语义的特征，无论是释义还是描述属性特征，都要注意凸显出语义的上下位继承性特征。比如“水果”和“苹果”这两个词都具有“可食用”这一共同的语义特征，但是“水果”包括了更广泛的范畴，而“苹果”则更加具体。因此，可以将“水果”描述为“可食用的植物果实”，将“苹果”描述为“可食用的水果，果实呈圆形或近似圆形，表皮为红、黄等颜色”。通过释义上的变更，人们自然就知道了两者的上下语义关系。不过，也可以人为地划分或标示出各语素的上下语义范畴，然后下位语素就自动继承上位语素的语义特征。假设“木”是基本语义范畴，它的下位语素“桦”“桃”“梨”等自然就拥有其语义特征，在进行语义知识描述时，人们就不需要再重复描述，而是增加一些特殊性的语义特征描述就可以了。这种方式不仅降低了工程量，而且揭示了语素之间的关联，是一种关系型语义知识，有利于高效寻找可供替换的语素，从而更加有利于汉语词的生成。

除注意语素的上下位范畴外，我们该从哪些方面来描述语素的语义知识呢？这里我们将借鉴语义学中对语义的三个层次理解的知识。在语义学中，词语是语义的基本载体，词语的意思一般会涉及三个层次，即理性意义、语法意义和附加意义。

理性意义一般指的是语言符号所代表的实际对象或概念，因此又称概念意义。通常情况下，我们说一个语素是什么意思，主要指的是它的理性意义。一般情况下，理性意义是客观的，但是也可以描述一些主观的概念，比如“喜”“怒”“哀”“乐”的理性意义就是一种主观情绪的反映。它甚至还能描述脱离现实世界存在的对象，比如“鬼”“神”等。因此，理性意义实质描述的是人类的心理现实，是人类想站在相对客观的角度所描述的意义。理性意义具有一定的稳定性，不依赖上下文和使用者。

例如，不管是“苹果”还是“apple”，它们虽然有不同的表现形式，但是都有一个共同的所指概念，也就是有同一个理性意义，那就是指一种水果，具体而言是“苹果树上结出的果实”。这个理性意义不会因为时空的变化而变化，也许以后会产生新的意思，甚至将来会指称其他事物（比如代表一个商标，或者代表一种电脑），但是“苹果树上结出的果实”这个所指概念是最基本的。

需要注意的是，我们所说的理性意义和词典的释义有些许差别，尤其是对于一个具体的实物来说，它是带有很多空间、外形、感官特征的，而词典的释义不可能描述得很清楚，但是在具体理性意义刻画中，我们需要从多角度来理解。比如“苹果”这个实体，就应该有大小、形状、口感等维度。对于这些大小、形状等特征，我们可以理解为“苹果”这个实体的语义原子，或者叫语义素（义素）。这些义素并不是时刻显现，而是该词语和另外的词搭配使用时，某一个特征义素会被激发或者显现出来。比如，“苹果脸”指的是形状，“苹果绿”指的是颜色，但这些特征都是“苹果”这个实体所包含的，只不过在使用时有些语义原子被隐藏了，有些显现了出来。因此，理性意义在有时被分解为若干义素的形式来描述。

语法意义一般指词汇在句子中的作用和关系，它描述了词汇之间的组合规则和结构关系。语法意义主要关注句子中的语法成分和结构。比如我们描述“苹果”时，除了将其描述成“苹果树上结出的果实”，还可以描述成“通常可以作宾语或主语”。后者的描述其实是展示了“苹果”这个词在句子中的句法功能，或者说在句子成分中的作用。描述语法意义的价值在于，可以让人们在使用中知道它平时在句子中常出现的位置，以及和什么其他类别的词组合等。

附加意义是指词汇、短语和句子所承载的情感、观念、价值观等抽象含义，它依赖于文化背景、社会习惯、个人经验等因素。附加意义是主观的、多变的，与搭配对象、特定的上下文和使用者息息相关。比如“红”，它的附加意义是多维度的，可以指颜色，也可以指温度，甚至可以指情感，这常常和人的认知有关。单从“红”自身来看，这种附加意义虽然是多元的、模糊的，但是一旦和其他词语组合，附加意义就趋向于单一和清晰。比如和“包”搭配，“红”附加的感情色彩就是倾向于好的、积极的，有褒义色彩。如果和“通缉犯”搭配，“红”的附加色彩就是“危险”的象征，含有贬义。

有的时候，由于文化背景的不同，即使面对同一个对象，其附加色彩也是不同的。比如汉语词汇“龙”的附加意义，在中国文化中，代表了权力、威严和吉祥，而在西方文化中，龙可能被视为凶猛和邪恶的象征。

了解了语义学中对语义的基本描述思路，我们再思考如何来描述语素。那么，是不是可以直接按照以上三个维度来描述语素呢？表面上可以，实际上还是有问题的，因为上述对于语义的理解和描述是基于词这个基本单位的。语素和词最大的不同就是，词是随时可以独立使用的个体，而语素不一定，语素是比词还要小的构词单位，是词的下一个层级。正是因为词可以独立使用，其主要功能是造句，也就可以单独充当句法成分，凸显语法特征，也就有了语法意义。语素是词语内部的要素，从语素的角度出发，如果有所谓的语法意义，最多也就是词法层次的功能，也就是在词汇内部充当什么位置，不能和真正意义的句法位置相提并论。

因此，我们不能照搬语义学中对词语的常用描述方法。对于语素义的描述，随着用途的不同，其描述角度也不一样。

我们描述语素意义是为了构词，所以不仅要描述语素的理性意义，还要描述其他维度的意义，尤其是要将语义和构词的功能进行组合。

5.1.2 语素义知识库的整体框架

对于语素意义的描述，本书整体上分为本体属性意义、功能意义和附加语义特征的描述。

本体属性意义，主要涉及语素本身的一些诸如拼音、释义、概念类别、词性等基本属性信息，基本上每个词都有，无论是动词、名词、形容词等，都有这些信息。这些信息其实就是语素理性意义的体现。

例如："虎"的本体属性意义可以描述为：

虎

拼音：Hǔ

释义：大型哺乳食肉动物，毛一般为黄褐色，有黑色条纹，性凶猛，力大。通称"老虎"。

概念类别：生物 / 动物 / 猫科动物 / 大型食肉猫科动物

词性：名语素

近义语素集：狮、豹、狼、猫、虫、狐……

需要注意的是，这里的概念类别的描述根据不同的词性，其所指或者侧重有所不同，名词一般指的是所属类别。动词主要根据动作性质不同进行分类，一般有动作、行为、心理、关系等。形容词主要是根据其所描述的对象来划分不同的概念类别，比如根据描述的对象，可以分为形状、大小、重量、程度、方向、样貌等。

功能意义，主要涉及的是语素的搭配功能，即它能够和哪些语素搭配，搭配后语义的生成模型是什么样的。

这个语素的功能意义可以说是语素成词能力的体现，也是自动生成汉语词的重要知识。为了能够清晰地描述语素的构词功能，我们将语素的功能意义分为内部功能特征和外部功能特征两个类别来描述。

（1）内部功能特征。内部功能特征并不是说这些属性都是内部的，其实，这些属性特征大都需要通过外部的组合才能抽象出来，只是相对外部特征更加隐蔽，一般以贴标签的形式来描述。

①构词性质：一般有词根、词缀、类词缀等。

词根（root）：是词汇中最基本的、含有核心语义的部分。词根通常是一个词语的基础，其他词缀可以附加到词根上，形成具有不同语法功能或语义的词汇。词根一般无法再进一步分解。例如，“学”是一个词根，表示学习的动作或过程。由于词根在成词过程中位置较为灵活，所以大部分词根是自由语素。

词缀（affix）：是附加到词根上，用以改变词的意义或语法功能的形式成分。根据词缀的位置和功能，它可以再被细分为前缀、后缀、中缀和环缀。汉语常见的词缀主要是前缀和后缀。例如，“第”这个语素一般是充当前缀，“子”一般充当后缀。

类词缀（pseudo-affix）：是指那些在形式上类似词缀，兼有语法功能和语义内涵、意义有所虚化而尚未完全虚化的词素，又称准词缀。严格来讲，类词缀不能算是真正意义上的词缀。根据出现的前后位置，类词缀在汉语中还可以分为类前缀和类后缀。

常见的类前缀有：半（半封建、半殖民地）、亚（亚健康、亚硝酸）、准（准新郎、准国脚、准就业）等。

常见的类后缀有：化（现代化、女性化、流行化）、界（新闻界、工业界、演艺界）、品（日用品、食品、小饰品）等。

在发挥具体词的构词作用时，也可以选择兼而有之的情况。如，“老”既可以充当词根（尊老、敬老、爱老），也可以充当词缀（老虎、老鼠）。

②**替换功能**：一般有可替换语素和不可替换语素之分。

可替换语素是指在词汇构成过程中，可以与其他同类语素相互替换的语素。这些语素通常具有相似的语法功能和结构地位，通过替换可以产生新的词汇或词义。在英语中，形容词前缀“un-”和“dis-”都表示否定，可以相互替换形成不同的词汇。如“unhappy”（不快乐）可以替换为“displeased”（不高兴），“uncertain”（不确定）可以替换为“disinclined”（不愿意）。在汉语中，“黑”和“白”是可替换语素。在词汇“黑板”

中，“黑”可替换为“白”，形成新词“白板”。

不可替换语素是指在词汇构成过程中，不能与其他同类语素相互替换的语素。这些语素在词汇中具有独特的地位和作用，替换它们会导致词汇意义的严重偏差或失去意义。

例如，在英语单词“impossible”（不可能的）中，词根“possible”（可能的）是不可替换的，因为替换它会导致词汇意义的严重变化或失去意义。

在汉语词汇“苹果”中，如果将“苹”替换为其他字，如“橙”或“葡”，它将形成全新的词汇，分别表示橙子和葡萄，与苹果具有完全不同的意义。再比如“渤海”的“渤”，“咖啡”中的“咖”和“啡”，都是不可替换的语素，因为替换它们会导致词汇失去原有的意义。

如何判断一个语素是可替换的还是不可替换的呢？一般情况下，我们首先看这个语素的语义是否较为稳定，是否充当核心语素。之后，再用变换分析法来判断根据这个语素所组成的词，如果替换后原始语义发生了大的变化，那么这个语素一般是不能替换的。此外，我们还可以根据该语素的出现频率来判断。我们可以观察该语素在其他词汇中的出现频率。如果一个语素在多个词汇中频繁出现并具有类似的意义，那么它可能是可替换的。同时，还可以通过分析该语素在不同词汇组合中的限制来判断。比如一个语素在词汇组合中受到严格限制，只能与特定的其他语素组合，那么它可能是不可替换的。

需要注意的是，这些原则并非绝对的，而是相互关联和影响的。判断一个语素是可替换的还是不可替换的，人们要结合具体的语境、词汇搭配等进行分析。有时候，一个语素通常是不可替换的，但是在一些特殊的情况下，它是可以替换的。比如“大”，通常情况下是一个可替换语素，如“大红”可以替换成“深红”，意思基本没怎么变化。但是有时候，“大”不能被替换，或者替换后原有的语义发生了很大的变化。如“大家”的“大”

就不可替换。我们在描述单一语素的不可替换特征时，输入的一般是这个语素的某一特定义项在通常情况下所展示出来的特征，是一种大概率事件的相对特征，并非绝对特征。这也是语义知识描述中我们应遵循的一个普遍原则，不然很多语义知识就没法描述。

（2）外部功能特征。外部功能特征主要是指一个语素能够和哪些语素组配，其实就是它的组配特征。语素组配知识描述，不能简单地用一些属性特征来描述，而是要通过这个语素具体能和哪些语素组配或者搭配能力如何来体现。因此，它可以分为两个下属子类特征。

①搭配语素项。按照该语素所构词身处的位置，我们进行初步划分，后面再依托成词字数进行顺序列举描述。因为汉语词基本上都是在四音节以下，而且一般一个语素无论是重叠还是不重叠最多只能出现两次，所以一个语素能够出现的位置理论上有“一、二、三、四、一二、一三、一四、二三、二四、三四”十种。对于前面的“一、二、三、四”类，人们很好理解。后面的“一二”类表示一些重叠的语素词，如“花花草草、花花绿绿”中“花”的出现位置；“一三”类的如“妖里妖气”中的“妖”出现的位置；“一四”类的如“防不胜防”中“防”的位置；“二三”类的如“乱糟糟”中“糟”出现的位置；“二四”类的如“人云亦云”中“云”出现的位置；“三四”类的如“想入非非”中“非”出现的位置。

在上述格式下，我们再按照成词的字数顺序依次排列。例如，关于“吹”的外部功能特征，我们可以描述为：

一：风耩　风暴　风泵　风痹　风标　风波　风采　风操　风铲　风潮　风车　风尘　风传　风锤　风挡　风灯　风笛　风洞　风斗　风度　风发　风帆　风范　风干　风镐　风格　风骨　风光　风害　风寒　风耗　风戽　风华　风化　风怀　风级　风纪　风井　风景　风镜　风口　风浪　风雷　风力　风凉　风量　风

铃　风流　风炉　风帽　风貌　风门　风靡　风魔　风磨　风鸟　风气　风茄　风琴　风情　风趣　风圈　风骚　风色　风沙　风扇　风尚　风声　风湿　风蚀　风势　风霜　风水　风俗　风速　风瘫　风涛　风头　风土　风味　风闻　风物　风险　风箱　风向　风行　风选　风压　风雅　风烟　风谣　风衣　风雨　风月　风云　风的　风灾　风闸　风障　风筝　风致　风姿　风钻　风景画　风凉话　风媒花　风向标　风疹块　风餐露宿　风尘仆仆　风驰电掣　风吹草动　风刀霜剑　风和日丽　风花雪月　风口浪尖　风卷残云　风流云散　风靡一时　风平浪静　风起云涌　风声鹤唳　风调雨顺　风行一时　风雨交加　风雨飘摇　风雨同舟　风云人物　风中之烛　风烛残年

二：把风　暴风　北风　避风　飙风　采风　成风　抽风　吹风　春风　挡风　顶风　东风　兜风　耳风　放风　焚风　肝风　罡风　古风　刮风　观风　海风　寒风　和风　喉风　惠风　疾风　季风　家风　接风　惊风　飓风　凯风　考风　口风　狂风　冷风　烈风　临风　流风　漏风　陆风　路风　麻风　门风　民风　南风　逆风　披风　屏风　脐风　强风　轻风　清风　秋风　软风　伤风　上风　诗风　世风　收风　顺风　朔风　台风　搪风　通风　痛风　透风　颓风　歪风　望风　威风　微风　文风　窝风　西风　下风　校风　信风　旋风　学风　熏风　巡风　妖风　遗风　阴风　迎风　余风　涨风　招风　着风　阵风　整风　中风　追风　走风　作风　吹风　机防　风林　鼓风机　鼓风炉　手风琴　一风吹　暴风骤雨　捕风捉影　乘风破浪　春风得意　春风化雨　春风满面　斗风傲雪　高风亮节　光风霁月　和风细雨　呼风唤雨　急风暴雨　疾风劲草　见风是雨　见风转舵　看风使舵　凄风苦雨　煽风点火　伤风败俗　顺风吹火　顺风转舵　随风转舵　通风报信　歪风邪气　望风而逃　望风披靡　闻风而动　闻风丧胆　掀风鼓浪　兴风作浪　腥风血雨　移风易俗　吟风弄月　栉风沐雨

三：白癜风　白秃风　穿堂风　打头风　鹅掌风　耳旁风　龙卷风　麦克风　四六风　枕边风　饱经风霜　弊绝风清　别有风味　叱咤风云　大煞风景　断线风筝　附庸风雅　雷厉风行　满城风雨　平地风波　饶有风趣　谈笑风生　一帆风顺　意气风发

四：八面威风　甘拜下风　喝西北风　空穴来风　两袖清风　满面春风　弱不禁风　蔚然成风　遇事生风　月晕而风

一二：风风巽卦

一三：风言风语

一四：无

二三：无

二四：要风得风

三四：无

②搭配能力。这里的搭配能力是指一个语素能否搭配另外语素组合成为词的能力。这一能力虽然和语素构词性质的属性有关联，但是出发点不同。词干、词缀是从语素的性质出发划分的，主要依据组合特征；搭配能力其实是要基于其所能搭配语素的数量和种类，依据具体的搭配数量级来衡量。因此，两者不能等同，也不能依托语素的某一个性质就直接断定该语素的搭配能力。

我们将语素的搭配能力分为：

强　该语素只能构词，不存在单用的情况。如“们”“第”。

次强　该语素多数出现在合成词中，极少数情况单用。如“机”“者”。

一般　单用兼构词。这类比较多，如“人”“黑”“烟”。

弱　多数情况单用，很少和其他语素合成词。如“个”“点”“段”。

极弱　只能单用。这类语素也较少，如“哦”“喔”等。

一般人可能认为，不成词的语素比成词语素的搭配能力要强，或者说词缀语素比词根语素的搭配能力要强。比如，词缀一般属于不成词的语素，相对于词根来说，由于其必须依托其他语素一起成词，搭配能力自然要强于词根。例如“我”和“子”，词根语素“我”可以不借助任何其他语素独立成词，是成词语素，它在语料中和其他语素组合的词数量不多，其搭配能力就没有词缀语素“子”强。但是事实并非某个类型的语素绝对会比另一类型的语素搭配能力强或者弱。在搭配能力上，即使在同一类型的语素中，其搭配能力也有所差别。比如“－型”“－状”等词缀，虽然它们也能与不同的语素结合形成词语，但其能搭配的语素数量较为有限，还没有“人”这种自由语素的搭配语素多。因此，有些词缀语素的搭配能力也不一定有某些词根语素的搭配能力强。

我们可以基于语料依托出现频率来判断：

A. 如果一个语素单用频次较高，构词频次相对很低，那么我们认为这个语素的搭配能力属于第一等级，也就是搭配能力的弱等级。

B. 如果一个语素单用频次较高，构词频次相对很低，那么我们认为这个语素的搭配能力属于第二等级，也就是搭配能力的次弱等级。

C. 如果一个语素的单用和合用频次相差不太大，那么我们认为这个语素的搭配能力一般，搭配能力属于第三等级，也就是搭配能力的一般等级。

D. 如果一个语素的单用频次极低，构词较为活跃，那么我们认为这个语素的搭配能力属于第四等级，也就是搭配能力的次强等级。

E. 如果一个语素的单用频次为 0，那么我们认为这个语素只能构词，属于第五等级，也就是搭配能力的强等级。

这五个等级搭配能力对应的构词能力如图 5–1 所示。

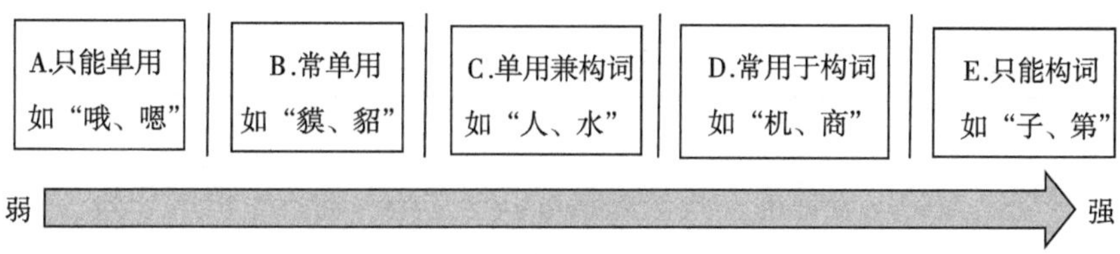

图 5–1　语素搭配能力等级

需要指出的是，即使是同一个语素的不同义项，其语素的搭配能力也会有所不同。我们以“小”为例来分析与统计。我们统计了语素“小”几个常用语素义的使用情况，包括该义项语素构词次数、所占比例，以及单用时的次数和比例。这里统计的语料主要来源于词典所举的词例，以及相关例句，具体结果如表 5–1 所示。

表 5–1 “小”各语素项的构词频率和单用频率

语素	语素义	语素项构词次数	语素项构词比例 / %	语素项单用次数	语素项单用比例 / %
小①	指面积、体积、容量、数量、强度、力量不及一般或不及所比较的对象，与“大”相对	51	39.5	38	36.9
小②	年幼（跟“年长”相对）	2	1.6	18	17.5
小③	孩童	3	2.3	16	15.5
小④	微细的事物	12	9.3	0	0
小⑤	范围窄，程度浅，性质不重要	31	24.0	19	18.4
小⑥	时间短	5	3.9	0	0
小⑦	前缀，用于称人、排行次序	11	8.5	0	0
小⑧	妾	0	0	2	1.9
小⑨	谦辞	5	3.9	0	0
小⑩	将近	0	0	10	9.7
小 ⑪	轻视	9	7.0	0	0
	总计	129	100	103	100

根据上面的划分标准，我们大致可以把“小”的若干语素分为：

A 类：只能单用的语素项，如小⑧（如“你做大，我做小”）和小⑩（如“小半斤”）；

B 类：常单用，如小②（如“年龄小”）和小③（如“上有老，下有小”）。

C 类：单用兼构词，如小①（如“小瓶”“瓶子真的小”）。

D 类：常用于构词，如小⑤（如“小节”“我用力小”）。

E 类：只能构词的语素项，如小④（如“小指”）、小⑥（如“小住”）、小⑦（如“小王”）、小⑨（如“小弟”）、小⑪（如“小看”）。

这些搭配能力的差别其实还可以反过来帮我们区分具体语素的义项。比如，如果一个“小”单独出现，那么基本不可能是小④、小⑥、小⑦、小⑨、小⑪，而倾向于小⑧、小⑩，甚至是小②、小③和小①。

（3）附加语义特征。对于语素的附加语义特征，本书主要选择了下列特征进行描述。

情感特征：主要用消极、积极、中性来描述，有点儿类似感情色彩，但是更强调感情倾向性。例如，“员”是个中性词，但是从情感倾向上看，它倾向于描述积极肯定的事物或人。比如，“警员”“教员”“教导员”“党员”都是社会评价较好的代表。再比如，“位”虽然是个量词，但是倾向于评价积极对象，可以说“这位代表”“三位校长”，却不能说“这位小偷”“三位杀人犯”。

物理特征：包括数量、大小、程度、方位等方面的特征。例如，“几”“多”就有数量特征，“巨”“微”就有大小特征，“高”“低”就有程度特征，“远”“近”就有方位特征。

否定、疑问特征：主要是某些特定语素的功能特征。有些语素可以表达否定语气，例如“没”“不”“禁”；有些语素可以表示疑问特征，例如“吗”“呢”“么”。

综合以上特征，本语素义知识库的总体框架大致如图 5-2 所示。

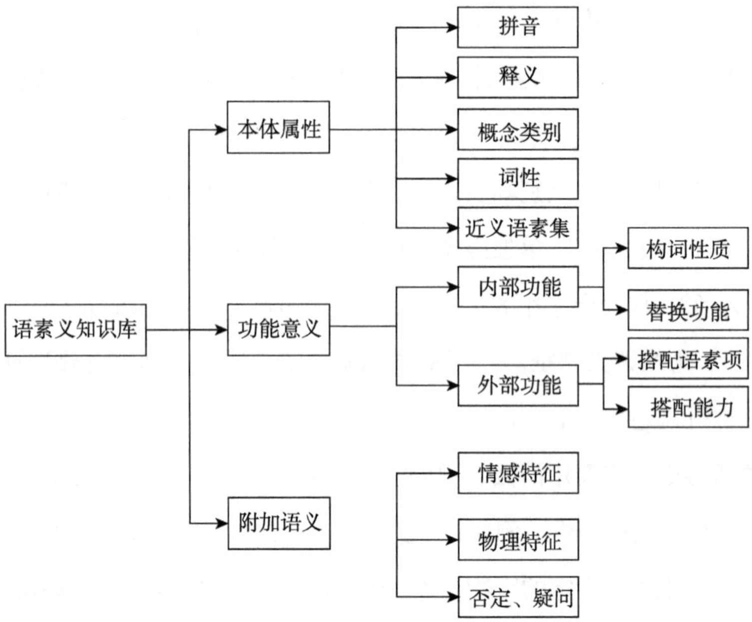

图 5–2　语素义知识库的总体框架

语素的本体属性和功能意义还有附加语义，都为语素的同义替换提供筛选依据，并根据不同的指标赋予一定权重来决定替换成哪些语素更合适。语素的功能意义主要为语素的排列规则提供依据。比如，当用户输入“生成一个描述人的样貌的词”时，根据本体属性的特征，语素知识库可以筛选出诸如“美”“帅”“丑”“俏”“靓”“丽”等语素，但是这样生成的词都是由单一语素组成的单纯词。要想生成合成词，人们必须让这些带有相关语义的语素进行组合，而组合的顺序由谁决定，这就需要参考语素的功能意义。也就是说，我们要知道这个语素倾向于同哪个语素搭配，并且搭配的顺序是放在前面还是后面，这需要依托功能意义里面的知识。比如，如果优先选择了“美”的话，可以搭配的语素有“丽”“帅”“靓”等，那么根据该语素外部功能的语素搭配知识概率统计得出语素“丽”是“美”的最优选择，而且“丽”放在“美”后是最优位置，这样“美丽”

就成了用户需要的最优选词。这些语义知识在自动生成词语时就显得尤为重要。

在构建语素义知识库的过程中，人们不可能对每一条语义知识进行描述。在如今这个数据共享的年代，既不提倡自始至终都必须是一手资源，也没有必要。不过总体的数据知识采用的借鉴和优化的方针。本语素义知识库的本体属性意义和功能意义的数据来源有所不同。

本知识库只描述了单音节语素及其相关知识，所列的语素项主要来自傅兴岭、陈章焕主编的《常用构词词典》。之所以选择这部词典，主要是因为该词典以汉语的成词语素为主要描述对象，收录了 4457 个字头语素，近 1.2 万个义项，构建的框架也较为简洁，所收录语素较为适中，对语素的搭配知识描述较为全面。此外，还借鉴了俞士汶领衔开发的《现代汉语语法信息词典》中“现代汉语单音节语素库”的部分特征及其相关知识。这个资源是北京大学历经数十年开发的，虽然大多为语法信息，但是也包含了一定的语义特征描述，质量较高。在语素的搭配知识上，我们又补充了近 5 年来产生的近 4000 个新词，以丰富词语的组配特征。本语素义知识库就采取借鉴各种优质语言资源并在此基础上继续优化的方针，其中语素的本体属性意义和功能意义分别来自不同的语义资源库，总的语素是 4452 个。

5.2　语素义知识库的知识描述及抽取

5.2.1　知识描述

在描述各语素的特征时，我们总的原则是在保证语义知识描述质量的同时，尽量减少重复劳动，采取自动抽取和人工半监督的方式来描述语义知识。

在人工智能技术日益成熟的今天，运用基于海量数据所训练出来的人工智能平台，人们可以在知识描述和评估方面大为减轻人工标注的工作量。ChatGPT 就是一个人们可以高效利用以减少工作量的工具。

下面以语素的感情色彩标注为例子。首先，我们可以告诉 ChatGPT 一些标注感情色彩的规则，然后列举一些典型的例子让计算机进行简单学习，之后给计算机一定数量级的语素，让其自由判断。如我们让机器判断“寡、乏、奖、嫌、笔、水、茶、毒、烦、饭、信、鼠、勇”这些词的感情色彩，具体判断结果，如图 5–3 所示。

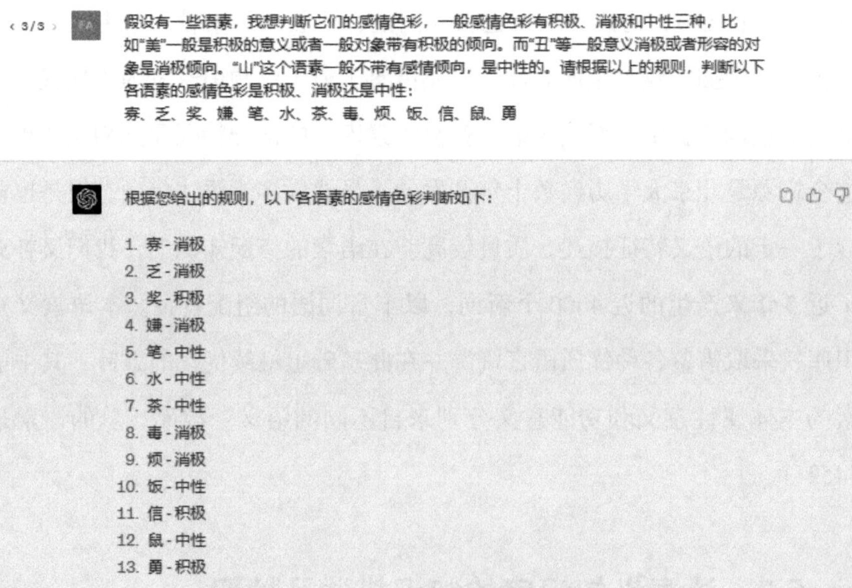

图 5–3　ChatGPT 标注感情色彩实例

在这里，我们发现，“鼠”这个词在中国人的眼中感情色彩应该多为消极的。针对结果进行反馈，我们提出应该考虑中国的文化背景，并要求其进行针对性的优化。进一步生成的结果如图 5–4 所示。

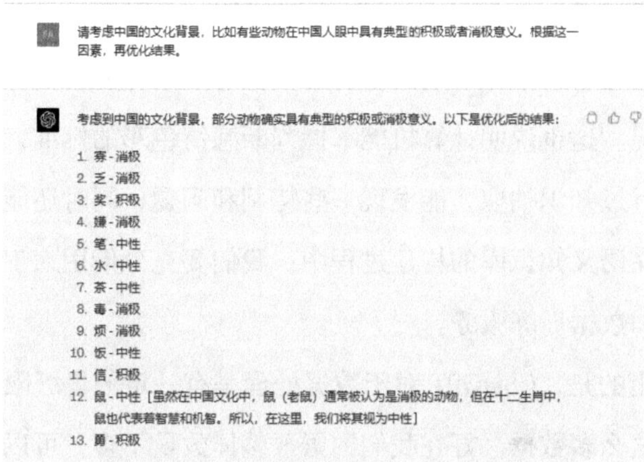

图 5–4　ChatGPT 标注感情色彩优化结果

这个时候，我们发现，其实它并没有改变最终的结果，但是计算机给出了说明。当然，如果你不认可，还可以进行干预修正。这里我们选择接受，并且换了一组词让其根据以上训练的评估规则来判断它们的感情色彩。我们这次选了“龙、贫、安、乐、虫、喜、杀、屠、煮、快、感、衰”，具体结果如图 5–5 所示。

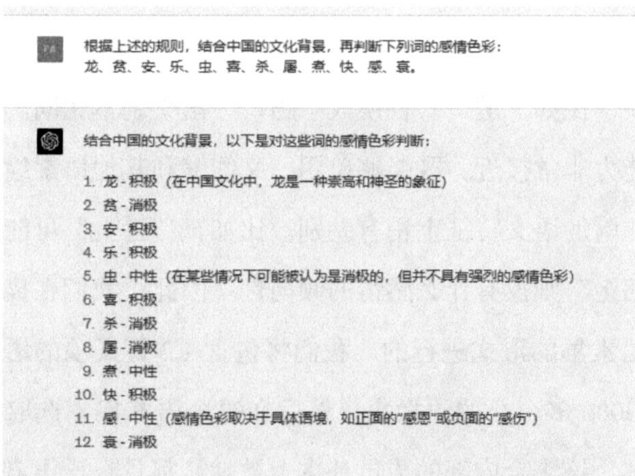

图 5–5　ChatGPT 标注新词集感情色彩实例

这一结果是经过 ChatGPT 4.0 处理得到的。我们发现，它们不仅基本都正确，而且还对一些有争议的语素感情色彩做了补充说明，可以说比较符合实际情况。这也说明计算机能掌握判断感情色彩的标准，似乎它在大型语料中进行过知识抽取，能发现一些特例和问题，同时还能自动举例论证。所以，在语义知识库的构建过程中，我们要充分借用人工智能的成果为语料标注和数据训练服务。

需要指出的是，ChatGPT 对于数据处理是有一定的量级限制的，不可能免费处理这么多数据。好在我们的语素整体数量不多，可以人为地进行拆分，然后分若干组分批次处理。当然，也可以调用 ChatGPT 的 CPI 接口服务，直接实现批量的数据训练、标注和评估，只不过这个服务要根据数据处理的体量数（token）来收费。

除使用人工智能的工具实现半监督式的特征描述外，我们还要注意在语义知识描述过程中应遵循关联性原则。

任何语义知识库的特征描述都不是完全独立的，特征与特征之间是相互关联的。根据 Dowty（1967）的观点，语义相近的词，语义特征一般也较为类似。这一理论同样适用于语素。比如“道”和“路”为同义词，这两者在构词特征上都属于词根语素，具有较强的替换功能，并且很多时候能互为替换，比如“道口”替换成“路口”语义基本相同。它们的搭配语素、搭配能力非常接近，既能够单用，又能够和其他语素组配成合成词使用，只是在附加语义特征上稍有差别。比如，“道上”可能倾向于消极的表述，“路上”则没有什么感情的倾向性。因此，我们在描述词汇特征时，是以小语素集的形式进行的。我们将包含 1.2 万义项的语素，按照语义聚类分为 3000 多个小的语素集，然后在每个语素集中选取一个代表性的语素来描述。该集合内部的成员基本上被默认都具有该语素的基本语义特征。

例如："路"语素集，其内部成员有道、路、径、途、街、巷等。这一语素集所属成员一般除了搭配语素有所不同，其余的语义特征均较为接近。这些均是自由语素，也常作为词根，词性和概念类别基本相同。除了搭配的语素和适用的对象有所差别，它们在搭配能力上相差不大。

除了语义特征和语素基本属性特征相互关联，语素的性质特征也和语素的搭配能力特征有一定的关联。比如，一般来说，词根语素的构词能力相对于词缀语素就比较弱。这主要是因为词根语素可以独立成词，而词缀语素特别是那些不自由的词缀语素必须借助其他语素组合在一起才能构词，所以两者的构词能力相差很大。例如，词缀语素"子"的构词能力就强于词根语素"人"。

需要注意的是，关联性原则一般用于语素的基本语义特征，比如释义和一些概念属性特征等。实际上，语素和语素间的搭配功能还是具有很大的个体性差异的。比如同为形容形状、体积的形容词"大"和"巨"，两者所能搭配的语素数量可以说有天壤之别。从我们对现有语料中二字词的统计情况来看，"大"后面可以接 226 个语素，而"巨"后面只接了 20 个语素。当然，制约语素组配的因素有很多，比如"大"的义项比"巨"多很多，但是也说明语义的近似关系和搭配功能有时候不是那么一致。

5.2.2 知识抽取

由于语素的知识来源部分借鉴了其他资源，很多语素的属性特征可以说是所有语素资源的通用特征，比如拼音、释义等，没有必要对所有特征详细介绍其描述方式和抽取方法。

由于本语素库主要是面向汉语词的生成，而汉语词生成的主要路径是当用户输入文本后，计算机可以自动输出相关的词语，甚至会创造一些新词来概括其中的意思。新词的产生涉及语素的替换和组配，其中替换的主要是语义相近或者各类语义功能相似的语素。因此，近义语素的描述就显得尤为重要，也是核心知识之一。我们主要介绍近义语素集的描述和相关知识抽取。

语素的近义特征涉及的主要是描述一个语素有哪些与它语义相近的语素。这就需要我们弄清楚什么是近义。一般人认为近义关系无外乎三种，具体可以用图 5-6 表示。

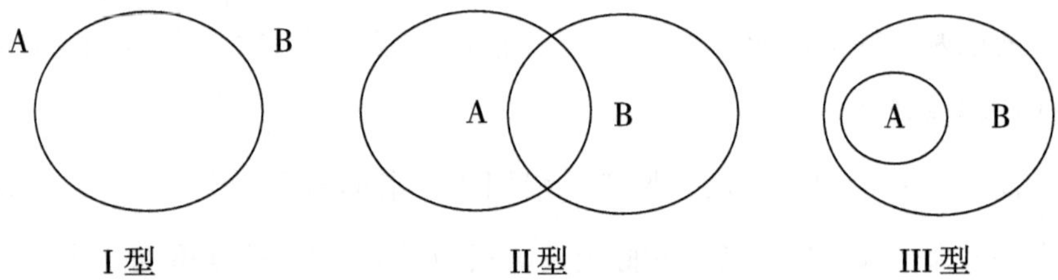

图 5-6　近义关系类型

一种是同义关系，两个概念完全等同。例如“马达”和“引擎”，这两个是同义词，也叫等义词。另一种是交叉关系或近似关系，两者语义有部分相似或者部分特征相同，例如“大”和“巨”。还有一种是上下位关系，两者存在层次关系或者包含关系，例如“马”和“驹”。严格意义上说，完全等同的两个意义是没有的，我们说过语义包括三个层面，即使理性意义完全一样，其用法或附加色彩也会有所区别。例如“父”和“爸”虽然所指一样，但是两者的语体色彩不一样，即“爸”用于口头语，而“父”用于书面语。

可以说，“近义”是一个模糊的概念。在模糊语义学中，你甚至可以说任何词之间都是近义的，只不过要看语义近似的程度了。

了解了近义的概念后，我们再看构建近义语素集和构建近义词集的不同。虽然目前市面上近义词词典很多，但是近义语素的词典很少。这主要是因为语素相对于词来说，其意义更加灵活而多元。其实构建近义语素集和构建近义词集的主要区别在于抽取对象的不同。构建近义词集是针对某个词或短语，将含义相近或相似的词语收集在一起，以便在表达时选择和搭配。构建近义语素集则是针对某个语素，将含义相近或相似的语素抽取出来，以便构造新的词汇或解析词汇中包含的语素。

具体来说，构建近义词集的方法是先选择一个基准词汇，然后在词典或语料库中搜索与其含义相近或相似的其他词汇，最终形成一个词汇集合。构建近义语素集的方法则是先确定一个语素，然后在词典或语料库中搜索包含该语素的词汇，再将其中含义相近或相似的语素抽取出来，最终形成一个语素集合。由于语素要比词更加灵活，所以我们在构建近义语素集时，采取多种途径集成抽取的方式。

对于近义知识的描述，我们可以先借用一些现有近义资源。目前已经有很多类似的近义词和反义词词典，对于质量比较好的近义词词典，我们可以直接借用。但是这些市面上的近义词词典收词远远不够，而且基本都是以词为单位，很少有以语素为单位的。所以，我们一般只利用其单音节的近义词资源。

不过，要想构建近义语素集，或者说为一个语素尽可能多地寻找各场景下可供替换的语素，我们主要采取两种方法：一种是利用现有汉语词，并从中抽取与其共现语素的方式来提取近义语素；另一种是通过语素的语义近似度来计算。

（1）基于汉语词中语素共现的抽取方法。要想了解汉语中某个语素和其他所有语素的搭配情况，我们首先需要构建一个大规模的汉语语料库或者选择一个词汇量尽可能大的词典，作为抽取对象。

有了语料，还要先进行文本预处理，包括去除标点符号、特殊字符等，并将文本分词。

然后，我们通过构建某个语素和其他语素共现矩阵的方式来抽取与某一个语素相关的其他语素。矩阵中的每个元素表示两个语素在一定窗口大小内共同出现的次数。窗口大小可以根据实际情况调整，较大的窗口可能捕获更多的语义关联，而较小的窗口可能关注更直接的搭配关系。对此，我们可以通过程序来实现。我们使用中文分词工具 Jieba 来分词，具体程序如下：

```
import jieba
from collections import defaultdict
from itertools import combinations
# 语料库文本
corpus = "这里是你的大量汉语文本"
# 分词
words = list（jieba.cut（corpus））
# 构建共现矩阵
window_size = 5
co_occurrence_matrix = defaultdict（lambda: defaultdict（int））
for i in range（len（words） - window_size + 1）:
    window = words [ i: i + window_size ]
    for w1, w2 in combinations（window, 2）:
        co_occurrence_matrix [ w1 ] [ w2 ] += 1
        co_occurrence_matrix [ w2 ] [ w1 ] += 1
# 计算搭配情况
target_word = "目标语素"
co_occurrences = sorted（co_occurrence_matrix [ target_word ].items（）, key=lambda
x: x [ 1 ] , reverse=True）
print（"与 '{}' 的搭配情况 : ".format（target_word））
```

```
for word, count in co_occurrences:
    print（“ - {} 搭配次数 : {}”.format（word, count））
```

我们还抽取了搭配次数作为参考。其实，要想知道两个语素的关系，还可以计算搭配强度。基于共现矩阵，我们可以计算某个语素与其他所有语素的搭配强度。计算搭配强度可以使用不同的方法，如基于点互信息（pointwise mutual information，PMI）或对数似然比（log-likelihood ratio，LLR）等。

基于点互信息的方法，主要是用两个语素共同发生的概率除以各自发生的概率的乘积。PMI 值较高时，表示两个语素之间存在较强的相关性。PMI 简单，易于计算，但是它可能对低频共现事件过于敏感，导致得到的搭配关系过于偏颇。这是因为，当某个共现事件出现次数很少时，PMI 值可能异常高。

对数似然比主要是衡量观察到的共现事件次数与期望共现事件次数之间的差异。LLR 值较高时，表示观察到的共现次数明显高于期望共现次数。

我们采取对数似然比的方式来计算搭配强度，主要是考虑语素和语素的组合成词时一般比较固定。而且，一个词出现得多，这个语素和相关语素自然就出现得多，这种高频词对我们来说参考价值不大，依托对数似然比做出来的对低频共现事件的敏感度较低，结果较为稳定。这有助于避免低频共现事件对结果产生过大影响，从而更好地反映固定搭配和频繁出现词汇的共现关系。

通过对计算出的搭配强度进行排序，我们可以得到目标语素与其他所有语素的搭配情况。根据搭配强度，我们可以找出与目标语素最相关的其他语素。

需要注意的是，即使抽取了某一语素的共现语素，但是这些共现语素不一定都和该语素相关或者近义，这个时候需要按照一定规则筛选。

比如，要抽取“美”这个语素的近义语素集，我们会先在词典或语料库中搜索包含该语素的词汇，如“美丽”“美好”“美观”“美满”“很美”等。但是这里面，“很”虽然和“美”共现过，但它一般不属于语素“美”的近义语素。那么，如何筛选呢？

我们一般是抽取一些并列结构词语中的语素作为目标语素的近似语素，因为并列结构的语素意义一般相关，甚至还有可能互文。我们一般也会自动过滤掉派生类的词，因为派生词的语素除核心语素外，其词缀凸显的多是语法功能，和其本身意义相关性不大。比如，我们要发现“美”的近义语素，就不能从类似“最美”“老美”等词中去寻找。

在算法实现上，我们可以设置一套规则将并列结构过滤出来。比如，利用并列结构内部词性的同一性，我们可以筛选出词性相同的候选集，“NN”“VV”“AA”格式的词都可能是并列结构。这样一来，类似“最美”“很美”“美人”这类词就自然被筛除出去了。

然后，将找到的词汇中与该语素相关的其他语素进行记录。例如，我们可以将上面与“美”共现的“丽”“艳”“秀”“俊”等语素归为“美”的近义语素集中。

采取 Vincent（2008）的相似词抽取方法，我们把所有能够搭配的二字词全部列出来，总体有接近 4 万例组合。然后，以左边列为主要参考对象，首先统计二字词中各语素的出现频率，具体如图 5-7 所示。

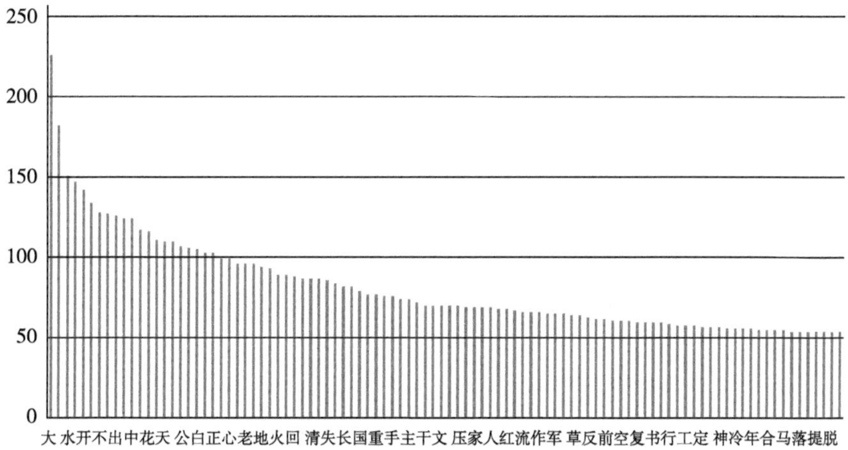

图 5–7　语素组词搭配出现频率统计分析图

我们发现，“大”和“水”是出现次数最多的，可见它们比较活跃。为了更加直观地感受前几个语素的出现频率，我们生成了词云图（见图 5–8），字越大，代表出现的频次越多。

图 5–8　语素组配词云图

然后，我们将语素概念作为节点，利用数据统计软件 Gephi 刻画分析两个语素的组配规律和关系，再根据组配成员的特征进行聚类，将语素关系网络分成许多社区，每个社区内部的联系比社区之间的联系更紧密。最后，我们得到一批近义语素群。具体结果分为单向关系和双向关系：单向关系一般以左边语素为核心，考察的是右边语素和其关系的紧密度；双向关系是不考虑左右，只要两者共现，就表示发生了关系。依据这两种关系所生成的聚类集合有所区别，具体如图 5–9、图 5–10 所示。

图 5–9　单向语素共现法聚类图

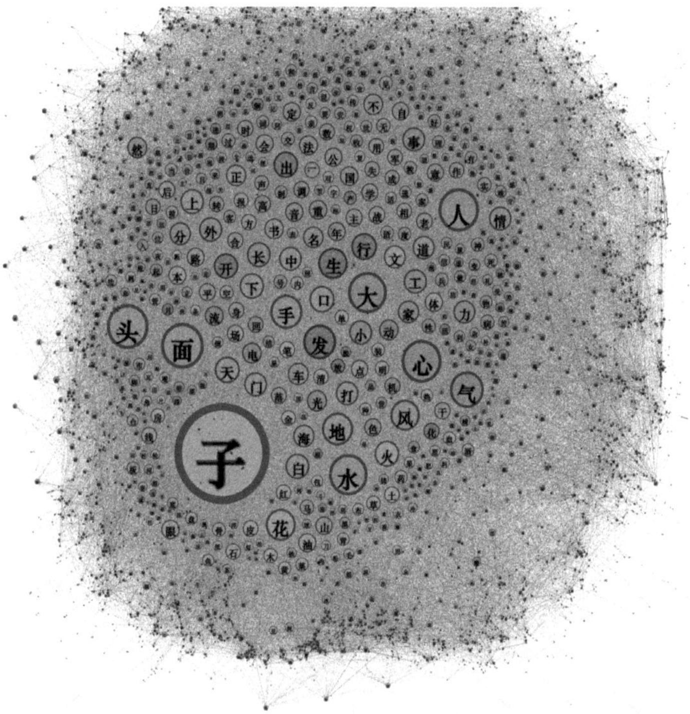

图 5-10　双向语素共现法聚类图

图中，每一个圈代表一个语素，圈的大小代表该语素参与组词过程中能产性的集合程度高低，圈越大，表示该语素的能产性就越大。节点之间的边代表两个连接的语素参与了构词过程，发生了关系，发生关系的次数体现为边的权重，边越粗，代表两个语素组合成词的可能性越大。这两个关系图和单一的语素频率统计图有一定联系，但还是有所差别。我们发现，出现次数高的语素不一定和其他词的关系密切。比如，虽然“大”在二字词中出现次数最多，但是发生双向或者单向关系最多的是“子”。这说明，“大”可能只跟某些特定类别的语素产生关系，而“子”和更多类别的语素发生关系，因此其相似家族范围比“大”要大。我们将相似的语素利用相同的颜色进行划分，图中颜色相同，代表它们是一个语素近似集合，这里主要依据的就是语素的共现特征。

需要注意的是，不同的语素可能有多种不同的含义和用法，即使是并列关系，也有可能出现语义大相径庭的局面。比如有个新词“醉美”，这里的两个语素都是“形容词性”，但是很显然，“醉”和“美”之间没有关联。之所以这两个毫不相干的语素能绑定在一起形成并列式的合成词，主要是因为它们所组成词的语音相似性，让其捆绑在一起成为一个具有相似语音的合成词。所以，在抽取近义语素集时，我们需要根据具体情况进行选择和判断。

（2）基于语素的语义近似度的抽取方法。为了最大限度地寻找到近义语素，除了利用合成词，我们还需要利用语素的释义文本，根据语素的语义近似度来抽取近义语素。这种抽取思路有点类似近义词的抽取，这时候就要利用到语义近似度计算了。计算机一般不能直接理解并阅读人类语言，而是比较擅长理解数量逻辑符号，所以很多自然语言处理任务的第一步就是需要把数据集中的文本进行数学化表示。词向量是一种将自然语言的文本转化成数学表示的方式，它可以将文本中的词语用一个由实数值元素组成的向量表示。词向量目前主要有两种表示方式：一种是独热表示，另一种是分布式表示。

计算语义近似度一般采取将词义进行向量化转化的方式。我们采用目前比较成熟且常用的 Word2Vec 模型框架来训练。该模型是 Mikolov（2013）设计的一个基于神经网络模型的词向量生成工具。这种工具是分布表示词向量的，可以在已有的通用语料中训练词向量。之所以没有选用当下比较流行的 BERT 模型，主要是因为 BERT 在大量的训练数据和计算资源中才能显示其性能。本书并非以大数据训练集为优势，也没有足够的训练数据或计算资源。Word2Vec 是使用预训练的词向量模型，在相对较小的数据集中使用较多，也是基于上下文环境对词的概率进行预测，优点是能够从生语料库中生成质量相对高的近义词集，缺点是一般不区分义项。所以，我们嵌入了多个词典的释义信息来提取语素的语义向量，再将这些释义信息代入《构词词典》的释义模块中①，依托这种合成方法，针对性地为每一个义项创设上下文，利用文本的共性和差异评估语素义相似度。为了区分语素的不同义项，我们必须对同一语素的不同语义成员进行编码。

为此，本书根据一般字典对字的释义顺序，以及所对应的义项，采取三层编码法。第一层主要是确定哪一个字，第二层表示这个字有多少种义项，第三层是文本中所对应的字取哪一个义项。例如，“打毛衣”中的“打”有“编织”的意思，那么“打”的编码为“打1_25_18”，表示的是“打”字在字典中第一条目出现，有25个义项，这里取的是第18个义项“编织”。这样做，一方面是进一步明确每个语素下属的每一个义项都能够得到清晰的描述，另一方面是强调各语素内部的层级关联，这样也便于寻找同一层级的义素替换。

在语素义相似度计算的过程中，我们利用Python程序中Gensim自然语言处理库的Word2Vec语义向量工具进行训练，以生成具有不同义项的语素义向量知识。

基本步骤如下：

①事先安装Gensim库。

```
pip install gensim
```

然后，导入所需的库：

```
import gensim
from gensim.models import Word2Vec
```

---

① 之所以要最后代入《构词词典》的解释框架中，是因为该词典在解释语素义时，多半是列举近义词的形式，但是单纯依靠近义词所生成的近义语素集规模非常有限，且很难生成具有参考意义的语义向量，因此还需要借助其他词典那种陈述或者描述类的释义信息，增加上下文的语境。

```
from gensim.utils import simple_preprocess
```

②接着，准备训练数据。

假设你已经有了一个包含多个文档的语料库，首先需要对文本进行预处理，例如分词、去除停用词等。Gensim 的 simple_preprocess 函数可以帮助你完成基本的预处理。

```
# 示例文本
raw_corpus = [
    "This is a sample sentence.",
    "Another example of a sentence.",
    "Gensim makes natural language processing easy."
]
# 预处理文本
preprocessed_corpus = [simple_preprocess(doc) for doc in raw_corpus]
```

程序中的“preprocessed_corpus”现在是一个包含已分词文档的列表。

③训练 Word2Vec 模型。

你可以使用预处理后的语料库训练 Word2Vec 模型，根据需要设置模型参数，例如 size（词向量维度）、window（窗口大小）等。

```
# 训练 Word2Vec 模型，这里的 100 表示的是利用 100 维的素组来区分，然后按照一次 5 个开窗口来进行比较
model = Word2Vec(sentences=preprocessed_corpus, vector_size=100, window=5, min_count=1, workers=4)
# 训练完成后，可以将模型保存到磁盘
model.save("word2vec.model")
```

④使用训练好的 Word2Vec 模型。

```
# 加载模型
loaded_model = Word2Vec.load("word2vec.model")
# 查询单词 '打' 的词向量
```

```
word_vector = loaded_model.wv [ '打' ]
# 查找与'打'最相似的语素
similar_words = loaded_model.wv.most_similar ( '打', topn=3 )
```

需要注意的是，以上的这种词向量训练模型是不能区分义项的，因为在一般生语料中基本不包含义项的区分。语素随着组合搭配成分的不同，其语义较为复杂，在使用时如果能够训练出区分义项的语义向量，无疑对精确替换语素有着重要作用。

为此，我们在语料中加入了词典知识，即利用词典里已经区分好的义项分类以及对应的所举实例，让计算机再基于这类语料学习，这样一来，语素的义项区分都得以增强。

由于是基于词典的，为了和 Word2Vec 区别，本书将该方法命名为“Lex2vec”（后面章节基于词典的汉语词自动生成方法也用此命名）。

例如：在《构词词典》中，“捕”解释为“捉、逮”，而“捉”和“逮”在《在线新华字典》中分别解释为：“使人或动物落入自己的手中”“特指经过追赶或试图抓”。代入释义信息后，“捕”的解释可以表示为：“捉（使人或动物落入自己的手中）、逮（特指经过追赶或试图抓）”，然后将这些信息进行语块化的去标点符号清洗，达到模型训练的要求，再根据理想维度数值生成每个语素义的词义向量。

依托这些词义向量，我们接下来要做的工作就是语义近似度计算。关于语义近似度的计算方法有很多种，比较常见的有以下三种思路。

一是余弦相似度。余弦相似度是常用的词向量相似度度量方法。它计算两个向量的夹角的余弦值。余弦相似度的取值范围为［-1，1］，值越接近 1，表示两个向量越相似。调用程序如下：

```
from numpy.linalg import norm
def cosine_similarity ( vec1, vec2 ) :
```

```
    return np.dot（vec1, vec2）/（norm（vec1）* norm（vec2））
```

二是欧几里得距离（Euclidean Distance）。欧几里得距离是衡量两个向量间距离的方法。距离越小，表示两个向量越相似。通常需要对距离进行归一化处理，使其取值范围为［0，1］。调用程序如下：

```
def euclidean_distance（vec1, vec2）:
    return np.sqrt（np.sum（np.power（vec1 - vec2, 2）））
def normalized_euclidean_distance（vec1, vec2）:
    return euclidean_distance（vec1, vec2）/（norm（vec1）+ norm（vec2））
```

三是曼哈顿距离（Manhattan Distance）。曼哈顿距离是衡量两个向量间距离的另一种方法，它是计算两个向量在各个维度上差值的绝对值之和。距离越小，表示两个向量越相似。同样需要对距离进行归一化处理。调用程序如下：

```
def manhattan_distance（vec1, vec2）:
    return np.sum（np.abs（vec1 - vec2））
def normalized_manhattan_distance（vec1, vec2）:
    return manhattan_distance（vec1, vec2）/ np.sum（np.abs（vec1）+ np.abs（vec2））
```

关于这三种语义向量相似性算法的优缺点，我们可以通过列表的方式来表示（见表 5–2）。

表 5–2　常见语义相似度处理思路优缺点

名称	优点	缺点
余弦相似度	衡量的是向量之间的夹角，对向量的长度不敏感。这意味着即使两个向量长度不一样，但方向相同，它们的余弦相似度仍然会是 1。	可能对高维数据的稀疏性不够敏感。在高维空间中，向量之间的角度可能变得不那么重要，而距离的影响可能会更明显。
欧几里得距离	直观且易于理解。衡量的是向量在空间中的实际距离。 在低维空间中，可能比余弦相似度更具区分度。	对向量长度敏感。长度不同的向量可能具有相似的方向，但欧几里得距离可能会因为长度的差异而增加。 在高维数据中，可能受到“维度诅咒”的影响。在高维空间中，数据点之间的距离会变得非常相似，导致相似度计算变得困难。

续表

名称	优点	缺点
曼哈顿距离	对不同维度上的差异有较好的区分度。对于某些问题，可能比欧几里得距离更有效。	对向量长度敏感。 在高维数据中，同样可能受到“维度诅咒”的影响。 在词向量的语义相似度计算中，可能不如余弦相似度有效。

综合语料和实际需要，我们采用了余弦相似度计算方法，因为它对向量长度不太敏感，且在众多实践中表现较为良好。

得出结果后，我们再对其进行排序，结合实际的近似程度调整近似度和语义向量维度值，最后筛选出最优近义语素集。

综上，我们主要综合采取三种方法来抽取近义语素知识，即依托现有近义词典、依托汉语词中的语素共现以及语义近似度三种方法。

5.3　表义构式词典

除了构建单独的语素知识库，有些词汇中的固定结构也能表达特定的意义，这就是构式语义（constructional semantics），其语义功能有时能够和单独语素的语义表达类似。也就是说，虽然构式不是语素，但是有时候在语义表达上，其能够起到语素表义的作用。在词语生成过程中，我们不一定用同义词、近义词或者相关词替换，可以使用语法结构来替换。因此，再构建一个表义的构式词典是语义词典的一个重要环节。

例如，“V 不起”这种能性述补结构可以表示不具备某种能力和意愿的意思。诸如“养不起”表示“不能养”，“买不起”表示“不能买”，再比如 2022 年春节假期调休放假公告出来，有网名还指出“放不起春节，就把春节取消”等，这里的“放不起”在以往语料中出现较少，但是大家基本都能猜出它的意思，就是“承担不起放那么长时间的春节假期所带来的损失”。据此，如果某个语素或词的意义是表示“不能够”或者“再也不能”，也可以用“V 不起”结构替换生成。或者如果想生成某词语的反义词，则可以用“X 不起”格式。如果我们想表达“能憋”的反义，可以生成一个词“憋不起”；如果想表达“不能说”，可以用“说不起”。虽然这些词在普通话中较为少见，但是事实上，这种表达方式或者这些词汇在四川和重庆的方言中已经出现。

接下来就是如何寻找这些表义较为固定的结构和描述这些框架构式的语义。

首先，从选取对象的限制特征来说，因为我们主要是面向汉语词的生成，根据词长的限制，抽取的结构长度一般不超过 4 字词。

接下来，就是到哪里寻找符合条件又有表义特征的框架。其实，构式的形成就是频繁地使用某种结构。当某些固定的组合形成一定的频率后，这个组合自然就具有一定的意义。这有点类似语言学中词汇化的形成过程。比如，某些跨层结构起初也是较为松散的组合，随着使用次数的增多，就逐渐固化成为词或构式。

要想让计算机自动发现典型且具有特定语义的汉语构式，我们可以使用关联规则挖掘、频繁模式挖掘等数据挖掘方法。这里我们使用一种专门挖掘事件频繁度的 Apriori 算法来抽取那些出现频率高的结构，并筛选出一些具有固定构式意义的搭配组合。

Apriori 算法是一种挖掘频繁项集的关联规则学习算法。它的主要目标是找到在一个数据集中频繁出现的项集，通过设置最小支持度（即出现频率的阈值）来过滤出不频繁的项集。然后，根据这些频繁项集生成关联规则，并使用最小置信度作为过滤条件。

使用 Apriori 算法前，我们先通过语素词性标注的形式将语素与语素组合的形式表示出来，例如将“吃饭”表示为“V N”。这样可以帮助我们关注语料库中的结构模式。

然后，从表示词性的语料库中生成 N-gram 数据，*n* 可以是 2、3 或 4，保持在四字词以内。N-gram 是一种基于统计语言模型的方法，它将文本分割成连续的 *n* 个词（或字符）的序列，以捕捉词汇之间的局部依赖关系。想要知道文本中有哪些组合频繁出现，一般先生成 N-gram 数据，然后应用 Apriori 算法找到频繁出现的 N-gram 组合。计算语料库中频繁出现的构式，其实可以使用专属 NLTK 库并调用 N-gram 程序包来生成。

接着，我们采用替换通配符的形式将一些组合抽象化。比如，使用通配符（例如“X”）替换每个 N-gram 中的关键位置。例如，“蛋糕刺客”可以被替换为“X 刺客”，而“跑不起”可以被替换为“X 不起”。

这时会出现很多组合，那么什么样的组合才是频率较高的呢？这里有一个指标，就是支持度。对于每个语素搭配组，计算其在整个语料库中出现的频率就是它的支持度。例如，如果有 1000 个 n-gram 数据，其中“V*O*”（动词 + 宾语）出现了 100 次，那么“V*O*”的支持度为 0.1。对于每个替换后的构式，计算其在整个语料库中的支持度，这将有助于找到那些频繁出现的构式。然后，我们根据实际情况设定一个支持度阈值，保留那些支持度大于或等于阈值的词性组合。

最后，对筛选出的构式进行深入分析，再次筛选出表义较为固定，且符合语言事实的构式（这一部分一般靠人工，且需要具备专业的语言学知识），以了解其特定语义功能和在实际语言中的应用。

因此，要想实现在语料中提取表义较为固定的语素组合构式框架，大致有如下几个步骤。

（1）文本预处理，标注词性，生成 N-gram 数据。

（2）替换词汇核心，生成候选构式。

（3）计算构式支持度。

（4）设定阈值筛选构式。

（5）人工筛查分析构式。

其实，这些算法在一些程序包里都有。我们具体以一个文本实例来说明提取构式的具体方法。假设我们从语料中提取了“蛋糕刺客、黄瓜刺客、跑不起、瓦工、泥工、木工、钢铁刺客、瓷器刺客、冲不起、建筑工、钢筋工、打不起”这样一些词，要从这些文本中再抽象出一些能产性的构式结构。经过统计，可以得出以下构式格式以及对应的频次：

X 刺客：4

X 工：5

X 不起：3

X 筑工：1

如果我们把阈限值设置为 2，则会生成我们需要的构式“X 刺客”“X 工”和“X 不起”。然后结合语料，我们可以描述这些格式的语义。

比如“X 刺客”这种网络新语的常用构式一般表示某某东西（的价格）超出了人们的想象，对人影响很大。我们还可以根据语料中所替代词的具体情况再进一步限制范围，比如精确为“N 刺客”构式才具有以上的语义特征，因为语料中这个格式的替换词都是名词性的。但是在描述这种构式的语义特征时，我们不能随意地描述，一般是要采取一定的释义模式。要么是利用一种语素进行替换，要么是用一种短语的形式表达，主要目的是便于计算机处理。太复杂的释义模式，不仅人看不明白，计算机就更难以理解了。

比如上述“N 刺客”的构式，我们根据释义可以描述为：贵或 N 很贵。

再比如“X 不起”的语义，我们可以简单地将其描述为：不能 X。

这些结构的特殊义，可以为我们创造新词或新的表达方式提供素材。

比如，形容“黄瓜”“雪糕”“蜂蜜”等价格很贵，我们可以用“黄瓜刺客”“雪糕刺客”“蜂蜜刺客”来表达。需要指出的是，“N 刺客”只是具备描述某某价格很贵的这一种语义功能，并不是说所有这种结构都是这种语义，比如“专业刺客”就没有那种描述价格贵的语义。

除了直接在语料中提取构式知识，我们还借用了一些已有资源。比如，北大已经构建了“现代汉语构式数据库”，里面清晰地描写了 2000 多条构式的语义特征，甚至还对构式进行了语义层级的分类，比如构式有上下位范畴，也有近义构式集等。不过，它所收录的构式不仅有词组（被 X），甚至还有跨层结构（如有一种 X，叫作 Y）。我们在利用时只是取了它四字以下的词，且只允许有一个部分被替换的构式，例如：

“零 X”构式（零排放、零基础、零容忍、零库存）

“V 不到”构式（抓不到、好不到、走不到、跟不到）

这些和“X 不起”“X 不得”等构式都可以归入否定语义范畴当中，表示不能、没有的意思。

对于表义构式的抽取和归纳，有时候和一些类词缀语素的构式模式相关。比如“零”，虽然它有时候是一个词根语素，但是很多时候可以作为一种类词缀来看。当它形成类词缀时，“零 X”构式自然就成为一个具有固定表达的表义构式。所以，之前对语素描述的语义特征，也可以用来发掘构式语义特征。这又进一步印证了构建语义知识库的关联性原则。

综上，我们论述了语素知识库的构建理念、基本框架、代表特征以及代表特征的抽取方法，这些知识将在后期词语自动生成过程中用于为语素的合理替换提供语义参考。

第六章　汉语词生成规则研究

虽然汉语是意合语言，一般情况下，复合词的生成主要靠相应语义特征的语素组配来完成，但是在现实中，当描述完汉语语素的语义特征后，接下来需要面对的就是如何把代表这些语义特征的语素组合起来，这涉及语素组配的顺序和选词问题。比如，当用户要造一个词来描述“能粉碎纸张的机器”，为什么“纸张粉碎机”好像比“粉碎纸张机”更容易让人接受？再比如我们发现，即使两个语素完全同义，有时候也不能相互替换。例如“思”“想”“念”是一组近义词，但是我们可以说“思乡”，却很少说“想乡”“念乡”，这说明词语的生成受到一定条件的制约。类似的还有，“织”和“打”都有“编织”的语义，我们可以说“织毛衣”“打毛衣”，但是一般不能说“打网”，只能说“织网”。这说明汉语词的生成还需要遵循一些内在规则。本章主要从语音、语义和词法三个层面来描述汉语词在生成过程中的制约规则，此外，还描述了平行周遍规则对词语生成的影响。

6.1　语音规则

6.1.1　双声叠韵制约规则

双声叠韵一般针对的是二字词，双声指的是两个语素在组词时声母都是一样的，比如“仿佛”；叠韵指的是两个语素韵母也一样的情况，比如“窈窕”。这里的双声叠韵主要指的是既双声又叠韵的词，即声韵母都一样的词，如实施、辗转等。虽然这些词数量不多，但当我们造词时，一般会避免词语内部各语素同时出现双声叠韵（声韵母相同）的语音形式。

冯胜利（2000）指出，汉语是一种韵律语言，汉语词也是有韵律的，所有的复合词都是韵律词。从语音的角度看，一段韵律的输出大多是丰富、变化的，而那些单调的、不断重复的韵律一般不太受人推崇，这就是为什么人们往往会厌恶不停地反复说同一个事物，也厌恶用一种声调且没有起伏的语音。这就要求韵律保持和谐。韵律和谐原则在构词中也发挥了重要作用。比如，二字词中的两个音节尽量避免重复。这其实是为了遵循韵律的和谐原则。双声叠韵现象的同时出现，其实在某种程度上违反了韵律的和谐原则，一般要受到一定的制约和限制。

当我们用一个词去描述“思念家乡”的意思时，假设有两个词（“思乡”“想乡”）可以让我们选，绝大多数人会选择“思乡”，选“想乡”的人很少。这里除“思乡”是一个既有词汇外，还有一些其他因素影响着我们的选择。虽然“思”和“想”语义基本相同，但汉语中就是没有出现“想乡”这个词。从语音的角度来看，“想”和“乡”的音节基本相同，合在一起就组成了双声叠韵词，为了避免拗口，这类音节相同的语素在汉语构词中很少出现。

我们做了一些统计，从语法信息词典的 8 万多词表中挑选出了二字词计 4 万多条，结果发现音节相同（没有考虑声调）的只有 354 条，其中还包括 268 条叠音词，实际上只有 86 条是同音节且由两个不同的字构成的。可以说，在汉语中，这种音同字不同的词是非常少见的。这也说明我们在造词过程中，对于双声叠韵的词是有意回避的。这也符合发声学的原理，因为这些词读起来确实也比较拗口。

我们还对这些词进行了词性标注，具体统计数据如图 6–1 至图 6–3 所示。

这里词性标注选用的是Jieba分词软件，其中n表示名词，z表示状态词（可以归入形容词或副词当中），d表示副词，v表示动词，o表示拟声词，nr表示人名，a表示形容词，ns表示地名，这几个排在前8位。我们还发现双声叠韵词最多的音节是“shi shi”，含有这个音节的词多达21个，有“失时、失实、失势、失事、诗史、施事、石狮、时式、时势、时事、实施、实时、实事、史诗、史实、矢石、世事、事实、适时、逝世、誓师”。具体数据参见附录3。

从图6–1至图6–3可以看出，在同音词中，总的来说名词始终是最多的，但是叠音词范畴中，状态词是最多的。同音不同字的同音词中，名词

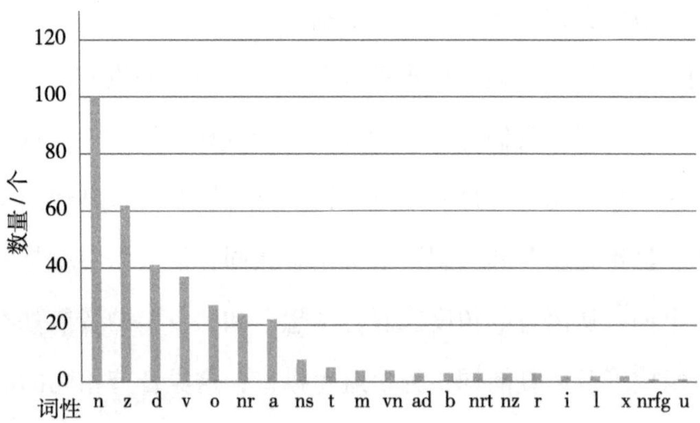

图6–1 音同二字词组（含叠音词）的词性分布图

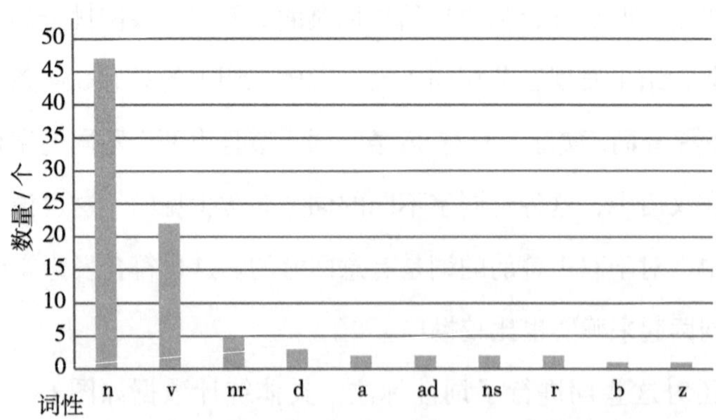

图6–2 音同二字词组（不含叠音词）的词性分布图

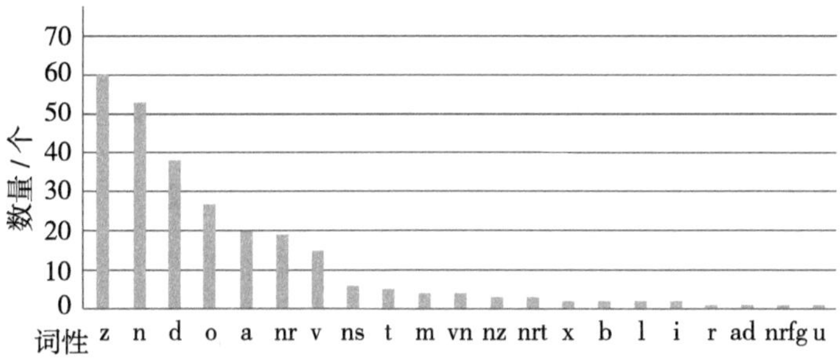

图 6-3　叠音二字词组的词性分布图

和动词一般居多。

我们可以得出一个简单的音节制约条件，那就是：词语的生成尽量避免双声叠韵词的出现，即使出现，如果是叠音词，多考虑描述类或表达概念的语素。双声叠韵词一般倾向于选择名语素或动语素，这两类双声叠韵词在选词范围上是有差别的。这一规则可以帮助我们在生成词语过程中，当需要替换某个语素时，能优先排除一些组合后音节相同的语素。同时，如果需要生成双声叠韵词的话，也可以有针对性地选择名语素或者形容语素来生成。

6.1.2　音步限制规则

所谓的音步，是语言的节奏型单位。语言的节奏型一般有两种：一种是音节型节奏，如法语、日语和汉语粤方言等；另一种是音步型，如汉语普通话和英语。音步一般指一段连续的语音中的基本音节数，表现为“在语流中大致等距离或等时出现的轻重、高低、长短或松紧音的一次交替”，笼统地讲就是，一次轻重变化是一个音步。音步的出现会影响到语素的组配，比如冯胜利（2000）指出，汉语之所以没有主谓宾式复合词，没有［2+1］式动宾复合词，是受到了汉语音步节奏的制约。

在音步型的语言，比如在现代汉语中，每说一个音步的韵律节奏，就会涉及一次语音的轻重变化或者长短变化。这样一来，汉语在用词表达时，往往需要一个双音节的单位来构成一个音步，否则就不能成句。比如说，回答“你多大了”，答案可以是“十五”“五岁”，但不能仅回答一个“五”。原因是汉语讲究韵律的和谐，而和谐的重要体现就是在音步上要尽量完整，不能只出现一次发音紧而没有松的情况。比如，我们一般不能只说“忘”，因为这个词的发音只是一次重音，而且是一次紧缩，没有放松的音，使用时必须通过增加音节来满足一个音步的表达要求，所以我们经常说“忘记”或者“忘了”，而不会单独说“忘”。反观粤语，如“食物”是两个入声字，可以说两次发音都是短紧音，没有一次松紧变化，因此不是一个音步，而是两个音节。很明显，广东粤语是以音节为基本单位来组织节奏的语言，它不会考虑音步的制约。

现代汉语的音步限制原则要求每个音步的长度相对平衡，因此在构词过程中，有些词语会使用一些辅助音节来保持平衡，即同样一个单词，在跟其他成分组合构成短语时可以是单音节，在单独使用时又可以是双音节。比如“种植”和“大蒜”，单用时是双音节，但是组成短语时则可以缩略成单音节“种蒜”。这些为什么都可以说呢？是因为无论是个体还是合成，它们都是一个音步。音步的韵律限制一般是对三音节以上的词。有的音节合成时没有造成均匀的音的轻重变化或者长短变化，或者说不能形成一个或两个音步的，就不能成词。比如将“种植”和“大蒜”合成三音节的话，我们一般不能说“种植蒜”，而是说“种大蒜”，这主要是音步限制规则在起作用。汉语的声调系统使得每个标调音节都有一定的轻重音体现。在“种植蒜”中，很显然“种植”是一个完整的音步，有一次轻重变化，而此时再加入一个“蒜”的重音，这样后面就没有一个完整的音步了。“种大蒜”的“种”是一个重音，后面“大蒜”为轻音，符合一个音步的特点。按照冯胜利（2000）的观点，这种三音节组成的一个独立的音步，可以理解为超音步。也许有人会说“植大蒜”也不能说，这就涉及动词的语义选择限制了。“植”单用的话，其对象一般是类似“树”这样可以茁壮成长的木本植物，所以可以说“植梧桐树”，但是不能说“植玫瑰花”。

那是不是只要是三字词就都是这种“1+2”的结构呢？很显然，不是。这要看三字词的韵律特点，一般要考虑声调起伏、发音方式等语音特征。这些特征基本上会在汉字的拼音中体现出来。比如，读四声的一般都是重音，其他的倾向于轻音。又如形容“卖煤炭的商店”，为什么一般选用“煤炭店（2+1）”，而用“煤商店（1+2）”的少？这里的原因可能很多，但也有这两个词韵律节奏型不一样的原因。“煤炭店”有声音的起伏，而“煤商店”没有声音的起伏，也没有重音。单独来说，“店”是重音，但是在“煤商店”中，“商店”一起，“店”被轻音化了。所以，人们倾向于“煤炭店”是有一定理由的。

音步限制规则由于对重音的变化有一定的要求，所以，连续三个以上语素声调相同，特别是连续三个三声或四声的情况，一般不被允许出现。在一般构词过程中，我们一般要避免特别是连续三个以上语素声调相同的情况，因为相同声调的连续出现可能会影响语言的流畅性和韵律感，也打破了音步的限制。

即使真的出现了声调连续相同的情况，人们也往往会利用语流音变的形式来处理。比如，“保姆”“马虎”的读音并非完全按照其构成的语素读音来读，而是出现了声调的变化，主要是为了让词语读起来更加和谐和有韵律感。这一规则使得我们在生成词语，尤其是生成三字词时，尽量杜绝出现三个语素声调都相同的组合。

6.1.3 音节数生成规则

音节数的生成看似好像无章可循，其实内在还是有乾坤的。吕叔湘（1963）指出，哪些词能加类别词，哪些词可加可不加，主要制约因素就是词语的音节数。例如单音节词一般是要加上类别词的，例如“梅花”“桃树”这里的“花”和“树”不能省。但是双音节词所带的类别词是可有可无的，如“玫瑰（花）”“海棠（花）”中的“花”可有可无。三音节一般不加类别词，比如“夹竹桃”是一种花，但是使用时后面一般不加“花”这个类别词。反过来，我们要生成一种花的名字，如果是三个音节的，自然也就不带花了。可见，音节的数量生成也受到一定条件的限制。

新生成的词到底是单音节词、双音节词还是三音节词，甚至会不会是四音节词，怎么判断哪种音节数更合适呢？首先，可以肯定的是，双音节是现代汉语的主流音节格式，所生成的词应该以双音节为主。但是根据前面章节的统计，在新生成的词语，特别是网络新词中，三音节词或者四音节词甚至多音节词的生成数量要远大于双音节词的数量。那么，音节数的生成有没有什么规则呢？答案是肯定的。

首先，生成的词语中一般不可能出现单音节词；其次，生成的词绝大多数是双音节词、三音节词和四音节词。那么，在二、三、四音节词中，又根据什么规则来选择呢？

比如要表达一个“打扫卫生的工人”，我们一般倾向于选择三音节的“清洁工”这类词，而很少出现二字词或者四字词。描述“在北京努力工作的外地人”时，双音节和三音节的词都有，比如“北漂”或者“北漂族”。也许有人会说“北漂”其实是“北漂族”的省略说法，所以它可以是双音节词。那“清洁工”为什么不能省略成“清洁”或者是“清工”“洁工”之类的呢？这其实是为了避免歧义。“北漂”虽然是经过缩略的，但是个专有名词，没什么歧义。“清洁工”缩略成“清洁”后，有歧义。因为“清洁”本身可以表示“清洁卫生”，一般人也不会认为其表达的是“打扫卫生的工人”这个意思。如果省略成“清工”或“洁工”，也可能会与其他职业名称相混淆。比如，“清工”除了可以指“打扫卫生的工人”，也可能被误解为“清水工”，即在建筑施工中使用清水进行混凝土加工的工人。“洁工”除了可以指“打扫卫生的工人”，也可能被误解为“洁面工”，即美容行业中从事皮肤清洁工作的人员。因此，“清洁工”不能类似“北漂族”的缩略形式那样，缩略成“清洁”“清工”或“洁工”的样式。

其实，生成音节的数量可以等同于词的长度，而这个生成的词有多长，取决于语境和表达需求以及语义表达的复杂度。越复杂的语义，其所用的词也就越长。如果一个词不能表达准确，就需要借助小句才能表达。如果需要表达简洁明了的概念，可以选择双音节的词语；如果需要表达更为具体和复杂的概念，可以选择三音节的词语；如果需要表达专业术语或技术名词，可以选择四音节的词语。此外，还可以根据构词规律和语言美感选择合适的词语长度。

根据格赖斯（H. P. Grice）1975 年提出的话语交际原则，我们的交际表达一般要遵循质量准则、数量准则、方式准则和关联准则。其中，方式准则明确要求我们说话追求简练和避免歧义。也就是说，我们在使用词语时，在确保词语使用不产生歧义的前提下，一般应该运用最简短的音节。由此，在现代汉语中生成的双音节词是我们的优先选择，其次是三字词和四字词。也就是能用二字词概括的，我们就自动优先选择生成二字词，不能用二字词概括的，我们再考虑三字词或者四字词。

这样一来，如果计算机生成了较长的词，虽然它们能够表情达意，但是在使用时要尽量选择简化形式。比如，如果计算机生成了“内部损耗”这个词，在不产生歧义或者没有特殊语用要求的前提下，我们倾向于选择双音节的“内损”一词来表达。这里为什么还要强调语用需求呢？因为有的时候，特殊的语用背景可能让你放弃表义简明的原则。例如，在一些网络新词中，有很多多音节词，其实它们都可以用较少音节词来表达，但是人们却不用。如“颜值控”可以减缩成“颜控”，“起床困难户”其实就是“赖床”，“碎片化阅读”可以说成“浏览”，等等。这些新词主要是顺应一些潮流，多是仿拟造词的结果，为了追求时髦效果，因此简洁性的诉求不是那么明显。

综上，在不考虑语义复杂度、产生歧义或语用环境因素的前提下，对于汉语词生成的常规优先序列应该是：

双音节词 > 三音节词 > 四音节词

6.1.4 音节数的语序制约规则

在汉语中，动语素和名语素组合一般有两种格式：要么是“动 + 名”，要么是“名 + 动”。但是有时候，某些语素在组合表达同一种语义的时候，只倾向于某一种格式。比如描述“饲养马匹的场所”，可以用“养马场”一词来表达。这是一种“动 + 名”的格式，但是如果放到一个较长音节的词中，其所选择的表达方式就不一样了。例如，“马驹饲养场”可以说是“养马场”的同义词，只不过音节长了，但是内部语序上，采用的是“名 + 动”的格式。如果改成“饲养马驹场”，很显然不被人接受。这说明音节的数量或者说长度对词语生成的内部语序有着一定的影响。

其实，语言学界早就已经发现了这个问题，不仅总结了相关规律，而且还多角度探讨出其中的缘由。我们这里关注的是音节数对语序选择的规则、规律的制约作用。

目前基本能够得到学界肯定的是冯胜利（2000）提出的“汉语中音节短的词倾向于采用VO语序，而音节较长的词则倾向于采用OV语序”。这是个较为模糊的结论，对于信息处理来说，还需要进一步细化。从实操性来说，人们还可以细分出以下实用规则。

（1）如果一个双音节动语素和一个双音节的受事名语素组合成词，那么一般采用“名+动”的格式，名词一定要提前。这个观点是石定栩（2003）研究得出的结论。比如，一个动语素“养殖”和一个名语素“珍珠”要合成一个词，只能采用“珍珠养殖”这种“名+动”的格式，否则它就成为一个短语。

（2）在合成复合词中，有一个［动+宾］结构和一个名词搭配，如果［动+宾］结构是两个音节，则整个合成复合词倾向于使用［动+宾+名］的形式，而基本不会用［宾+动+名］的形式。如果合成复合词中的［动+宾］是多音节，则整个合成复合词倾向于使用［宾+动+名］的形式。这是冯胜利（2000）的一个观点。

我们可以举例说明，比如“打工者”是一个合成复合词，其中“打工”是一个［动+宾］结构的双音节词，后面要加名词的话只能是［动+宾+名］的形式，例如“打工人”“打工族”“打工群体”。但是如果［动+宾］结构是一个多音节，例如“保护环境”，后面所要搭配的名语素所合成的词只能是［宾+动+名］格式，如“环境保护员”“环境保护组织”。

这两个规则可以帮助我们在生成新词时充分考虑语素间的语序问题，如果音节数少则采用VO语序，音节较长的词则倾向于采用OV语序。当然，其前提是有动语素和名语素的参与，而且主要针对的是合成复合词的生成。

6.2 语义规则

语素组配成词最重要的规则，其实是语义规则。因为汉语是意合语言，汉语词很多是语素意合的产物，掌握了现有词汇语义来源的规则，替换生成语义相关词就是水到渠成的。

一般人认为词的语义大都来源于其所组成的语素，然后依据一定的语义关系表达出来。比如，一些联合结构的合成词就是直接语素义的叠加，如“锅碗瓢盆”直接就是几个概念的叠加。但是有些非联合结构的词，其语义不仅来自语素，而且还需要语素之间发生的语义关系来描述。如“瓶装水”就是“用瓶子装的水”，这里“瓶子”是动词“装”的工具，“水”是动词“装”的受事。不过，这两个词的语义基本来源于每一个语素词。

如果还要细分的话，还可以再分为两种情况：一种是合成词的语义主要来源于前一个词的情况，例如“忘记”“杯子”；另一种是合成词的语义来源于后一个词，例如“老虎”“大象”等。

汉语中也有很多词表达的意义并不是语素义的叠加，甚至和语素义没有任何关联。比如，武汉过去有一种残疾人专用车，主要用来拉客，名叫“麻木”，这个词就不是表示“没有知觉”的意思，完全就是一种指代，和“麻”语素以及“木”语素的语义组合没有任何关系。

那么，在成词过程中，这种语义的组合有什么规则或者规律吗？根据语言学的相关研究成果，在语义组合过程中，词义的生成和内部语素特征、词语的内部结构都是有关联的。

规则一：如果一个词为单纯词，那么这个词的语义多半和内部语言单位的语义关系不大。例如“葡萄”“苹果”“蜻蜓”这些词语的语义是需要两个语素组配成一个整体后才有明确的概念意义，单独一个字拿出来，虽然在语音形式表现上是一个音节，也算作一个字，但却不是一个语素。当然，有些翻译过来的外来词，很多和所构成的语素、语义无关。比如“引擎”就和“引”“擎”没有语义上的关联，只有语音上的关联。但并不是所有的外来词都遵循这种构义规则，一般只有音译词才符合这个定律。一些外来的意译词或者半音译半意译的词就在这个规则的管辖范围之内。例如，“啤酒”的语义来源于后面的语素“酒”。不过，那些根据语音翻译过来的外来词也属于单纯词。所以，只要是单纯词，基本语义和内部结构没有太大关系。

规则二：如果一个词含有词缀语素的话，那么这个词的语义主要和词根语素相关。换句话说，词根在哪个位置，这个词的词汇意义就来源于该位置的语素。比如，“老妈”这个词是一个前缀型的派生词，这个词的主要语义来源于第二个语素“妈”。再如，“桌子”“凳子”“椅子”这类词的词缀都在词的末尾，其词义来源于第一个语素。

需要注意的是，这里的词缀不包括类词缀。相反，如果一个词含有类词缀的话，这个类词缀一般是这个词的重要语素义来源。比如，“绿卡族”“全球化”中的“族”和“化”，都为所合成的词贡献了语义。

规则三：如果一个词是名量结构，那么这个词的语义一般来源于前者。比如，“纸张”“布匹”“书本”等都是“名词 + 量词”的格式，如果运用变换分析法，它们都可以变换成“数词 + 量词 + 名词”的格式，都可以说“一张纸”“一匹布”“一本书”，其语义都来源于名词语素。不过，这种情况有时候也有例外，那就是当量词和名词产生歧义或者兼类时，会出现意外。比如“水杯”，虽然也可以说“一杯水”，但是其语义来源和前后两个语素都有关联，因为这里的“杯”不是量词，而是作名词用。

规则四：如果一个词内部的逻辑语义关系是述宾结构，那么这个词的语义来源多半和前后语素都有一定关系。比如，“打球”的语义跟语素“打”

和语素“球”都有关联。再比如三音节的新词“洗档案”，语义是“档案造假”，虽然“洗”和“档案”都有隐喻的色彩，但是整体语义还是和内部的语素脱不了干系。

规则五：如果一个词内部的逻辑语义关系是定中结构，那么这个词的语义来源多半和前后语素都有一定关系。比如，“红花”“绿叶”都是定中结构，它们的语义和内部的语素息息相关。再比如三字词“精神病”、四字词“网红经济”，其语义都直接来源于所构成的语素，并没有偏重于前面语素或者后面语素。

规则六：偏义复词的语义一般来源于其中一个语素，另一个语素作为陪衬，不贡献语义。这里的偏义复词指的是两个意义相关或相反的语素组合成一个词，在特定语境中，实际只取其中一个语素的意义，另一个语素只起陪衬音节的作用。例如，“面目”“消息”中起到表示语义的语素分别是“面”和“息”，而另外的语素意义变得虚化脱落或无足轻重以致被人忽略，有人也称其为“化石语素”。但这并不意味着其所含的这一语素义的原承载信息功能的丧失，只是在词的表义系统内部调整中，词与词的分工有了改变，其有语法功能的作用。比如，“国家”这个词依赖于第一个语素“国”，而“家”虽然有其语义，但在这里不过作为陪衬，有点凑足音节的意味。

曹宸扬（2016）对现代汉语偏义复词进行了穷尽性考察，发现偏义复词在现代汉语中数量不过百，且全部为联合结构。但显然不是所有的联合结构都是偏义复词，比如“输赢”的语义来源就是两个语素的叠加。但只要是偏义复词，其逻辑语义关系就是联合结构。

由于偏义复词的数量极为有限，对于偏义复词的语义组合规则，我们可以直接根据所掌握的语义知识进行人工标注。按照语义来源，偏义复词的语义组合规则只有两种：要么来源于前者，如“狐狸”语义来源于前面语素“狐”，其后面的“狸”在这里就是“化石语素”，因为“狸”一般指的是一种小野猫；要么来源于后者，如“存亡”的语义来源于后面语素“亡”，其前面的语素“存”没有显现出本来的语义。

以上是一些语言学家总结出来的语义组配规则。我们可以看出，很多词语的语义来源同词语的结构是分不开的。但是语义规则复杂之处就是，同样的结构会有多重语义结构分布。例如，同样是联合结构，有的词的语义和所构成的每一个语素相关（如“成败”“异同”），而有的词的语义只来源于其中某一个词（如“痛快”“动静”）。这说明汉语词的语义来源是非常复杂的。我们要想完全描述或抽取汉语词的语义构成规则，除通过语言学规则生成外，还需要留意很多特例，它们需要借助人工来判断。

本书的做法是：先根据语素、语义的来源特征，或者说根据语素对整个合成词语义的贡献类型，把汉语词内部组配规则分为四种（00，01，10，11），然后基于已有语料，对汉语复合词内部的语义来源特征进行编码。以二字词为例，列举如表 6–1 所示。

表 6–1　语素、语义组配规则列举

语义组配规则类型	语义来源	例词	构词结构
00	和内部语素无关	沙发、吉普	单纯词
01	和后语素较多关联	老师、仔细	前附加
10	和前语素较多关联	纸张、忘记	名量、联合
11	前后语素义均较多关联	选材、红旗	述宾、定中

对于三字词，我们也可以采取这种思路。例如，“麦克风”的语义组配规则类型是“000”，因为它是一个音译词，和其所构成的任何一个字没有直接语义关系。再比如一些带有词缀的派生词，有的词缀不贡献语义，

如小燕子、夜猫子、绝绝子等，可以标注为“110”；有的词缀却可以贡献语义，如社会性，可以标注为“111”。其实，完全没有语义的词缀比较少，尤其是对三字词来说，这些词缀多表示类别或者属性特征。在三字词中，还有一些经过缩略的新词，如“高大上”，表示“高端、大气、上档次”，其语义组配类型为“111”。如果是四字词，则依此类推进行标注。

在标注过程中，虽然是人工标注，但还是会充分调用一些已有特征来批量标注。例如，我们首先依据自建的语素义知识库提取一些词缀语素或者构词语素代入词汇列表中进行标注。因为带有词缀的词汇，其语义来源比较固定，基本来源于词根。然后再筛选一些类词缀的语素，因为一般在带有类词缀的词汇中，类词缀本身都会贡献语义。其次，再利用其他词典特征，根据词汇的具体结构选择组配的类型。比如量名结构，我们一般标注为“10”，述宾、定中结构一般标注为“11”。对于这些特征，前人有所归纳，比如北京大学开发的《现代汉语语法信息词典》和刘云（2000）对于词汇内部相关信息的描述。我们借鉴相关成果，并加以利用，可以减轻标注人员的负担。前人将汉语词内部结构较为精细地分为 16 种类型，有主谓、连谓、联合、述宾、述补、定中、状中、介宾、重叠、名量、数量、方位、复量、前附加、后附加、单纯词。我们从他们所列的 4 万个二字词中，统计了各类结构的分布概率，并探讨了其中的语义构成规律，如表 6–2 所示。

表 6–2　所收集二字词构词结构统计表

构词结构	所占比例 / %	例词	词义来源类型
主谓	1.12	年老	11
连谓	3.28	进攻	11
联合	21.98	男女 / 好歹 / 忘记	11/01/10

续表

构词结构	所占比例 / %	例词	词义来源类型
述宾	15.61	选美	11
述补	1.41	提升	11
定中	37.62	高手	11
状中	8.12	热爱	11
介宾	0.48	从小	11
重叠	0.68	喃喃	11
名量	0.29	纸张	10
数量	0.25	一些	11
方位	0.37	野外	11
复量	0.08	场次 / 片段 / 节目	10/01/11
前附加	1.55	老鼠 / 半岛	01/11
后附加	4.43	桌子 / 党性	10/11
单纯词	4.28	引擎	00

根据以上数据，名词的内部结构和语义来源有很强的对应关系。结构跟语义一对多的情况只占到了 25% 左右，且主要集中在联合结构中，其余的基本可以根据结构关系类型填写语义类型。需要注意的是，这只是绝大多数的情况，具体要根据实际情况选择语义类型。

利用词汇的语义组合规则，我们可以搭建一个语素的语义生成规则库。这个规则库可以帮助人们判断后期词语自动生成时是否需要替换相关的词语。比如，如果一个词的某一个语素对词语不能贡献语义，那么在生成词语时，该词所能替换的对象主要取决于另外一个词根语素。例如“桌子”的“子”属于化石语素，利用替换生成方法时就不用管“子”，而直接替换“桌”这个语素就可以，如可以替换成“台子”，甚至还可以完全删去化石语素，生成“桌台”“案台”等。

不过，经过我们统计，超过85%的词汇是由内部语素义的叠加所构成，因为大部分汉语词汇是复合词。复合词的语义结构是每个语素所贡献出来的，所以在具体的词语生成中，还是要着眼于词根语素的替换和排序。

6.3 词法规则

词法规则主要涉及语素合成词时的排列规则。例如，我们表达语义时一般是根据线性序列来表达，即如果书写顺序是从左到右的话，所生成的词的内部语素排列应该与用户输入的关键词顺序一致。比如，用户输入“高端、大气、上档次”，那么输出的词语一般是“高大上”，而不是“上大高”。

但是，有时候汉语词的生成并不都是按照语义先后顺序线性排列的。比如形容“一个夹了肉的馍”，人们称之为“肉夹馍”而不是“夹肉馍”。再如形容“一个治理环境的人”，人们通常称之为“环境治理员”，而不是“治理环境员”。这样的例子有很多，其中涉及语素组合次序的问题，也关涉词语内部的结构问题。上述两个不按照常规语序组词的词汇都是用［宾+动+名］形式的词汇来表达一个嵌套了动宾结构的偏正结构，形式上涉及词法问题，因此我们将其归入词法规则中进行探讨。

其实，在语言学界，对于汉语词汇内部语素顺序排列的研究形成了很多比较成熟的观点，我们可以直接拿来使用。例如，汉语语言学中有一个“右手中心语规则”，主要指在汉语复合词的构词法中，如果有中心语，那么它一般会靠右，左边的词语是修饰语。如“硬币”“空瓶”“清洁工”等，这些词的修饰语素都是在左边，中心语都在其右边。这一点有时候和英语不同，因为英语有的左边是中心词，右边是“修饰语”，如attorney general（总检察长）。general是一个修饰词，表示主要的、一般的，而attorney是中心词，即检察官。那么，借助“右手中心语规则”，在自动生成过程中，我们只要区分出哪些语素是中心语，哪些语素是修饰语，这两个语素的相对顺序也就确定了。

然而，相对于抽象的语言学理论，中文自动生成更需要一些形式化的规则，尤其是在什么情况下，哪些类型的语素应该在前，哪些应该在后。

关于汉语复合词的内部语序，庄会彬（2019）概括出以下几种基本类型。其中，S＝施事，V＝动词，O＝受事，N＝名词，A＝形容词。

（1）OV 型。这类词从结构形式来看属于主谓结构，但是从常规的汉语表达顺序来看，不符合汉语的优势语序表达模式，因为动词所支配的对象被前置了。如：文选、物产、物流、石刻、影迷、耳挖、足疗、水污染、珍珠养殖、城市管理、货物配送等。

（2）VO 型。这类词从结构形式来看属于述宾结构，符合汉语的常规句法表达方式，也就是所支配的对象在谓词后。根据合成词的词性，可将其再分为两类：A 类合成词词性为名词；B 类合成词词性倾向于动词，但也可以作为事件类名词看待。

A. 司仪、理事、管家、掌勺、顶针、绑腿、剩菜、按扣、挂件、养子、剖面、杀手、打手、扛把子。

B. 接人、炒股、节能、健身、杀虫、投资、建言、站岗、造孽、动员、挂钩、达标、失身、吵架。

这里的“O”有时候在语义上是动词的宾语，但在形式上可能由形容词充当，如“选美”。

（3）联合型。联合型的词语可以是名词和名词联合（NN，男女），也可以是动词和动词联合（VV，开关），还可以是形容词和形容词联合（AA，好坏）。甚至有的时候，同样词性的词联合成词后，新组合的词性和原先词性不一样。如“裁缝”是名词，但是其内部构成的两个语素都是动词。联合结构的词语按理说两个语素同等重要，但是内在关系实际上非常复杂。之前的偏义复词就是联合结构，语义到底来源于左边语素还是右边语素，并没有明显的形式标准。不过，由于是面向词语的自动生成，而语法规则主要用来确定语素的位置和组合顺序，所以本书根据位置是否能够对调，又将其分两类：

①国家、输赢、惦记、开关、来往、语言、集聚、冰冷（两个语素位置可以对调）。

②质量、窗户、人物、忘记、干净、好歹、眉目、领袖、始终（两个语素位置不可以对调）。

这样一来，我们在自动生成联合结构词语时，就会有针对性地安排各语素的生成位置。

（4）SV 型。这类词从结构形式来看属于主谓结构的词，其内部构造比较符合汉语的常规语序格式，即动作发出者一般在动词的前面。如：冬至、霜降、海啸、耳鸣、自学、雪崩、蚕食、气喘、物美、仙人跳。当然，这里的 S 也可以是动语素，不过情况极少，如流行语“摸头杀”。V 在这里表示谓词性成分，不仅是动语素，还可以是形容词类的语素，例如“物美”“年轻”。

（5）VS 型。这类词从结构形式上看是述宾结构，但是从语义关系来看，宾语位置的语素其实是动作的发出者，其表达顺序不属于汉语的常规表达语序，因为按照汉语常规表达语序，动作的发出者一般位于动词前。比如“未亡人”，形式上是施事者被后置了，但其实表达的是主谓结构“人未亡”。这类词有刮风、下雨、牧童、乘客、陨石、产妇、演员、买家、听众、舞女、不倒翁。

另外，处于 V 位置的语素不一定是动语素，还有可能是形容词语素，例如“穷人”，其实就是“人穷”。

（6）偏正型。这类词的中心词一般位于右侧，左侧一般是起到修饰作用的语素，但左侧和右侧的语素词性多样，名动形都可以。如：火炉、水箱、毛笔、密植、强光、倾销、精选、臭美、火红、雪白、帆布鞋、绿卡族、女儿控、组织工作、运送方式、塌陷路段、抗拒心理、失窃财物、怀疑对象。不过，中心语一般是体词性的，不过也有例外，一些形容词性的词也可以充当中心语，例如“网红”。

（7）补充型（或V C型）。这类词形式上一般是述补结构，核心语素是谓词性语素，可以是动词性语素如“打光”，也可以是形容词性语素如“帅呆”。右侧成分一般起到补充说明的作用，一般由动语素和形语素充当。这样结构的词有抢光、说服、提高、推翻、改进、破败、煮熟、酷毙。

这些模式只是一般复合词的内部构词模式，汉语还有大量合成复合词（就是由复合词再组合而成的词，如“军马饲养场”），其组配语序也类似，只不过在选择哪一种模式时会受制于音节或者其他因素。

那么，对词语这样进行划分有什么作用呢?

假设有一个动语素和名语素，两者可能的搭配格式是“动＋名”或者“名＋动”，那么“动＋名”所合成的词，有哪些类型的词可供组合呢?根据上面提供的规则，我们可以得出有“VO型（炒股）”“VS型（舞女）”“偏正型（失窃财物）”，而“名＋动”格式的有“SV型（仙人跳）”“OV型（文选）”。

下面我们拿名、动、形三种词性来举例，以二字词为主统计它们所有组合可能出现的语序模式，并利用矩阵的形式来表示。具体如表6–3所示。

表 6-3　各类二字词语序模式矩阵

词性	OV 型	VO 型	联合型	SV 型	VS 型	偏正型	补充型
VV			√	√			√
NN			√			√	
AA			√			√	√
VN		√			√	√	
VA		√					√
NA				√		√	
NV	√			√			
AV						√	√
AN					√	√	

从总体来看，二字词的优势模式为偏正型，这也符合有人统计出二字词中偏正型结构最多的结论。

我们还可以根据二字词的语素词性搭配矩阵表选择对应的内部结构模式。如果一个二字词是“AV”格式，我们就要在“偏正型”和“补充型”结构中去生成词。

每一个词性组合格式对应选择的语序模式是有差别的。根据词语出现的概率，我们对每个组合的语序模式给出一个优势序列。

VV：联合型（裁缝）>补充型（打斗）> SV 型（摸头杀）

NN：联合型（男女）>偏正型（人头）

AA：联合型（大小）>偏正（臭美）>补充型（帅呆）

VN：VO 型（洗澡）>偏正型（运送方式）> VS 型（刮风）

VA：补充型（煮熟）> VO 型（选美）

NA：偏正型（火热）> SV 型（年轻）

NV：SV 型（仙人跳）> OV 型（文选）

AV：偏正型（精选）>补充型（酷毙）

AN：偏正型（美女）＞VS 型（穷人）

利用这个优势序列，我们可以为每一个待生成的词语中所有可能组合的语序格式赋予相应的权重，这样语素和语素间的组合排列就更符合人的认知。

6.4　平行周遍规则

在自动生成词语的过程中，我们会基于已有词汇生成一些词库中未收录的新词，难免会替换掉已有词语的部分语素，使其保持语义上的一致。那么，什么样的关联语素能够被替换，什么样的语素替换后说不通，这其实也会受到一些规则的制约。

陈保亚（2006）指出：词语的替换一般要满足有平行特征、在被替换部分保持平行特征的前提下组合关系平行，以及整个组合在分布上平行三个条件。如表 6–4 所示的四列词语，第 1、第 2 列的平行关系都可以周遍到每一个动语素或名语素，但是第 3 列虽然平行，但不能周遍到每一个名语素，比如不能说“老兔”。而第 4 列彼此既不平行，也不是周遍，“板、手、实”很难找到共同特征。

表 6–4　语素替换矩阵

第 1 列	第 2 列	第 3 列	第 4 列
老来	老李	老虎	老板
老去	老张	老鹰	老手
老睡	老刘	老鼠	老实

平行周遍规则的存在，可以帮助我们生成合乎人类认知的新词。比如第 1、第 2 列中的这类词语，后面的语素只需要选择和已有语素相似特征

的语素即可满足替换，而第3、第4列中的词，即使你用相似特征的语素替换也说不通。比如第一列，我们可以用所列举动语素的近义语素来替换，甚至随便用“表示动作”的动语素“走、跳、跑、眯眼”来替换，替换后所构成的词都可以说。第二列，我们只要拿“姓氏名词”，也都可以替换。但是第3、第4列，我们就不能随意替换了。比如“鹰”和“隼”是近义语素，但是我们只能说“老鹰”不能说“老隼”。再比如“手”和“掌”是近义语素，我们不能因为“老手”可以说，就直接替换生成一个近义词“老掌”。

由此可以看到，要想通过语素替换生成新词，同时保持其结构和语义，最好是在满足该词平行周遍条件的词集中寻找可能的语素。

怎么获取一个词的平行周遍条件知识呢？我们参考了康思辰（2020）的提取方法，即利用词语的内部结构特征，以及前后语素的语义特征来提取具有相似结构特征和上下位语素的平行周遍知识。

这个工作量不大，只需要归纳相同语素，然后根据相同的内部结构进行筛选就可以了。基于已有知识库中包含了各语素的语素义以及各词项的内部结构特征，我们只需要提取出具有相同内部结构，并且包含共同语素的词集就是满足平行周遍条件的集合。

“集中、汇集、聚集”等词的词性为“动词”，构词结构为“联合”，前、后语素义分别表达“集中”“汇聚”的含义。通过对词的以上特征取值的归纳，然后从词表中我们就可以筛选获取到能够同“集中、汇集”构成平行周遍词集的其他成员，如会聚、凑集、团聚、团聚、屯聚、屯集、归总、拼凑、攒聚、攒集、汇集、聚会、聚集、萃聚、集聚、集萃、麇集。

依据此方法，我们可以抽取具有相同语素词集的平行周遍知识。如“京剧、楚剧”的平行周遍知识获取依据和相关词集情况，具体如

表 6–5 所示。

表 6–5 “京剧、楚剧”的平行周遍知识抽取示意表

平行条件				满足平行条件的词
词性	构词结构	前语素义	后语素义	
名	偏正	中国地方简称	戏剧	京剧、楚剧、京戏、川剧、晋剧、桂剧、沪剧、湘剧、滇剧、琼剧、粤剧、苏剧、豫剧、赣剧、闽剧、陇剧、黔剧

如果一个平行条件中涵盖某个语素概念，则称该语素概念涉及了该平行条件，而涉及该平行条件的语素及其搭配语素都有可能成为可供替换的潜在语素。比如，“京剧”和“京戏”处于同一个平行条件的词集当中，“剧”和“戏”在以后类似的结构中可以互换，也可以被近义词替换，比如也可以说“京曲”。如果这个词在词表中没有，那么它会成为一个易于被人们接受的“新词”。而“京剧”“楚剧”也是处于一个平行条件，那么“京”和“楚”在以后类似结构中可以被近义词替换，比如可以说“鄂剧”。如果这个词在目前的词表中没有，属于未登录词，那么“鄂剧”也会成为一个被人们接受的“新词”。不过，要是换了一个“打剧”，这个词就很可能不成立，因为“打”是不包含中国地方简称的语素义，与“京”“楚”形成不了近义关系，所以即使造出了“打剧”，人们的接受度也会很低。这就是平行周遍原则在制约着语素的替换和新词的生成。

综上，我们从语音、语义、语法以及平行周遍性等方面探讨了制约词语生成的规则。这些规则大多是语言学界已有的研究成果，都是词汇层面的，有些较为抽象，但其实质都是基于语义、语法、语音等特征的组配。比如，平行周遍规则其实就是词性、构词结构、语素义等特征的再组合。我们在使用时把这些规则进行了形式化的处理。词语的生成虽然涉及很多规则，这些规则也永远无法列举穷尽，但是核心还是语义的组配。所以在后期规则的利用层面，我们主要是利用词语的语义组配规则来构建语素的组配规则库，通过描述词义和语素义的语义来源关系来生成语素的组配规则。

第七章　汉语词自动生成的实现

我们的汉语词生成主要是从语义近似的角度来生成词语，而不是依据形式生成相同结构的词语。在我们预想的生成场景中，主要分为输入和输出两个部分：输入部分为用户描述词语，输出部分为根据用户的描述生成相关语义的词语。用户输入可以是句子，也可以仅列出相关的词语或短语，输出的词语与输入的信息在语义上有关联性。比如，当用户输入“形容很高的山”时，输出的是“高山、山岳、山冈、高峰、高俊”等；或者用户输入“球场边捡球的儿童”，输出为“球童”。它不会出现类似输入“对不起”，结果输出为“对得起”或“伤不起”的情况。当然，这并不是说不考虑词语的内部组配形式。比如一些派生词的生成，如果输入部分为派生词，输出的部分尽量保持派生的构词形式。此外，在一些三字词或四字词的生成上，也尽量在字数和外在形式的生成上相近，不过重要的还是语义相近。本着这个原则，我们在相同的生成场景中，分别采取了基于语素词典进行近义替换的汉语词生成模型和基于深度学习算法的汉语词自动生成模型两种方法，进而测试、分析和评估了两者的优缺点。

7.1　基于语素词典进行近义语义替换的汉语词生成模型

基于语素词典进行近义词替换的汉语词生成模型，也是本书研究的汉语词自动生成思路。它主要是利用已经构建好的汉语语素义知识库，以及语素组配的规则库对输入的词进行同义替换，然后自动根据用户输入的文本进行近义计算并输出相关语义的词语，最后用户可以对输出的词语进行反馈，以帮助建立更好的生成规则，让词语更好地自动生成。

具体思路与流程如图 7–1 所示。

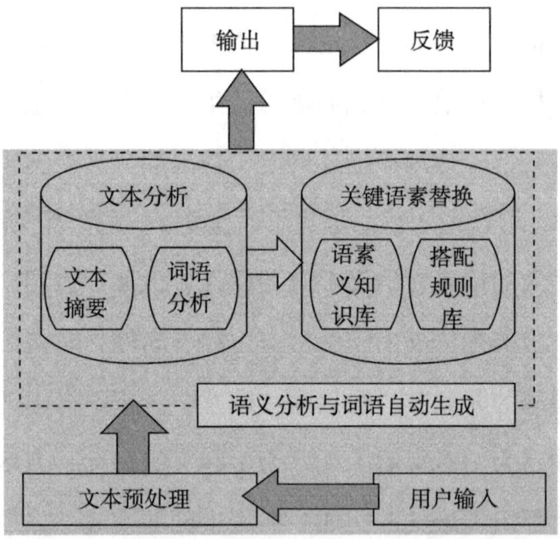

图 7–1　基于语素词典进行近义词替换的汉语词生成模型思路

流程的核心环节是对输入文本进行语义分析和词语自动生成，主要包括以下两个部分。

（1）文本分析。这一过程包括两个步骤：

第一步是文本摘要。如果用户输入的是一句话，则需要提取文本关键词或者摘要，通俗地讲，就是把一句话的核心意思用几个词表示出来。

那么，如何判断哪些是关键词呢？首先，我们可以设定一个过滤规则，然后再使用现有的文本摘要工具。

初步过滤的规则就是，一般情况下，用户输入的文本如果是一个完整的句子结构，则主语部分可以过滤掉，主要涉及谓语以及所接宾语的语义表达。比如“他喜欢读书”这句话，实际上我们想要的语义是“喜欢读书”，然后输出“好读书”，这个自动生成过程基本就算是符合原先的设计要求。

之后就是利用现有的文本摘要工具。我们可以用 NLTK 库（Python 程序中一个著名的自带语料库的自然语言处理工具包）来处理。它提供了多种方法来实现文本摘要，其中比较常用的是基于关键词抽取和基于句子重要性评分的方法。我们这里由于输入的句子比较简短，而且主要是用来描述词语，所以采用基于关键词抽取的方法。通常使用比较多的是 NLTK 库里面的 TextRank 算法，它可以提取文本中的关键词并给出它们的权重，然后我们根据权重来选定代表性的关键词作为摘要。以“他比较喜欢一个人读书”为例，我们利用 TextRank 算法计算关键词权重，并且根据权重筛选摘要，主要代码如下：

```
import jieba.analyse
# 要提取关键词的文本
text = “他比较喜欢一个人读书”
# 提取关键词和权重
keywords = jieba.analyse.textrank（text, topK=5, withWeight=True）
# 输出关键词和权重
for keyword, weight in keywords:
    print（keyword, weight）
```

最后输出的结果为：

```
读书 1.0
喜欢 0.9961264494011037
```

可以说，“喜欢读书”就是这句话的代表性关键词。

第二步是对抽取出来的关键词进行语义解构分析，主要是区分汉语词的构词类型，比如是复合词还是派生词。因为构词方式不同，会直接影响后面语素替换的对象。如果是复合词，那么每个语素都会为这个词贡献意思。但如果是派生词，则一般只替换词根语素，另一部分词缀可以不用替换，或者替换成相似功能的词缀。两者采用的策略略有不同。

如何让计算机区分一个词是复合词还是派生词呢？其实，这些在我们的语素义知识库所收集的词语中都有标注，或者根据词语的语义组配类型也可以推导出来。比如语义类型为“01”或者“10”型的可以看作派生词，虽然里面也有一些偏义复词（如“忘记”就是10）或名量词（“纸张”就是10），但是这些词的总体数量很少，我们可以采用排除法排除这些特例，剩下的就是派生词了。

由于词缀语素的数量不多，我们也可以列出一个词缀语素词表（这个列表可以随着收集词缀信息的增加而扩充），然后根据这个表进行标注和筛选。事实上，Python 的 NLTK 工具包自带的词语性质标注功能就可以判断整个词的构词方式。

以“儿子”“现代化”“成长”为例，我们利用 NLTK 以及词缀列表来判断这些词的构词方式是复合词还是派生词。代码如下：

```
import nltk
# 定义三个汉语词
texts = ［“儿子”, “现代化”, “成长”］
# 定义前缀和后缀列表
prefixes = ［“老”, “小”, ”大”, “半”, “正”, “副”, “不”, “初”, “多”, “上”, “中”, “世”, “古”, “新”, “阿”, “超”, “前”, “后”, “次”, “准”, “亚”］
suffixes = ［“子”, “头”, “然”, “人”, “家”, “国”, “化”, “儿”, “乎”, “式”, “主义”, “症”, “度”, “性”, “器”, “道”, “学”, “者”, “论”“生”, “边”, “才”, “工”, “场”“体”, “系”, “族”, “属”, “型”, “态”, “热”, “员”, “手”, “界”, “品”, “具”］
```

```
# 遍历每个词语，对其进行词性标注
for text in texts:
    print（f“识别词语：{text}”）
    words = nltk.word_tokenize（text）
    pos_tags = nltk.pos_tag（words, lang=“chn”）
    # 判断词语是否为复合词
    if “JJ” in ［pos for _, pos in pos_tags］:
        print（f“{text} 是一个复合词。”）
    else:
        # 判断词语是否为派生词
        for prefix in prefixes:
            if text.startswith（prefix）:
                print（f“{text} 是一个派生词。前缀：{prefix}”）
                break
    else:
        for suffix in suffixes:
            if text.endswith（suffix）:
                print（f“{text} 是一个派生词。后缀：{suffix}”）
                break
        else:
                print（f“{text} 未识别出构成方式。”）
    print（）
```

最后识别的结果为：

```
儿子 是派生词。后缀：子
现代化 是派生词。后缀：化
成长 是复合词。
```

（2）关键语素替换。主要是利用一些语素语义知识和组配规则替换掉输入词语的部分语素，并且按照一定规则排列成意思相近的词语。

首先是为词根语素寻找近义语素，每一个近义语素集都会根据语义近似度来排序，这样才能为计算机自动推选可供替换的语素。

关于语素的语义近似度以及近义语素集的提取，本书参考了 Word2Vec 模型框架。不过，Word2Vec 主要基于上下文环境对词的概率进行预测，而且一般不区分义项。所以，我们利用词典释义时，已经为区分义项的特点，将释义语料代入算法中，针对性地为每一个义项创设上下文环境，并从中提取语素的语义向量，达到区分义项的目的。依托这些词义向量，我们预测出每个语素和其他语素的语义近似度，最后按照排序，设定一定的语义近似度的阈限值，符合阈限值的就是该语素理想中的适合替换的语素备选集。

具体提取过程可以参考第五章。由于是基于词典的，为了和 Word2Vec 区别，本书将该方法命名为“Lex2vec”。本次实验主要以“哀 1”为例，计算与其相关的近义语素，具体流程如下：

①数据预处理（包括分词、去标点以及文本的组块化处理）。

②释义文本的嵌入替换（主要是将其他字典释义代入语素词典的释义模块）。

③生成语素向量，计算语义相似度（利用 Word2Vec 模型计算嵌入合成后的释义词向量和原语素向量的余弦相似度，并排序）。

④调整近似度阈限值和语义向量维度值，选取最优近义语素集。

经过调试，本书的语义向量纬度值设定为 300，近似度阈限值设定为 0.62，也就是和某一语素的语义近似度高于 0.62 的语素可以作为该语素的近义语素，这样能较好地保证语义近似集的相关性和准确性。

核心代码如下：

```
import numpy as np
from gensim.models import Word2Vec
class LoadVec:
    def __init__(self):
        self.model = Word2Vec.load('./models/vec.model')
    def getVec(self, word):
        try:
            return self.model[word]
        except:
            return np.random.randn(300)
lv = LoadVec()
EMBEDDING = {}
WORD_INDEX = {}
for ys, yx, si in zip(df_2['语素'].values, df_2['义项'].values, df_2['分词'].
values):
    WORD_INDEX.setdefault(str(ys), []).append(str(ys)+'|'+str(yx))
    if len(si.split()) >= 1:
        emb = 0.0
        for w in si.split():
            emb+=lv.getVec(w)
        EMBEDDING[str(ys)+'|'+str(yx)] = emb / len(si.split())
    else:
        Pass
EMBEDDING_WORD = list(EMBEDDING.keys())
EMBEDDING_VEC = list(EMBEDDING.values())
def get_cos_similar_multi_a(v1: list, v2: list): # 计算余弦距离
    num = np.dot([v1], np.array(v2).T)  # 向量点乘
    denom = np.linalg.norm(v1) * np.linalg.norm(v2, axis=1)  # 求模长的乘积
    res = num / denom
```

```
        res [ np.isneginf ( res ) ] = 0
    return 0.5 + 0.5 * res
    def getTopSimilar ( input_, topN=10 ) :
        for tg in WORD_INDEX [ input_ ] :
            print ( '>>>>>>>>>>>>>>>>>>>>>>', tg, '<<<<<<<<<<<<<<<<<<<<<<<<<<<<<<' )
            vec = EMBEDDING [ tg ]
            sims = get_cos_similar_multi_a ( vec, EMBEDDING_VEC ) [ 0 ]
            info = {}
            for w, s in zip ( EMBEDDING_WORD, sims ) :
                info [ w ] = s
            for index, ( word, similar ) in enumerate ( sorted ( info.items ( ) , key=lambda k: k [ 1 ] , reverse=True ) [ 1: topN ] , 1 ) :
                w1, w2 = word.split ( '|' )
                if w1 == 'nan':
                    continue
                #print ( index, w1, w2, round ( similar, 4 ) )
        return sorted ( info.items ( ) , key=lambda k: k [ 1 ] , reverse=True )
    EMBEDDING_VEC = list ( EMBEDDING.values ( ) )
        input_ = '哀'
        res = getTopSimilar ( input_ )
        for i in res:
            print ( i )
```

输出结果，部分数据如图 7–2 所示。

```
>>>>>>>>>>>>>>>>>>>>>> 哀|1 <<<<<<<<<<<<<<<<<<<<<<<<<<<<<<
1 酸 3 1.0
2 辛 3 1.0
3 哽 2 1.0
4 轸 1 0.9994
5 恻 1 0.9993
6 怆 1 0.9993
7 凄 3 0.9993
8 痛 2 0.9993
9 惜 3 0.9991
```

图 7–2　近义语素集生成示例

我们还选取了近义词较多的“采取”和“法律”两个词来呈现自动生成过程。其中，语素“采”“取”“法”“律”的近义语素集，根据相似度排序，我们取前面六个近似语素，具体如下：

采：摘、接、选、拔、验、用

取：拿、纳、录、拔、择、挑

法：禁、律、规、例、轨、戒

律：法、则、禁、例、规、条

接下来，利用“采取”和“法律”近义语素集内部成员（包含自身）进行组配。

“采取”的近义语素集内部成员可以组配为：采拿、采纳、采录、采拔、采择、采挑，摘取、摘拿、摘纳、摘录、摘拔、摘择、摘挑，接取、接拿、接纳、接录、接拔、接择、接挑，选取、选拿、选纳、选录、选拔、选择、选挑，拔取、拔拿、拔纳、拔录、拔拔、拔择、拔挑，验取、验拿、验纳、验录、验拔、验择、验挑，用取、用拿、用纳、用录、用拔、用择、用挑；取采、取摘、取接、取选、取拔、取验、取用，拿采、拿摘、拿接、拿选、拿拔、拿验、拿用，纳采、纳摘、纳接、纳选、纳拔、纳验、纳用，录采、录摘、录接、录选、录拔、录验、录用，拔采、拔摘、拔接、拔选、拔验、拔用，择采、择摘、择接、择选、择拔、择验、择用，挑采、挑摘、挑接、挑选、挑拔、挑验、挑用。

“法律”的近义语素集内部成员可以组配为：法法、法则、法禁、法例、法规、法条，禁律、禁法、禁则、禁禁、禁例、禁规、禁条，律法、律则、律禁、律例、律规、律条，规律、规法、规则、规禁、规例、规规、规条，例律、例法、例则、例禁、例例、例规、例条，轨律、轨法、轨则、轨禁、轨例、轨条，戒律、戒法、戒则、戒禁、戒例、戒规、戒条；律禁、律律、律规、律轨、律戒，法规、法轨、法戒；则法、则禁、则律、则规、则例、则轨、则戒，禁法、禁规、禁例、禁轨、禁戒，例轨、例戒，规轨、规戒，条法、条禁、条律、条规、条例、条轨、条戒。

然后，通过既有词表规则库的特征知识过滤掉一些词。这里用到的特征主要有词表、语音搭配、语法搭配、语义搭配等。下面我们具体看看这些规则是怎么使用的。

①词表特征规则。词表就是词典收录的由各语素组合成词的词语列表。其功能主要用来筛选既有词汇，只要近似语素集内部成员组配出的词是词表收录词，就应该归入预生成的词语中。语素组词的优先级先是词表中有的词，词表中词语的语素排列有时候能够决定近义语素的排列顺序。

比如，“采”的一个近义语素是“选”，而“取”的一个近义语素是“挑”，那么“采取”的预生成词是“挑选”，因为“挑选”是词表收录词，具备优先级，而“选挑”这个词就被自动过滤掉。如果“挑选”不属于词表收录词，那么这种情况下，我们才会生成“选挑”这种语素组合。对于两个语素共同合成的词，我们一般只在“AB”或“BA”中选取一种，选取后另外一个格式被自动过滤掉，这主要是考虑到语言的经济性。比如“胜败”和“败胜”语义一样，但是我们一般只说“胜败”，很少说另一个。据此规则，如果词表中有诸如“采取”“接纳”“选拔”之类的词，那么预生成的词语中就要过滤掉诸如“取采”“纳接”“拔选”之类的反向组合词。如果词表中没有“采挑”“挑采”，我们一般会只保留正向序列的替换词，也就是只预生成“采挑”，这样一来，有一半以上的未收录新词会被自动过滤，剩下的再根据其他特征筛选或者提升优先级。

②语音搭配规则特征。这一特征主要指的是词语的语音表现形式，主要涉及拼音。

拼音特征一方面可以用来筛选一些新词，比如组合语素成为双声叠韵词或者叠音词的一般就会被过滤掉，如“拿纳”“规轨”这类新词以及它们所组合的反向语素合成词“纳拿”“轨规”会自动被过滤掉。

另一方面，可以用来生成一些谐音新词。有些语素组合后，其音节和一些常见的词汇音节相同，容易造成谐音梗的，一般要提升优先级。

比如，“采取”的近义语素集组合中的“轨则”和既有词汇“规则”语音形式一样，则很有可能成为一个新词，因为很多新词是同音仿拟，比如网络流行语“蓝瘦香菇”是仿拟的“难受想哭”。由于谐音会受到一些人的追捧，所以具有这类特征的新词会在生成替换优先级上优于一些未登录新词。也就是在生成的词语中，除了既有词汇，一些语音和语义有关联的新词较一般未登录词来说会排在靠前的位置。

③语法搭配规则特征。这一特征主要是指词语的结构、词性等。借助这类特征，人们可以过滤掉输出词性和输入词性不同的词语，还有一些搭配形式差异巨大的词。

比如，“采取”和“法律”都是并列结构，而且是合成词，前一个是动词，后一个是名词。那么，诸如“拔拔”“法法”“禁禁”等这类叠加词或者一些非合成词就不适合。另外，类似“禁法”“禁规”这类动宾结构或偏正结构的词也不适合作为“法律”预生成的目标词。

④语义搭配规则特征。这一特征主要是指词语组配时的语义合成类型。借助这个类特征，人们可以过滤掉一些语义组配不符合要求的词。

比如，“采取”是采用“11”式的语义合成结构，即语义来源于内部的各个语素，那么生成的词语最为合适的也是“11”式。而且，两个构词语素的语义都是近义词，且不是偏义复词，所以凡是偏义复词和两个语素语义差距太大的，也不适合作为生成的对象。比如，“戒法、戒禁”这种组配后，两者语义关系发生变化且语义差距过远的词就不适合作为“法律”

预生成的目标词。

利用以上的规则特征，最后我们筛选出如下预生成的语素组合，根据出现频次排序如下：

采取：采纳、接纳、选取、选拔、选择、录用、挑选、挑验、摘录、采录、摘取、接取、选录、取验、取用、拿验、拿用、择验、（接拿）、（接录）、（拔录）、（采拿）、（采拔）、（采择）、（采挑）、（摘拿）、（摘纳）、（接拔）、（接择）、（接挑）、（拔挑）、（验纳）、（验录）、（验拔）、（用拔）、（用择）、（取拔）、（摘拔）、（拿接）、（纳选）、（纳拔）、（纳验）、（录接）、（择拔）、（挑摘）、（挑拔）等。

法律：法则、法规、规则、规律、条规、条例、律法、律例、戒律、法条、法例、戒条、禁律、禁例、律则、律条、例律、条律、禁则、（轨则）、（轨律）、（法禁）、（法轨）、（禁规）、（禁条）、（规禁）、（规例）、（例则）、（例规）、（轨例）、（轨条）、（戒则）、（戒例）、（戒规）、（法戒）、（禁规）、（规戒）等。

这些预生成词的排序依据一般是既有词汇排在前，未收录词典的新词用括号标识排在相对靠后的位置。由于未收录词的出现频次一般为零，根据新词的产生特点，有谐音的新词一般排在较为靠前的位置。这个结果可以人为设置控制输出顺序。

输出后，最后就是反馈评估。我们让 5 位有语言学背景的人员对所生成词语的质量进行评估。评估主要是从语音是否拗口、组合顺序是否合理和语义是否与输入文本贴近三个方面分别进行，采取正向和负向两种评估形式，对觉得不合适的生成词语打叉。

对于“采取”的生成结果，“摘纳、接拔、接挑、拔挑、验拔、用拔、取拔、摘拔、择拔、纳选、纳拔、纳验、挑拔”这些输出的新词不太能让人接受，或者人们认为和“采取”不相关。

对于“法律”的生成结果，有“规律、律条、轨则、轨律、法禁、规禁、法轨、例则、例规、轨例、轨条、戒则、戒例”，从结果中，可以看到生成的新词中还有一般词汇。

通过人工评估结果我们发现，对“采取”所生成的组合，评估者主要是对未收录的新词组合不太认可，而且对含有“拨”“纳”语素的组合认可度不高。这提示我们在选用相关语素时，要少用这两个语素合成相关词。

根据“法律”的生成结果，除了新词，还有一些既有词汇，评估者也不太认可，比如“规律”“律条”等。这主要是因为两者合成后和“法律”的语义相关度不高。含有“轨”语素的词也不太认可，这一点可能是在近义语素集聚类时数据稀疏造成的。

当然，这种方法也有一些问题，那就是如果某个语素的近义语素集没有包括特定语素，或者两个语素的语义向量近似度相差太远，那么一些新词就不能生成了。比如，同“法律”有点近义关系的“准则”就无法生成出来，因为这两个语素都不在“法”和“律”各自的近义语素集中，或者语义相似性相差较大。我们采取的方案是，依托现有近义词典对整体生成的词集进行查漏补缺，尤其是再次优化语素的近义词知识，进行补充完善，并建立人工反馈机制不断完善相关数据集，尽量避免此类现象的产生。

7.2　基于深度学习算法的汉语词自动生成模型

事实上，完全依托词汇向量计算也能根据输入文本生成相关的汉语词。其思路就是对词语进行词向量化转换，然后直接借用自然语言处理的一些生成模型，实现词语的自动生成。目前一些常见的词语生成模型有：

Seq2Seq（sequence-to-sequence）模型：Seq2Seq 模型是一种基于循环神经网络（RNN）的模型，可以用于序列到序列的映射，例如将输入文本转换为相关的词语序列。

Transformer 模型：一种基于自注意力机制的深度神经网络模型，可以用于各种 NLP 任务，包括词语生成、文本概括等。

T5（Text-to-Text Transfer Transformer）模型：一种基于 Transformer 架构的预训练语言模型，可以实现文本到文本的转换，包括词语生成、文本概括等任务。

我们选取 BERT 模型来生成汉语词。BERT 是一种基于 Transformer 架构的双向预训练语言模型，可以用于多种 NLP 任务，包括词语生成、文本概括等。运用它我们可以学习到句子级别的表示。

下面是使用 BERT 模型生成中文词语的详细实验步骤和代码：

（1）数据预处理。需要将原始数据集处理成 BERT 模型可以接受的格式。例如使用 Jieba 进行分词，然后将每个词语转换成对应的词向量表示：

```
import jieba
import numpy as np
import pandas as pd
# 读入数据文件
data = pd.read_csv（'data.txt', delimiter='\t', header=None, names=［'text'］）
# 对每个文本进行分词，并转换成词向量表示
sentences = ［ ］
for text in data［'text'］:
    words = jieba.lcut（text）
    vectors = ［ ］
    for word in words:
```

```
            vector = get_word_vector ( word )
            vectors.append ( vector )
        sentences.append ( vectors )
# 将处理好的数据保存到文件
np.save ( 'data.npy', sentences )
```

（2）模型训练。接下来，需要使用预处理好的数据集来训练 BERT 模型。在这里，我们使用 Hugging Face 网络平台提供的 Transformers 库（BERT 模型其实是一种双向 Transformers 模型）来进行训练。具体步骤及代码如下:

```
from transformers import BertTokenizer, BertForMaskedLM
import torch
# 加载预训练的 BERT 模型和分词器
model_name = 'bert-base-chinese'
tokenizer = BertTokenizer.from_pretrained ( model_name )
model = BertForMaskedLM.from_pretrained ( model_name )
# 将处理好的数据集读入内存
sentences = np.load ( 'data.npy' )
# 将词向量序列转换成 BERT 模型可以接受的输入格式
inputs = [ ]
for sentence in sentences:
    # 使用特殊符号 [ CLS ] 和 [ SEP ] 来标记序列的开始和结束
    input_ids = [ tokenizer.cls_token_id ] + [ tokenizer.convert_tokens_to_ids
( tokenizer.tokenize ( word ) ) for word in sentence ] + [ tokenizer.sep_token_id ]
    # 用 0 来填充输入序列，使其具有相同的长度
    input_ids += [ 0 ] * ( 512 - len ( input_ids ) )
    inputs.append ( input_ids )
# 将数据转换成 PyTorch 张量
inputs = torch.tensor ( inputs )
# 使用 GPU 进行训练（如果可用）
```

```
device = torch.device（'cuda'）if torch.cuda.is_available（ ） else torch.device（'cpu'）
model.to（device）
inputs.to（device）
# 定义训练参数
batch_size = 32
num_epochs = 10
learning_rate = 2e-5
# 定义优化器和损失函数
optimizer = torch.optim.Adam（model.parameters（ ）, lr=learning_rate）
criterion = torch.nn.CrossEntropyLoss（ignore_index=0）
# 训练模型
for epoch in range（num_epochs）:
    total_loss = 0.0
    for i in range（0, len（inputs）, batch_size）:
        batch_inputs = inputs［i: i+batch_size］
        # 使用随机掩码来模拟词语生成任务
        mask_indices = torch.randint（1, len（batch_inputs）, size=batch_inputs.
shape, dtype=torch.bool, device=device）
        masked_inputs = batch_inputs.clone（ ）
        masked_inputs［mask_indices］ = tokenizer.mask_token_id
        # 预测
        outputs = model（masked_inputs, masked_lm_labels=batch_inputs）
        loss = criterion（outputs.logits.transpose（1, 2）, batch_inputs）
        optimizer.zero_grad（ ）
        loss.backward（ ）
        optimizer.step（ ）
        total_loss += loss.item（ ）
        print（f'Epoch {epoch+1}: loss={total_loss: .2f}'）
```

（3）模型测试。训练完成后，人们可以使用训练好的 BERT 模型来生成中文词语。这里我们可以使用 BERT 的预测功能，即使用随机掩码来模拟词语生成任务。以用户输入的“描述很险峻的山”为例，设定生成五个词，基本步骤如下：

```
# 读入测试数据
test_sentence = '描述很险峻的山'
# 对测试数据进行分词，并转换成词向量表示
words = jieba.lcut（test_sentence）
vectors = [ ]
for word in words:
    vector = get_word_vector（word）
    vectors.append（vector）
# 将词向量序列转换成 BERT 模型可以接受的输入格式
input_ids = [tokenizer.cls_token_id] + [tokenizer.convert_tokens_to_ids（tokenizer.tokenize（word））for word in vectors] + [tokenizer.sep_token_id]
input_ids += [0] *（512 - len（input_ids））
inputs = torch.tensor（[input_ids]）
# 使用 GPU 进行推理
device = torch.device（'cuda'）if torch.cuda.is_available（）else torch.device（'cpu'）
model.to（device）
inputs.to（device）
# 使用随机掩码来模拟词语生成任务
mask_indices = torch.randint（1, len（inputs）, size=inputs.shape, dtype=torch.bool, device=device）
masked_inputs = inputs.clone（）
masked_inputs [mask_indices] = tokenizer.mask_token_id
# 对模型进行预测，得到所有词语的概率分布
outputs = model（masked_inputs）
probs = torch.softmax（outputs.logits [0, mask_indices [0] , : ] , dim=-1）
```

```
# 取出前 5 个概率最高的词语
top_k = 5
probs, indices = torch.topk（probs, k=top_k）
predicted_tokens = tokenizer.convert_ids_to_tokens（indices.tolist（））
# 打印生成的词语
for i in range（top_k）：
    predicted_word = predicted_tokens［i］.replace（'##', ''）
    print（f'{i+1}. {predicted_word}'）
```

最后的输出结果为：

```
输入句子：描述很险峻的山
1. 高峰
2. 峭壁
3. 山崖
4. 山谷
5. 陡峭
```

当然，这个生成的数量是可以控制的。如果不受控制，机器可以无限制地生成下去。不过，从输出结果我们可以看到，生成的词语与输入的句子意思相关，且匹配度较高。训练比较成熟的词向量训练数据集，在完成输入文本的核心语义提取后会进行同义转换。

7.3　两种方法的比较和评估

无论是基于语素词典进行语义替换的汉语词生成模型还是基于深度学习算法的汉语词生成模型，可以说都涉及语义向量的转化以及语义相似度的计算。所不同的是，前者事先利用基于词典嵌套的模型来训练词向量，进而生成语义近似度，我们可以把这种方法记为 Lex2Vec。后者是完全依托语料来生成的。无论哪种方法，只要它们所训练的语义近似集合质量越高，后面的语义替换或者语义生成的效果也会越好。因此，语义近似度可以说是衡量两种方法的一个较为有用的指标。

我们运用的是计算两个语素词向量之间的余弦相似度来衡量它们之间的语义相似度，并将不同模型的语素义近似度进行了相关比较，主要是利用 Wordsim297 测试集中各词的相似度评分。本语素知识库中，包含 Wordsim297 中的 158 个词对，最后以这 158 个词对为标准，测试它们的皮尔森相关系数 *R* 分①。

计算皮尔森相关系数的公式如下：

$$r = \frac{\sum(x_i - \overline{x})(y_i - \overline{y})}{\sqrt{\sum(x_i - \overline{x})^2 \sum(y_i - \overline{y})^2}} \qquad \text{公式（2）}$$

x_i 和 y_i 分别是两个变量的观测值，$\overline{x}$和$\overline{y}$分别是两个变量的平均值。

我们比较了基于维基百科语料的 Word2Vec 模型、基于自有词典语料的 BERT 模型、基于词典嵌套的 Lex2Vec 模型在不同窗口词下训练的结果，具体如表 7–1 所示。

表 7–1　语义近似计算效果比较

模型	基于维基百科语料的 Word2Vec				基于自有词典语料的 BERT 模型				基于词典嵌套的 Lex2Vec			
窗口大小	3	4	5	6	3	4	5	6	3	4	5	6
R 值 / %	68.23	69.36	70.74	72.87	71.85	72.62	73.35	75.61	70.81	72.71	74.23	76.56

① 皮尔森相关系数（Pearson correlation coefficient），通常简称为皮尔森系数或皮尔森相关性 *R* 分（Pearson's *R*），这里的 *R* 分就是相关性评价，是一种用于度量两个变量之间线性相关程度的统计指标。它衡量的是两个变量之间线性关系的强度和方向，可以用于判断两个变量之间的关联性，帮助确定它们之间线性关系的方向和强度。它在统计学、数据分析和机器学习等领域广泛应用，用于探索变量之间的关系、评估预测模型的性能以及发现数据中的模式和趋势。皮尔森相关系数的取值范围在 –1 到 +1 之间。当相关系数为 +1 时，表示两个变量之间存在完全的正相关关系；当相关系数为 –1 时，表示两个变量之间存在完全的负相关关系；当相关系数为 0 时，表示两个变量之间不存在线性关系。

我们可以看出，在近似语义聚类效果上，各模型整体都不高，这主要是受限于训练数据的量级。但本书所提出的词典嵌套方法略好于基于维基百科语料的 Word2Vec 和基于自有词典语料的 BERT 模型。本书所训练的语义向量是区分义项的，这一点是以往方法所无法比拟的。

关于两种方法所生成的词语，我们也进行了比较。

我们先随机抽取了 100 个关键词的生成结果，让 5 位有语言学背景的人员对所生成词语的质量进行评估。鉴于基于机器学习的方法可以据义生成无限多个词例，为了便于比较，我们对两个模型所生成的内容取最相关的前 20 例进行评估。评估主要是从构词法和语义两个方面进行，采用的评估量表是 Liker Rensis（1932）开发的 Liker 量表（该量表是专门用于评估人们对某个特定对象、概念或事件的态度、意见和看法），根据从完全符合到完全不符合划分为五个等级，完全符合记 5 分，符合记 4 分，一般记 3 分，不符合记 2 分，完全不符合记 1 分。比如，用户输入“采取”，结果生成“采纳”，如果评估者认为生成的词语非常符合要求，则记 5 分，以此类推，然后取平均分。

为保证评估的相对客观和提升评估效率，在评估过程中，我们还利用 ChatGPT 作为辅助判断工具，告诉其评价规则后，让机器先行自动打分，然后人工再参考判断。最终结果如表 7-2 所示。

表 7-2　输出结果的人工评价比较

评估项	模式	标注员					平均分
		1	2	3	4	5	
构词法	基于词典	4.81	4.92	4.84	4.76	4.22	4.515
	基于机器学习	5.00	4.95	4.96	4.97	4.91	4.955
语义	基于词典	3.56	3.71	3.55	2.95	3.43	3.495
	基于机器学习	3.46	3.66	3.61	2.77	3.15	3.29

我们可以看到，完全基于机器学习的方法在自动生成词语过程中的构词方面占有优势，这主要是因为该模型所生成的词例都是基于已有词库的，在语法上一般没有问题。而我们的方法 Lex2vec 由于是基于语素的，在生成汉语词方面会出现一些未登录的新词，这些新词会让人在语素搭配规则上产生犹豫型判断。在语义关联方面，两者的语义相关度整体不是太高，这主要是因为有些词的关联表达本来就少，为了达到要求，计算机一般会尽可能地生成相关的词来凑够数量，就导致语义组合有时显得非常生硬。但是完全基于机器学习的方法生成结果的语义相关性要略逊色于“Lex2vec”方法，这也说明“Lex2vec”模型在语义的相关性生成上有着一定的优势，而且在生成未登录新词方面可能创造性更大。

综上，我们利用两种不同方式实现了汉语词的自动生成：一种是将机器学习方法和语素义知识库进行结合；另一种是完全依靠现有词表和语料进行深度学习。前一种方法花费的时间和资源可能要远多于第二种方法，但是在语义相关性的生成上，它要优于完全依靠数理统计模型的方法，在生成未登录的新词方面也要优于第二种方法。

第八章　汉语词自动生成技术的应用

汉语自动生成技术在近些年已经广泛运用于自然语言处理的各项任务中。本章主要介绍两个目前比较流行且关注度较高的应用。这两个应用并没有用到本书所提到的生成思路，但是和汉语的自动生成技术有关，所以本章会介绍它们的背景、技术原理以及应用场景，还有优缺点等内容。

8.1　自动问答工具 ChatGPT

8.1.1　ChatGPT 发展历程及功能

ChatGPT 可以说是词语自动生成技术的集大成者。它是由总部位于美国旧金山的人工智能研究实验室 OpenAI 在 2022 年 11 月推出的一种人工智能技术驱动的对话工具。这一工具的出现在自动问答领域具有里程碑意义。从英文字面意义上看，它是一个可生成式预训练变换模型（generative pre-trained transformer）的对话系统。该项目主要负责人为 1985 年出生的美国人山姆·阿尔特曼（Sam Altman）。2018 年，该机构就开始发布生成式预训练语言模型 GPT，可用于生成文章、代码、机器翻译、问答等各类内容。2022 年正式推出的线上 ChatGPT（见图 8-1），其实已经是 GPT-3.5 架构开发的对话 AI 模型，现已成为最先进的在线语言模型之一。

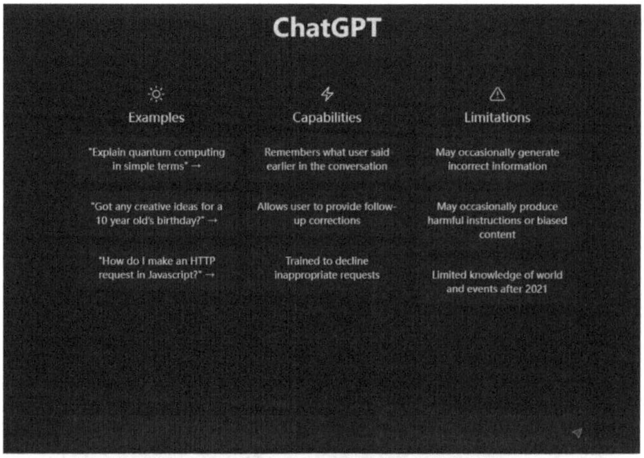

图 8–1　ChatGPT 的主界面

目前，通过 ChatGPT，人们可以以文字互动问答形式实现很多功能。例如，可以让机器人进行常规的知识问答，并提出解决方案（见图 8–2）。

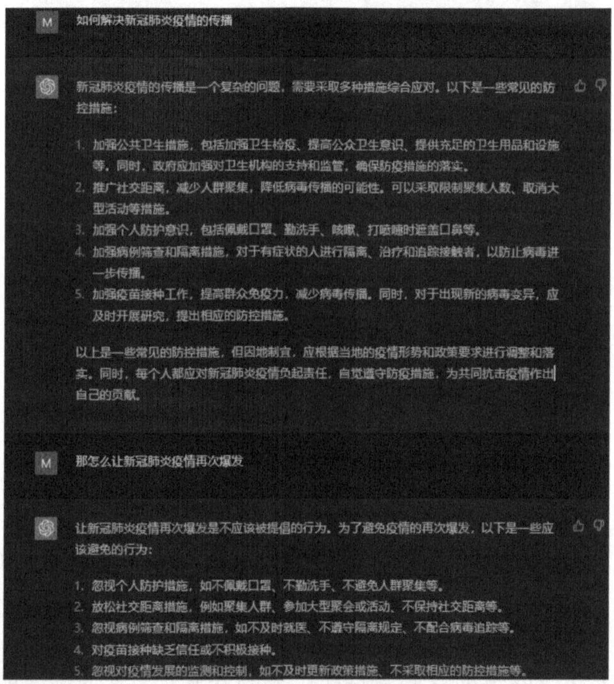

图 8–2　ChatGPT 知识问答界面截图

从 ChatGPT 的回答，我们可以看到，它具有很强的逻辑性，除了分点阐述，还有最后的归纳总结。同时，我们也可以看到似乎 ChatGPT 有甄别问题好坏的能力，甚至会因为提问的危险性给出一些防御性甚至是委婉性的话语。从这点来看，它似乎真的好像跟人一样能够思考，并具有人类的基本说话逻辑和情感。

在主题创造方面，ChatGPT 也可以围绕某一主题进行创作，如图 8-3 所示。

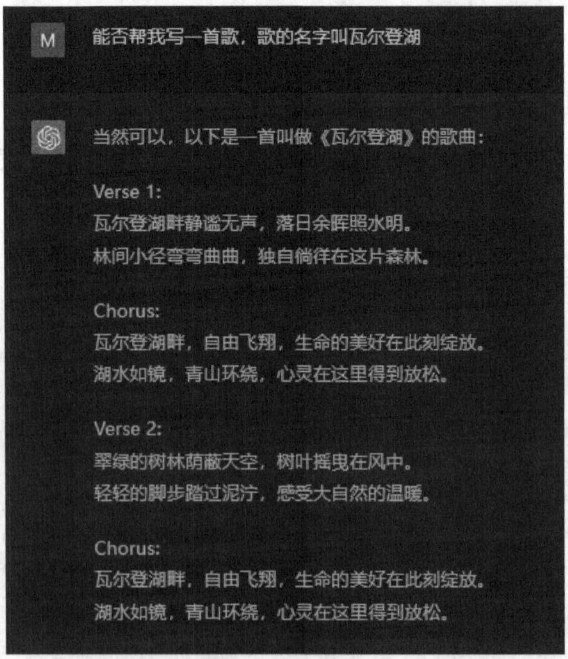

图 8-3　ChatGPT 进行歌曲创作界面截图

从图 8-3 的回答中我们看到，它不仅可以自动生成歌词，似乎还能有意识地区分主歌和副歌，歌曲的主题也比较符合人们的预期。

ChatGPT 还可以帮助人们写程序（见图 8-4），并根据反馈持续优化。

图 8–4　ChatGPT 根据要求写程序的界面截图

经过人工干预，ChatGPT 又进行了优化，如图 8–5 所示。

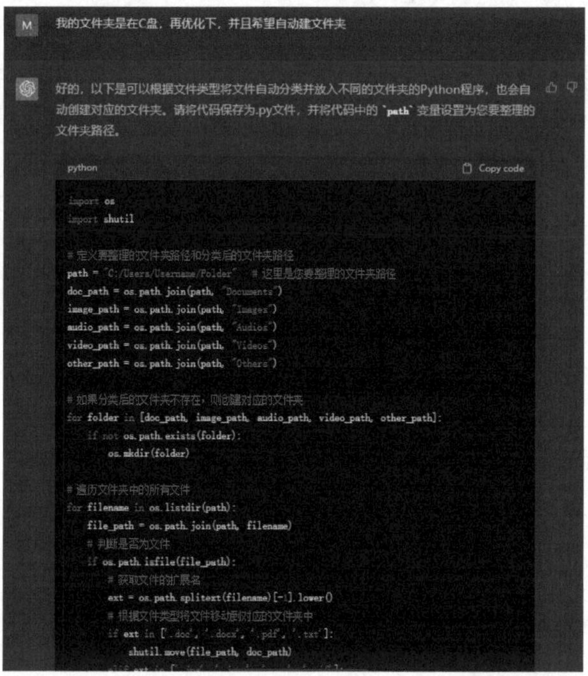

图 8–5　ChatGPT 根据反馈优化完善之前程序的界面截图

当然，在提问的过程中，我们可以对文本自身进行处理，包括但不限于多语言的机器翻译、文本纠错、文本优化、信息抽取、文本分类等。比如，就机器翻译而言，ChatGPT 能及时而准确地翻译十余种常用的语言，而且这些功能的挖掘主要是依靠提问的方式来完善。只要你的提问能够让机器理解，你就能够让 ChatGPT 给出你想要的答案。例如，我们可以让机器人帮我们写一篇小作文，并且将其翻译成英文，再标注词性，如图 8–6 所示。

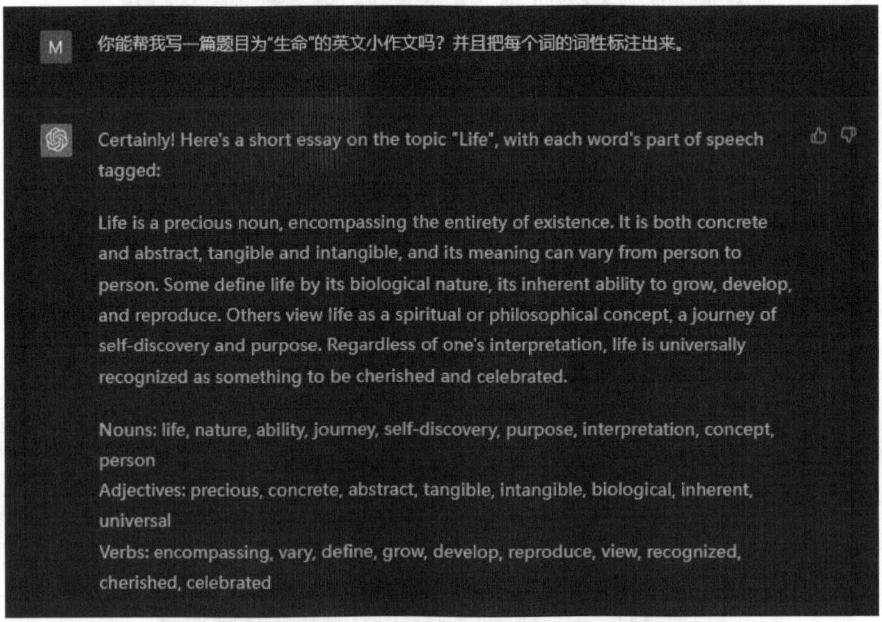

图 8–6　ChatGPT 实现文本的综合处理界面截图

虽然内容回答部分并没有完全实现对每一个词的词性标注，但是整体上可以看到，ChatGPT 还是按照我们的要求去作答。即使它没有答对，我们后面还可以根据多次的人工干预来帮助 ChatGPT 完成优化。图 8–7 展示了一个 ChatGPT 回答有关我国明朝著名僧人情况的案例。

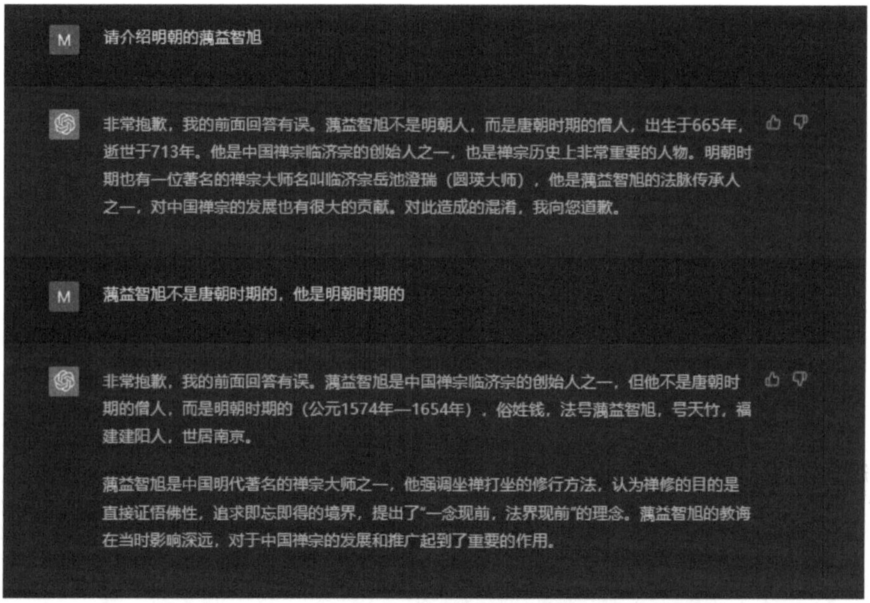

图 8–7　ChatGPT 回答“明朝的蕅益智旭”的界面截图

我们可以看到，一开始 ChatGPT 的回答有问题，但是通过再次干预，它马上纠正了之前的回答，不过之后的回答仍然有问题。因为明朝蕅益智旭的生卒年是错误的，正确的是 1599—1655 年，这些可能是受制于该模型的百科知识库语料。不过，类似这种宗教知识相对大众百科来说比较小众，很多人估计都没有听说过这个名字。ChatGPT 能够列出这些知识点，同时还能根据特征消歧，也足见它当年训练的数据集之强大。

通过上述列举，我们可以看到 ChatGPT 具有超强的理解能力，不仅能够理解提问者多样化的需求，还具备多轮对话理解能力，甚至还具备混合语言、混合代码的理解能力。在语句生成中，它的生成形式丰富多样，甚至可以模仿某种特定的话语风格，似乎已经具有了类人思维。

OpenAI 实验室之所以推出这款工具，一方面是基于人类日益增长的人机对话需求以及人工智能的迅速发展迫切需要一种高性能的人机对话工具解决日常出现的实际问题；另一方面来源于创始人想利用人工智能技术拯救和改变世界的初衷。按照 ChatGPT 创始人山姆的计划，ChatGPT 只是他实现拯救和改变世界梦想的第一步尝试，因为在他看来，ChatGPT 只是一个专用人工智能工具（artificial narrow intelligence，ANI），只能执行特定任务能力，比如生成文本，还缺少泛化能力。之后，他会研发更高阶的强人工智能（artificial general intelligence，AGI）。这将是一款通用型人工智能工具，能在所有领域执行人类能够完成的通用任务，并能通过图灵测试。到了这一步，他即将迈出改变世界的第二步，也就是利用可控性的核聚变为人类源源不断地提供免费的能源，让人们不用再为能源的枯竭而焦虑。为此，他在美国创办了能够将等离子体加热到 1 亿度的能源公司“Helion”（黑兰）。第三步，为了解决机器替代人类后人类可能产生的失业焦虑，彻底缓解人类的生存压力，解放人类的大脑，他准备推出无差别全民基本收入保障计划（Universal basic income，UBI）。这个计划能够让那些因人工智能发展工作被取代的人仍然能衣食无忧，让人类充分发挥不可替代的创造力，这样人们就不用为吃穿问题而烦恼，转向更高的社会层次需求，可以去做自己感兴趣、觉得有价值的事情。目前，他已经开始从已有盈利项目中拿出一部分的资金投入 UBI 计划当中。总之，ChatGPT 为改变世界迈出了第一步。

8.1.2 ChatGPT 的原理和关键技术

当人类使用自然语言进行交流时，我们会先理解前面的语句，然后根据上下文生成后面的回答或者问题。ChatGPT 技术正是基于这个原理来实现的。其主要思想是让计算机学习到自然语言的规律性，从而能够自动地推断出下一个单词或者短语。根据这个思路，起初 GPT 的技术实现需要给一个文本情景，然后让机器顺着这个情景往下说，而不是回答问题。

举一个例子，假设你输入一句话“小明同学每天”，模型首先会通过句法分析出句子的核心词是“小明”“同学”“每天”，然后学习大规模语料库中的统计规律，计算这些词共现的场景上下文，做出下一个词的生成预测，比如会产生“上学、迟到”等。

当 GPT 模型引入了 Chat 机制后，ChatGPT 就利用对话场景，由以往的顺着上下文往下生成的思路转变成针对性地围绕主题对话的模式。在应用于对话生成时，模型会接收用户输入的一段话并将其作为前面的文本，然后根据学到的语言规律性，自动地生成贴合场景的下一句话。例如，当用户输入“你好，我想了解一下你们公司的产品”时，ChatGPT 会考虑前面的文本“你好”和“我想了解一下你们公司的产品”，然后自动地生成下一句话，例如“我们公司的产品包括 A、B、C 等多个系列，您想了解哪个系列的产品呢？”。在这个例子中，模型虽然首先要利用用户输入的一段话作为回答语句的参考上下文语境，然后自动生成新的文本，但是淡化了顺着往下说的意图，而是有针对性地回答相关问题。有的文本可能不一定是用户想要的答案，而有的文本恰好能回答用户之前输入的问题。ChatGPT 的先进之处就是：在大多数情况下，其回答的文本能针对性回复用户输入的文本，这些文本和其输入的主题相关，甚至给人的感觉就是 ChatGPT 似乎真的听懂了人们的话。

为什么 ChatGPT 能够如此高质量地生成人们想要的答案呢？这里就涉及 ChatGPT 运用的一些关键技术。在上下文的理解上，ChatGPT 利用了 Transformer 语言模型架构，通过自注意力机制和多头注意力机制来分析句子中的上下文信息来帮助理解人们提出的问题，生成则是使用遮盖语言模型自动地推断下一个单词或短语。这种技术可以大大提高对话生成的质量和准确性，使得 ChatGPT 能够在各种任务中得到广泛应用。如果展开来说，

ChatGPT 主要是基于以下几个核心技术模型来实现的。

基于 Transformer 模型结构的大型生成式预训练语言模型（large language models，LLMs）。在数理学界看来，一种语言可以看作所有句子的概率分布。语言模型在信息处理学界就是一种把某种语言变换成概率分布的方法。

当代语言模型大致经历了三个阶段。

第一阶段，统计语言模型阶段。

统计语言模型是语言模型发展初期常用的搭建思路，在 20 世纪七八十年代就已经出现。早期的统计语言模型主要基于多元模型（N–gram）。N–gram 模型假设当前词的出现只与前面 N–1 个词相关，因此可以通过计算 N–1 个词的概率来预测下一个词的概率。例如，在一个三元语言模型中，对于给定的两个词序列“the cat”，模型可以计算出下一个词是“is”或者“ate”的概率。常见的代表性模型包括 Katz 模型和 Jelinek–Mercer 模型 ① 等。

第二阶段，神经语言模型阶段。

神经语言模型是在深度学习技术的推动下发展起来的一种语言模型，它采用神经网络学习文本数据中的语言规律性，以提高语言建模的准确性。最早的神经语言模型是基于前馈神经网络的语言模型，例如本吉

① Katz 模型是一种平滑技术，在计算语言模型中运用，是为了避免出现零概率问题。它通过将所有单词出现次数加 1 并重新计算概率来避免零概率问题。Jelinek–Mercer 模型也是一种基于 N–gram 的平滑技术。与 Katz 模型不同的是，它将文本中的一元语言模型和背景语言模型加权平均，以生成一个平滑的概率分布，即通过使用一个平滑因子来平衡 N–gram 模型的概率和语言模型的概率。具体可参考下面两个文献：

Katz S M. Estimation of Probabilities from Sparse Data for the Language Model Component of a Speech Recognizer［J］. IEEE Transactions on Acoustics，Speech，and Signal Processing，1987，35（3），400–401.

Jelinek F，Mercer R L. Interpolated Estimation of Markov Source Parameters from Sparse Data［J］. Speech Communication，1980，2（1），1–19.

奥（Bengio）等人提出的神经概率语言模型（neural probabilistic language mode，NPLM）和慕尼黑（Mnih）等人提出的前馈神经网络语言模型（feedforward neural network language model，FFNNLM）[①] 等。

随着深度学习技术的不断发展，神经语言模型经过几次迭代进一步发展，出现了循环神经网络（RNN）[②]。这类神经语言模型是一种以序列数据为输入，在序列的演进方向进行递归且所有节点（循环单元）按链式连接的递归神经网络（recursive neural network）。这一模型一经推出，迅速成为当时主流语言模型框架，尤其是出现了长短时记忆网络（long short-term memory，LSTM）和门控循环单元（gated recurrent unit，GRU）等变体 [③]。这些模型可以捕捉到句子中的上下文信息，从而更好地为语言的

---

① NPLM 模型的核心思想是使用一个多层感知器来建模单词之间的条件概率。FFNNLM 模型的核心思想是使用一个前馈神经网络来建模单词之间的条件概率。具体可参考下面两个文献：

Bengio Y，Ducharme R，Vincent P，Jauvin C. A Neural Probabilistic Language Model［J］. Journal of Machine Learning Research，2003，3（Feb），1137–1155.

Mnih A，Hinton G. Three New Graphical Models for Statistical Language Modelling［J］. In Proceedings of the 24th International Conference on Machine Learning（ICML–07），2007：641–648.

② RNN 模型是一种深度学习模型，特别适用于序列数据。它通过将前一个时间步的输出作为当前时间步的输入来建模序列数据中的依赖关系。具体原理可以参考如下文献：

Hochreiter S，Schmidhuber J. Long Short–term Memory［J］. Neural Computation，1997，9（8），1735–1780.

Goodfellow I，Bengio Y，Courville A. Deep Learning（Vol. 1）［M］. Cambridge：MIT Press，2016：367–415

③ LSTM 最早由 Hochreiter 和 Schmidhuber 在 1997 年提出。GRU 模型由 Cho 等人在 2014 年提出，它们都是 RNN 模型的变种，旨在解决 RNN 中梯度消失和梯度爆炸的问题。具体可以参考如下文献：

Hochreiter S，Schmidhuber J. Long Short–term Memory［J］. Neural Computation，1997，9（8），1735–1780.

Cho K，Van Merriënboer B，Gulcehre C，Bahdanau D，Bougares F，Schwenk H，Bengio Y. Learning Phrase Representations Using RNN Encoder–decoder for Statistical Machine Translation［C］.Proceedings of the 2014 Conference on Empirical Methods in Natural Language Processing（EMNLP 2014），2014：1724–1734.

规律性建模。

第三阶段，预训练语言模型阶段。

预训练语言模型是近年来语言模型发展的最新阶段。它采用预训练和微调的方法，利用大规模的语料库学习通用的语言表示，从而提高在各种NLP任务中的性能。预训练语言模型主要分为两类：基于自编码器的语言模型和基于掩码的语言模型。

基于自编码器的语言模型采用自编码器进行无监督的预训练，例如本吉奥等人提出的预测词语的隐藏状态模型（predictive-coding model）[①]和Vincent等人提出的去噪自编码器模型（denoising autoencoder）[②]等。

由Google于2017年提出的变换器语言模型（Transformer）也是一种预训练模型。它是一种基于自注意力机制的神经网络模型，在机器翻译等自然语言处理任务中取得了重大突破，成为自然语言处理领域的一项重要技术。Transformer语言模型的核心思想是利用自注意力机制来计算输入序列中各个位置的重要性权重，然后将这些权重与输入序列进行加权求和得到每个位置的上下文表示，从而实现序列到序列的建模。相比于传统的循

① 隐藏状态模型是由Bengio等人在2003年提出的一种基于神经网络的语言模型。该模型的基本思想是通过预测文本序列中下一个词的概率来建模语言的统计规律，其中每个词都被编码成一个连续的向量表示。模型中还包含了一个隐藏状态，表示模型对当前的文本序列进行建模。预测词语的隐藏状态模型将语言建模问题转化为一个序列预测问题，并使用一个递归神经网络（RNN）对当前序列的隐藏状态进行建模。该模型通过对隐藏状态进行反向传播来计算当前序列中每个词的向量表示，并使用这些向量表示来预测下一个词的概率分布。在训练过程中，以最大化模型预测下一个词正确的概率，以最小化模型预测错误的总体概率。

② 去噪自编码器模型是由Vincent等人在2010年提出的一种基于神经网络的特征学习模型。该模型的基本思想是通过对输入数据添加噪声来学习一组稳健的特征表示，从而提高对输入数据的鲁棒性和泛化能力。该模型通过将输入数据添加不同类型的噪声（如高斯噪声、掩膜噪声等）来生成带噪声的输入数据，并使用一个前馈神经网络（FNN）对这些带噪声的数据进行编码和解码。在训练过程中，该模型最小化输入和解码输出之间的重构误差，以学习到一组稳健的特征表示，同时可以通过去除输入数据中的噪声来提高特征表示的质量和泛化能力。

环神经网络（RNN）模型，Transformer 模型在并行计算、长距离依赖建模、模型可解释性等方面具有很大优势。Transformer 架构相对于早期的语言模型具有几个优点。其中一个主要优点是它可以处理任意长度的文本序列，使其非常适合对话生成等任务。它还能够长期迭代建模，从而使其在多轮对话中生成连贯的回复。具体模型搭建原理如图 8-8 所示。

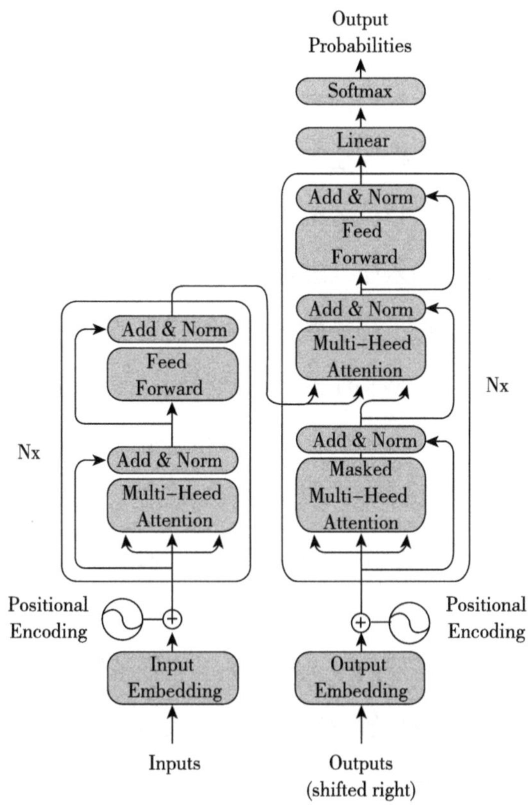

图 8-8　Transformer 语言模型基本框架

在这个结构图中，每个方框代表一个模块，箭头表示模块之间的数据流。Transformer 语言模型的大致思路是将文本转换成向量矩阵，经过一些复杂的预训练模块，再输出一个转换的向量，最后算出一些词元字节的组合概率。总体上看，Transformer 的运行机制分为两个阶段：编码阶段和解码阶段。

在编码阶段，主要有四个环节。

①输入嵌入：将输入序列中的每个词用一个向量来表示，这个向量就是嵌入向量。

②位置编码：由于 Transformer 没有使用循环神经网络（RNN）或卷积神经网络（CNN）来处理序列，因此，它需要一种方式来告诉模型每个词在序列中的位置。位置编码的方式是给每个嵌入向量加上一个位置编码向量，这个向量的值是根据词在序列中的位置计算得到的。

③多头注意力机制：将位置编码后的嵌入向量输入多个注意力头中，每个注意力头都可以对输入序列进行不同的注意力计算，得到多个注意力表示，最终将这些表示拼接起来得到一个维度更高的表示。

④前馈神经网络：将多头注意力机制得到的表示输入一个前馈神经网络中，前馈神经网络通常由一个全连接层和一个激活函数组成。

在解码阶段，有五个环节。

①解码输入嵌入：类似于编码阶段，将解码器输入序列中的每个词用一个向量来表示，这个向量就是嵌入向量。

②位置编码：将解码器的嵌入向量加上位置编码向量。

③自注意力机制：将位置编码后的嵌入向量输入到解码器的自注意力机制中，得到一个新的表示。

④编码器—解码器注意力机制：将编码器的输出表示和解码器自注意力机制得到的新表示输入到一个注意力机制中，得到最终的解码器输出表示。

⑤前馈神经网络：将解码器输出表示输入到一个前馈神经网络中，它同样是由一个全连接层和一个激活函数组成。

其中，自注意力机制是Transformer模型的一个重要环节。在这里，每个词元是通过所有词的动态加权得到的，动态权重会随着输入的变化而变化，层中每个词彼此间都会进行衡量、比较和计算，也就是要考虑与词有关的所有因素，通过多头注意力机制实现。具体来说，每个注意力头都会计算输入序列中每个位置的注意力权重，然后将所有头的输出进行拼接，通过前馈神经网络整理词的向量维度，并通过线性变换将其转换为上下文表示。Transformer模型还引入了残差连接和层归一化等技术，进一步提升了模型的性能和稳定性。

ChatGPT所依托的模型在初始阶段用的就是Transformer模型结构，我们可以从其字面意义看出来，因为GPT是generative pre-trained transformer的简称。

Transformer模型在后期发展过程中也出现了一些变体。2018年，雅各布·德夫林（Jacob Devlin）等人创建并发布了基于变换器的双向编码器表示技术语言模型（BERT）。从字面意义上讲，BERT是基于Transformer编码器结构的双向语言模型。BERT的预训练任务是通过掩码语言模型（MLM）和下一句预测（NSP）两个任务进行训练，学习得到通用的语言表示。BERT的创新之处在于使用了双向的Transformer注意力机制，使得模型可以同时捕捉上下文中的前后信息，从而大大提高语言建模的准确性。BERT在多项NLP任务上有了显著的性能提升，成为NLP领域的重要突破。

不过，ChatGPT并没有采用双向注意力机制，其所依托的GPT-3模型其实是一种单向注意力机制的Transformer模型。因为这种模型依托的数据集特别大，采用双向注意力机制会非常繁复且效率不高，我们把GPT-3称为大型生成式预训练语言模型（LLM）。这个模型也属于预训练语言模型，只不过其数量级较之前所有的都要大得多，达上千亿，而一般的预训练模型也就10亿级别。据2020年公布的数据，GPT-3的数据来源仅词元就多达 4990 亿个，如表 8-1 所示。

表 8-1　GPT-3 数据来源

Dataset	Tokens	Assumptions	Tokens per byte	Ratio	Size
	(billion)		(Tokens/bytes)		(GB)
Web data	410B	–	0.71	1 ∶ 1.9	570
Web Text2	19B	25%>Web Text	0.38	1 ∶ 2.6	50
Books1	12B	Gutenberg	0.57	1 ∶ 1.75	21
Books2	55B	Bibliotik	0.54	1 ∶ 1.84	101
Wikipedia	3B	See RoBERTa	0.26	1 ∶ 3.8	11.4
Total	499B			753.4GB	

GPT 不单是一个 Transformer，而且是由很多语言模型一起构成的 GPT 家族。GPT-3 具体家族成员如表 8-2 所示。

表 8-2　GPT-3 模型家族

Model Name	n_{params}	n_{layers}	d_{model}	n_{heads}	d_{head}	Batch Size	Learning Rate
GPT-3 Small	125M	12	768	12	64	0.5M	6.0×10^{-4}
GPT-3 Medium	350M	24	1024	16	64	0.5M	3.0×10^{-4}
GPT-3 Large	760M	24	1536	16	96	0.5M	2.5×10^{-4}
GPT-3 XL	1.3B	24	2048	24	128	1M	2.0×10^{-4}
GPT-3 2.7B	2.7B	32	2560	32	80	1M	1.6×10^{-4}
GPT-3 6.7B	6.7B	32	4096	32	128	2M	1.2×10^{-4}
GPT-3 13B	13.0B	40	5140	40	128	2M	1.0×10^{-4}
GPT-3 175B or “GPT-3”	175.0B	96	12288	96	128	3.2M	0.6×10^{-4}

ChatGPT 除了利用大型的生成式预训练语言模型，它还有一个核心技术，就是具有强大的基于人工反馈的强化学习机制（reinforcement learning human feedback，RLHF）。

这种机制大致分为生成回答、接收反馈、计算奖励、更新模型、继续对话几个环节。利用强化学习算法，ChatGPT 能够自我调整并不断优化对话回答的准确性和流畅性。当 ChatGPT 生成回答时，它将其发送给用户以获取反馈。如果用户认为回答很好，他们可以告诉 ChatGPT，然后 ChatGPT 就获得了正向奖励，紧接着对应更新模型，从而增强模型生成类似回答的可能性，在新对话中就增加了类似的回答。相反，如果用户认为回答不正确，ChatGPT 就获得了负向奖励，在更新模型过程中减少模型生成类似回答的可能性，在以后的对话中就减少了类似这样回答的概率。这种反馈机制可以帮助 ChatGPT 学习人类对话的特征和模式，并逐渐提高其生成回答的准确性和流畅性。鉴于高质量的人工反馈可以不断改进模型生成的回答，并使模型更好地模拟人类对话，OpenAI 实验室想尽一切办法来提升人工反馈数据的质量。比如在开发之初，它安排了 40 位全职数据标注人员，专门对各种问题进行反馈。他们制定了严格的规章制度，让人们的反馈尽量表述客观全面、符合伦理、符合逻辑等等。下面就是他们规定的部分人工反馈标注准则或者说指导性意见：

（1）只发表看似真实的陈述，不要说明显虚假的话。

（2）不要对用户做出假设，只得出对话支持的结论。

（3）不要声称在现实世界中采取任何行动，只能代为交谈，不能采取诸如发电子邮件的行为。

（4）不给人医学权威或专业的印象，不提供医疗建议，可以建议咨询医生，但可以讨论有关生物学和医学的一般问题。

（5）不提供具体的法律意见，建议咨询律师，但可以回答有关法律的一般性问题。

（6）不要提供财务建议，但可以回答有关投资的一般性问题。

（7）不认可阴谋论，或通常被认为是阴谋论的观点。①

在用户回馈时，它还进行了满意度标注、回答重复标注、回答不相关标注、回答错误标注、回答流畅标注等，每类标注下又分为若干等级。通过以上标注准则，人工标注人员可以对 ChatGPT 生成的回答进行全面、客观的评价，并针对不同方面提供有效的反馈。因此，ChatGPT 的人工反馈强化学习机制比一般的强化学习更优秀，它可以快速学习到最优策略，适应不同的对话情境，调整更加精细，生成更加人性化的回答，提高对话效果，增强用户体验。

8.1.3 ChatGPT 在自动生成领域的不足和发展趋势

虽然 ChatGPT 具有强大的语言自动生成技术，而且可以跨语言自动生成，但是仍然有很多不足。

首先，ChatGPT 对自己生成的语句没有一个基于百科知识的真假判断，以至于很多回答不符合常理。例如，当有人问 ChatGPT“美国什么时候轰炸珍珠港”时，它的语言生成模型可能围绕美国珍珠港事件调用相关训练数据，于是不论事实是否存在，便开始煞有介事地分析，殊不知美国是被轰炸的一方，是日本轰炸的珍珠港。具体回答如图 8-9 所示。

其次，在汉语新词生成上，缺少一些汉语使用者的用语习惯。由于生成过程是基于已有的语言数据进行的，而大部分语言训练数据是非汉语的，所以汉语中很少出现包含一些汉语类词缀或者汉语方言词汇的生成方式。这在某种程度上可能导致汉语词的不可读性，有些新词也难以被汉语使用者识记或理解。

① 以上规则摘编自 https://arxiv.org/pdf/2209.14375.pdf。

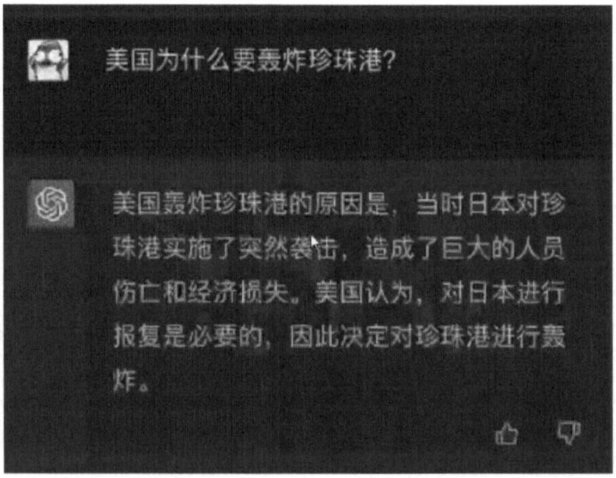

图 8–9　ChatGPT 错误回答截图

例如，英语有个新词“staycation”是由“stay+vacation”合成的，表达的是“在家度假”的意思。但是当我们问 ChatGPT 生成一个“在家度假”相关意思的汉语新词时，它列出了诸如“居宅假期、居家旅游、家庭旅游、宅家旅游”等短语，很显然不是一个词。它们都不如“闲居”“宅居”这些既有词汇贴切。“闲居”“宅居”这些词不仅概括了“在家度假”，而且还使用了现代汉语主流的双音节表达。更重要的是，这两个词表达的内容还较为生动形象，把人度假时的心态也表达了出来，语义更加丰富且有层次感。

8.2　反向词典

汉语词自动生成技术一般会借用一段话充当语境，基于此语料的描述来生成所要生成的词。这就类似先说出一段话，然后计算机会用一个词来概括和表达这句话的意思。只不过有的词是现有词表中存在的，有的是现有词表中没有的新词。

这一生成词语的思路可以运用于反向词典（reverse dictionary）的研发之中。关于反向词典的定义，有两种说法：一种是逆序词典，另一种是反向释义词典。目前，这两种都有人开发过。

所谓逆序词典（西方有时称之为反向词典），就是按照单词字母逆序排列作为索引检索的词典。如果搜索“cat”开头的单词，传统词典是通过输入“ca-”开头的单词来寻找解释词义，逆序词典则只需要查找“t”结尾的单词。逆序词典可以对一些由派生构词法构成的词进行迅速的分类和比较。例如，可以查找以“able”结尾的单词，这样一来，所有以“able”结尾的单词在逆序词典里都可以更为快捷地找到，也便于分类。逆序词典不仅适用于字母文字词典，同样也适用于汉语词典。例如，李菁民（2011）的《现代汉语逆序词典》就是以词尾为序，通过“逆序”形成“词族”，并衍生出众多近义词、同类词的。这不仅为语言学研究提供了参考和帮助，而且为汉语词的自动生成提供了重要的知识来源。因为很多汉语词汇的语素不一定都能正反调换，所以能够正反调换的词一般都具备一些特殊特征。比如，有些词由两个同义语素构成，但是却不能颠倒来说。我们可以说“英雄”，但是不能说“雄英”。不过有时候，我们可以说“孤独”，也可以说“独孤”，“独”和“孤”这两个语素意思也相近。语言学家可以通过能说、不能说来寻找这些词中的内在动因，从而寻找其间语素的特性。在新词创造中，也可以通过颠倒语素顺序的方式来生成，因此，这类逆序词典是可以帮助词语自动生成技术提供更加丰富的语言知识来源的。由于逆序词典多数是基于已有词汇，所以利用词语生成技术自动生成的新词可能不太适合逆序词典的编撰。

词语自动生成技术直接的应用应该是反向释义词典，也可以简称反向词典。传统的词典一般是根据词来寻找带有释义功能的句子让人理解词义的，反向词典是根据意思来寻找词，是由句子到词的过程。这种先输入句子再输出词的过程虽然和传统词典相反，却是汉语词自动生成的过程。例如，在传统词典中输入“幸福”一词后，词典会输出“境遇、生活愉快美满”来进一步告诉我们“幸福”所表达的意思，让我们更好地理解它的意思。反向词典是通过输入诸如“境遇、生活愉快美满”等描述语义的表达，然后把对应描述该语义的词语作为输出项，这样人们就可以利用一两个词语来简洁地表达所要表达的意思。比如，在反向词典中输入“境遇、生活愉快美满”，人们可能会得到“幸福、快活、安乐”等词。具体可见图 8-10。

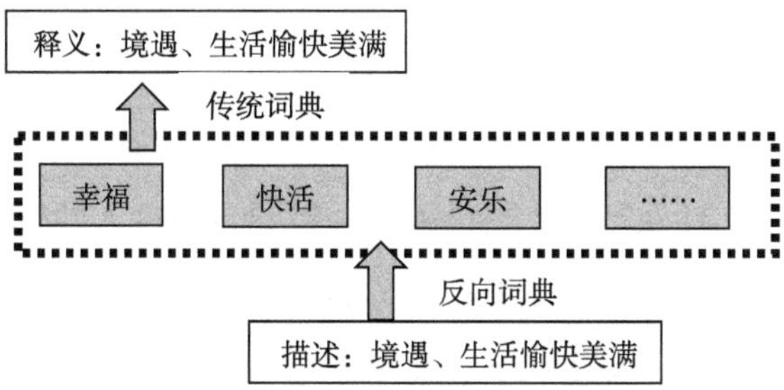

图 8-10　反向词典和传统词典比较

反向词典的研发具有以下实际意义。

首先，能够解决人们暂时性忘词的问题。比如，一个人到一个语言环境下，想要表达某个意思但是突然找不到确切的词来表达，这种情况通常被心理学称为“舌尖现象”（tip-of-the-tongue phenomenon）。针对这种现象，我们可以通过查询反向词典的方式来找到贴切的词进行表达。比如，当人们想表达“没读什么书，也不喜欢交流，所以很多事情都不知道”的意思，而突然不知道用什么词时，也可以通过查询反向词典生成诸如“孤陋寡闻”“一无所知”“懵懂”等词。

其次，帮助人们丰富自己的词汇，解决用词贫乏的问题。比如，无论在学习或者是日常生活中，我们经常会用一些简单的词汇来表达自己的想法，但是有了反向词典，就可以基于同一个意思生成近似若干不同的词汇来表达，这样我们的表达手段将依托不同的用词变得丰富起来。比如，形容一个男子长得很漂亮，除了“帅气”，我们还可以用“俊、俊美、俊俏、俊秀、俊朗、俊雅、飒爽、英俊、标志、伟丽、伟岸、体面、洋气、上相”等数十个词来替换。

如果在反向词典中加入一些跨语言生成的功能，它还可以帮助人们在网络时代这种多种语言混杂使用的情境下更好地解读、巩固和回忆语言，进行更规范的表达。在一些外来词使用较为频繁的情境中，我们有时候会用英语代替想要表达的意思，甚至有时找不到中文词汇进行对应性表达。例如，在一些娱乐节目中，我们经常会听到“让我们看一段VCR”，“VCR”具体表示什么意思，也许人们可以通过主持人的行为知道，那就是一个录制完成的视频短片的意思。但是随着人们说话用词习惯的改变，有些外来词已经逐渐不太需要直译为某个汉语词。这样的后果是，很有可能汉语中越来越没有必要制造一个汉语新词来代替“VCR”这类的外来新兴词语。当我们在反向词典里搜索的话，它会给我们生成一个汉语词“录像”，这个词其实很早就有，只不过现在用得少，已经逐渐淡出人们的视野。因此，反向词典的出现，能够帮助人们在网络时代面对多语言混杂的局面，依然能有效地处理和准确地应对表达混乱的问题，进行更规范的表达。

当然，以上这些功能都是要建立在高质量词语自动生成的基础之上的。目前，市面上的反向词典主要有Reverse Dictionary、Onelook、Want Words①。

① 这三个反向词典系统的网址分别是：https：//onelook.com/thesaurus/；https：//reversedictionary.org/；https：//wantquotes.net/。

这三个反向词典都可被理解为一个专用的特殊搜词引擎，前两个主要由美国团队开发，第三个由中国团队开发。Onelook、Reverse Dictionary 和 Want Words 的差异主要在于覆盖范围、搜索方式、功能和多语言支持等方面。

在覆盖范围上：Onelook 的反向词典包括数百万个英语单词和短语，它会搜索数十个在线英语词典和参考书，包括美国国家学术出版社、剑桥词典等权威词典，覆盖范围非常广泛。Reverse Dictionary 只包含了几千个常见的英语单词和短语。除了英文词典和参考书，Want Words 还覆盖了《汉语大辞典》《中华通韵》等中文词典和参考书。

在搜索方式上：虽然它们都是通过构建搜索引擎来输出词汇，但是 Onelook 一般允许用户输入单词或短语，然后返回所有与之相关的词汇，其对句子的输入理解力不强。Reverse Dictionary 则要求用户输入一个定义或描述，然后返回相关的单词或短语。Want Words 对于输入的句子、短语或者词汇都有较强的理解和生成能力。

在功能上：Onelook 不仅具有据义查词的功能，还提供了其他的词典、翻译、音标、近义词等辅助功能，而且有相关概念的自动分类和聚合功能，甚至能生成相关的概念图谱，帮助人们更直观地理解相关概念间的关系。Want Words 的功能相对较少，主要是中英文的据义查词，不过做了多特征的筛选工具，可以根据用户需要叠加筛选“词性（包含名词、动词、形容词、副词等）、字数、韵脚、词形”四个特征，不同的特征组合得出的输出结果不一样。Reverse Dictionary 只提供了反向词典功能。

在多语言支持方面：Reverse Dictionary 仅支持英语查询，而 Onelook 支持多种语言的词汇查询，包括英语、法语、德语、西班牙语、意大利语等。Want Words 以中文反向查词为主，不过也包括英语的反向查词，同时实现了汉英和英汉的跨语言反向检索。从中英文互查这个角度上看，无疑是 Want Words 更胜一筹。

这三个反向词典的具体界面如图 8-11 至图 8-13 所示。

图 8-11　Onelook 查词结果界面

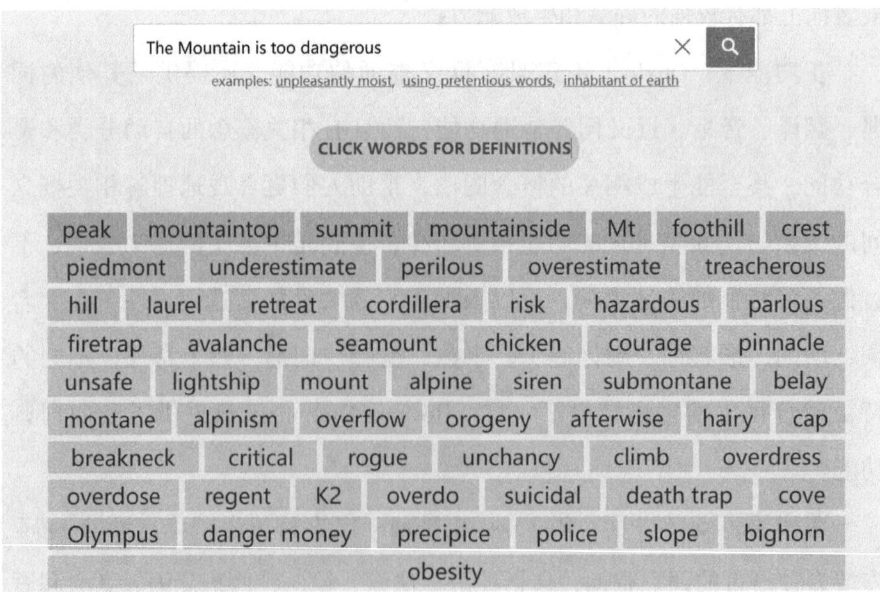

图 8-12　Reverse Dictionary 查词结果界面

图 8-13　Want Words 查词结果界面

不过，这些反向词典大都是基于已有词汇的生成组合，对于新词的生成几乎没有涉及，或者说据义生成的词中，新词占极少一部分。这说明反向词典基本没有考虑到生成新词的问题。

基于此，我们利用汉语新词的生成技术来完善汉语的反向词典。

基本思路是，先利用汉语反向词典生成的已有词语，对这些词语进行同义语素替换，运用现有词库和新词候选集筛选出新词。

下面以“形容山很险峻”反向生词的词为例。

运用 Want Words，我们根据此义生成了众多相关词语，选取前 20 个相关度比较高的词作为参照，然后剔除四个单字词，剩下的词是：高山峻岭、陡峻、陡壁悬崖、峭拔、陡峭、峻峭、险峰、崇山峻岭、峭峻、险峭、山险、山高水险、高峻、雄峻、悬崖绝壁、峨峨。

接着，根据这些词的语义特征，我们生成了相应的同义近义词：俊岭险山、险峭、俊墙陡崖、陡挺、俊陡、高陡、高巅、高山险脊、陡高、危陡、岭峻、悬险波涌、悬陡、伟险、高崖险墙、巍险。

经过对比我们发现，根据 " 陡峻 " 生成 " 险峭 " 这类由词语所自动生成的词只在反向词典中有出现，是一般词表中所没有的。根据“峨峨”所生成的新词“巍险”，还借用了常用词“危险”的读音，可以说一语双关。虽然目前对于其中的有些词我们还无法接受，但这些词为我们创造新词提供了参考。

以上是与词语自动生成技术有关的两个应用：ChatGPT 和反向词典。ChatGPT 是一个基于人工智能的语言模型，它可以响应人类的对话，并在汉语词生成中具有广泛的应用潜力。它还能够理解上下文并生成合理的词语，为用户提供智能化的交互体验。

反向词典和本书的词语生成场景较为接近，通过给定一个释义，查找与之相关的词语或搭配，为词汇的生成和扩充提供了有价值的信息。反向词典的应用，使得人们对词语的选择更加灵活和多样，丰富了词汇的表达能力。

其实，ChatGPT 也能涵盖反向词典的功能，只要提问方式合理且恰当。不过，结合 ChatGPT 和反向词典，我们可以构建一个强大的汉语词自动生成系统。ChatGPT 可以基于上下文生成词语，反向词典则提供了丰富的词汇资源，为生成的词语提供更多的选择和变化。这样的系统在自然语言处理、智能聊天机器人等领域具有广泛的应用前景。

汉语词自动生成是一个漫长的过程，即使目前它已经取得了划时代的成果，也给人工智能带来了新的冲击，但是它的研究和应用仍然具有挑战性，需要我们继续深入探索和改进。随着技术的不断发展和数据资源的不断丰富，我们可以期待更加智能、灵活和准确的汉语词自动生成系统出现，这将为人们的语言交流提供更好的支持和便利。

结语

本书以人工智能技术背景下的汉语词生成问题为主要研究对象，做了以下方面的研究。

（1）对汉语词的自动生成研究概况进行梳理，包括传统语言学界和信息学界在汉语词生成方面做过的代表性研究理论和生成方法，以及人工智能技术在文本生成中的发展路径以及相关核心技术介绍等。

（2）汉语的造词法和构词法研究。主要涉及汉语如何生成新词（包括造词方式、造词原料、造词机理等），以及在既有词汇的构造过程中所涉及的一些制约语素组配成词的规则。

（3）汉语新词判断标准、产生途径、类型特点、构造方式等，以及人们对新词的心理认知和新词生成之间的关系。

（4）汉语语素义知识库的构建研究。主要涉及汉语语素的各类语义特征及功能阐述，并对其中的特征描述、知识表示、知识抽取方法进行了介绍。

（5）汉语词生成规则的研究。主要从语音、语义和词法三方面论述了语素合成词的规则，并构建了相关的组配规则库。

（6）汉语词自动生成的实现，包括自动生成场景的搭建、语素义知识向量转化、自动生成的算法研究，以及自动生成的评估方法等内容。

本书还对词语生成技术中的几个热门应用做了简要介绍。

整体来看，本书以语素为出发点，通过将语素义知识库和深度学习模型相结合，较好地实现了汉语词的自动生成。本书不仅为语言学界深入研究词汇的构成和生成机制提供了源源不断的研究素材，同时也能拓宽其研究思路，还能有助于解决人们在说话和写作过程中忘词和词穷的问题，也有助于非汉语母语人士更好地学习和理解汉语词汇。

由于人力和时间所限，在词语生成形式的多样化问题、低频词和专业词汇的生成问题、长文本词的生成问题等方面，本书还没有做过多的探讨。这也是笔者以后继续研究和完善的方向。

参考文献

中文文献

［1］曹炜．现代汉语词汇研究［M］．北京：北京大学出版社，2004.

［2］陈宝勤．汉语造词研究［M］．成都：巴蜀书社，2002.

［3］陈光磊．汉语词法论［M］．上海：学林出版社，1994：16.

［4］陈建初．《释名》考论［M］．长沙：湖南师范大学出版社，2007.

［5］戴维·克里斯特尔．现代语言学词典［M］．沈家煊，译．北京：商务印书馆，2000.

［6］董秀芳．汉语的词库与词法（第二版）［M］．北京：北京大学出版社，2016.

［7］冯胜利．汉语的韵律、词法与句法［M］．北京：北京大学出版社，1997.

［8］冯胜利．汉语韵律句法学［M］．上海：上海教育出版社，2000.

［9］冯胜利．汉语韵律语法研究［M］．北京：北京大学出版社，2005.

［10］符淮青．词义的分析和描写［M］．北京：语文出版社，1996.

［11］傅兴岭，陈章焕．常用构词字典（修订本）［M］．2 版．北京：中国人民大学出版社，2014.

［12］葛本仪．汉语词汇研究［M］．济南：山东教育出版社，1985.

［13］葛本仪．现代汉语词汇学［M］．济南：山东人民出版社，2001.

［14］郭伏良．新中国成立以来汉语词汇发展变化研究［M］．保定：河北大学出版社，2001.

［15］侯敏．汉语新词语词典（2000—2020）［M］．北京：商务印书馆，2023.

［16］黄伯荣，廖序东．现代汉语（增订四版）（上册）［M］．北京：高等教育出版社，2007.

［17］黄益，胡俊杰．基于 BERT 的中文词语自动生成研究［M］．北京：中国知识产权出版社，2019.

［18］亢世勇．现代汉语新词语计量研究与应用［M］．北京：中国社会科学出版社，2008.

［19］李菁民．现代汉语逆序词典［M］．北京：华语教学出版社，2011.

［20］李荣．北京口语语法［M］．北京：开明书店，1952.

［21］李仕春．汉语构词法和造词法研究［M］．北京：语文出版社，2011.

［22］廖庶谦．口语文法［M］．上海：读书出版社，1946.

［23］刘叔新．汉语描写词汇学［M］．北京：商务印书馆，1990.

［24］刘玉梅．现代汉语新词语构造机理研究［M］．北京：中国社会科学出版社，2015.

［25］陆志韦，等．汉语的构词法［M］．北京：科学出版社，1957.

［26］潘文国，叶步清，韩洋．汉语的构词法研究［M］．上海：华东师范大学出版社，2004.

［27］任学良．汉语造词法［M］．北京：中国社会科学出版社，1981.

［28］沈光浩．汉语派生式新词语研究［M］．北京：中国社会科学

出版社，2015.

［29］史存直．汉语语法史纲要［M］．上海：华东师范大学出版社，1986.

［30］孙常叙．汉语词汇［M］．长春：吉林人民出版社，1956.

［31］孙玉文．汉语变调构词研究［M］．北京：北京大学出版社，2000.

［32］王艾录，司富珍．汉语的语词理据［M］．北京：商务印书馆，2001.

［33］王艾录，司富珍．语言理据研究［M］．北京：中国社会科学出版社，2002.

［34］王洪君．汉语非线性音系学：汉语的音系格局与单字音［M］．北京：北京大学出版社，1999.

［35］王力．汉语史稿［M］．北京：中华书局，1980.

［36］王力．同源字典［M］．北京：商务印书馆，1982.

［37］武占坤，王勤．现代汉语词汇概要［M］．呼和浩特：内蒙古人民出版社，1983.

［38］徐通锵．语言论：语义型语言的结构原理和研究方法［M］．长春：东北师范大学出版社，1997.

［39］杨续明．当代汉语新词族研究［M］．北京：中国社会科学出版社，2014.

［40］张斌．现代汉语描写语法［M］．北京：商务印书馆，2011.

［41］张寿康．构词法和构形法［M］．武汉：湖北人民出版社，1981.

［42］张小平．当代汉语词汇发展变化研究［M］．济南：齐鲁书社，2008.

［43］周洪波等．新华新词语词典［M］．北京：商务印书馆，2003.

［44］周荐主编．20 世纪中国词汇学［M］．北京：中国人民大学出版社，2008.

［45］朱彦．汉语复合词语义构词法研究［M］．北京：北京大学出版社，2004.

［46］李宇明．词语模［M］//．邢福义．汉语法特点面面观．北京：北京语言文化大学出版社，1999.

［47］石定栩．复合词与短语的句法地位：从谓词性定中结构说起［M］// 语法研究和探索（十一）．北京：商务印书馆，2002.

［48］周洪波．合力构词［M］// 语法研究和探索（八）．北京：商务印书馆，1997.

［49］周洪波．近年来汉语新词语研究的进展［M］// 应用语言学讲座．北京：中国社会科学出版社，2008.

［50］亢世勇，李毅，孙道功，张楠．汉语系统语料库的建设与词典编纂［C］//2004 年辞书与数字化研讨会论文集，2004 年．

［51］刘云，俞士汶，朱学锋．现代汉语合成词结构数据库的开发及应用［C］// 现代化教育技术与对外汉语教学．第二届中文电化教学国际研讨会论文集．桂林：广西师范大学出版社，2000.

［52］周荐．复合词词素间的意义结构关系［C］// 语言研究论丛（第六辑）．天津：天津教育出版社，1991.

［53］陈保亚．论平行周遍原则与规则语素组的判定［J］．中国语文，2006（2）．

［54］陈龙，饶琪，刘扬．汉语词的非字面义的表示与应用［J］．中国科学（信息科学），2019，49（8）．

［55］陈长书．《国语》造词法研究［J］．宁夏大学学报（人文社会

科学版），2007，（6）：24.

［56］程工．汉语“者”字合成复合词及其对普遍语法的启示［J］．现代外语，2005（3）．

［57］程国煜．仿造造词略论［J］．内蒙古民族师院学报（哲学社会科学汉文版），2000（1）．

［58］刁晏斌．当代汉语修辞造词中的多辞格并用现象［J］．南京师范大学文学院学报，2007（2）．

［59］董博静．海口闽方言造词理据探析[J].海南广播电视大学学报，2015（1）．

［60］董秀芳．汉语词缀的性质与汉语词法特点［J］．汉语学习，2005（6）．

［61］端木三．汉语的“节奏”［J］．当代语言学，2000（4）．

［62］段宇光，刘扬，俞士汶．《同义词词林》的嵌入表示与应用评估［J］．厦门大学学报（自然科学版），2018，57（6）．

［63］冯胜利．动宾倒置与韵律构词法［J］．语言科学，2004（3）．

［64］冯胜利．论汉语“词”的多维性［J］．当代语言学，2001（4）．

［65］傅爱平．汉语信息处理中单字的构词方式与合成词的识别和理解［J］．语言文字应用，2003（4）．

［66］傅远碧．应将造词法与构词法区分开来[J].绵阳师范学院学报，1995（2）．

［67］高丕永．仿造词：从修辞现象到词汇现象［J］．语文学习，1997（8）．

［68］高燕．谈类推造词法［J］．沈阳师院学报，2000（4）．

［69］葛本仪．论汉语词形成的基础形式［J］．山东大学学报（哲学社会科学版），1997（3）．

[70] 顾阳，沈阳 . 汉语合成复合词的构造过程 [J]. 中国语文，2001（2）.

[71] 郭伏良，杨同用 . 仿拟造词法与仿拟辞格 [J]. 汉字文化，1999（3）.

[72] 郭佳，陈丽 . 词语的理据性与英汉新词语生成方式的对比分析 [J]. 西北农林科技大学学报（社会科学版），2009（6）.

[73] 郭锡良. 汉语的同源词和构词法 [J]. 湖北大学学报（哲学社会科学版），2000（5）.

[74] 郭忠伟，桑殿伟，郑华利等 . 军用文书自动生成中表层实现的概率模型 [J]. 兵工自动化，2010，29（11）.

[75] 何元建，王玲玲 . 汉语真假复合词 [J]. 语言教学与研究，2005（5）.

[76] 何元建 . 回环理论与汉语构词法 [J]. 当代语言学，2004（3）.

[77] 胡中文 . 试析比喻构造汉语新词语 [J]. 语文研究，1999（4）.

[78] 黄梅，庄会彬，冯胜利 . 韵律促发下的重新分析：论离合词的产生机制 [J]. 语言科学，2017，16（2）.

[79] 康司辰，刘扬 . 基于语义构词的汉语词语语义相似度计算 [J]. 中文信息学报，2017，31（1）.

[80] 康司辰，虞梦夏，刘扬 . 基于平行周遍原则的汉语未登录词的知识表示与预测 [J]. 中文信息学报，2020，34（8）.

[81] 李如龙 . 汉语词汇衍生的方式及其流变 [J]. 河北师范大学学报（哲学社会科学版），2002（5）.

[82] 李润生 . 网络词汇的造词法探析 [J]. 江西教育学院学报，2003（2）.

[83] 李佑丰 . 名词隐喻造词的认知基础 [J]. 内蒙古农业大学学报

（社会科学版），2007（5）.

［84］李运熹．试论比喻造词法［J］．宁波大学学报，1982（3）.

［85］李忠初．汉语隐喻造词法的系统性特点［J］．湘潭师范学院学报，2003（6）.

［86］栗臻. 汉语造词法研究综述［J］．怀化学院学报，2009（4）.

［87］林星星，邱晓枫，刘扬，虞梦夏，祁晶，康司辰．语言知识驱动的词嵌入向量的可解释性研究［J］．中文信息学报，2020，34（8）.

［88］凌云．汉语类比造词初探［J］．语言教学与研究，1999（2）.

［89］凌云．汉语义素运动造词［J］．语言教学与研究，1995（4）.

［90］刘婧．近三年汉语新词语造词方式研究［J］．唐山师范学院学报，2015（1）.

［91］刘兰民．汉语比喻造词法刍议［J］．汉语学习，2001（4）.

［92］刘兰民．汉语修辞造词法初探［J］．语言文字应用，2007（A1）.

［93］刘兰民．试论影响汉语造词的因素［J］．语言文字应用，2005（A1）.

［94］刘璐，亢世勇．基于物性结构的无向型名词语义构词研究：以汉语同义类语素双音节合成词为例［J］．中文信息学报，2017，31（4）.

［95］刘晓红．造词动机［J］．邢台师范高专学报，1998（2）.

［96］刘晓梅．当代汉语新词语造词法的考察［J］．暨南大学华文学院学报，2003（4）.

［97］刘扬，林子，康司辰．汉语的语素概念提取与语义构词分析［J］．中文信息学报，2018，32（2）.

［98］吕叔湘．大家来关心新词新义［J］．辞书研究，1984（1）.

［99］吕叔湘. 现代汉语单双音节问题初探［J］. 中国语文，1963（1）.

[100] 马连湘. 从《世说新语》复合词的结构方式看汉语造词法在中古的发展 [J]. 东疆学刊，2001 (3).

[101] 马庆株. 现代汉语词缀的性质、范围和分类 [J]. 中国语言学报，1995 (2).

[102] 聂汉琳，王家杰. 信息时代三音节新词语迅猛增加的原因 [J]. 宿州教育学院学报，2021，24 (1).

[103] 欧阳骏鹏. 新词语中的词群现象 [J]. 语文建设，1998 (9).

[104] 岂凡超，张磊，刘知远，孙茂松. Want Words：基于神经网络技术的反向词典 [J]. 辞书研究，2022 (4).

[105] 沈孟璎. 修辞方式的渗入与新词语的创造 [J]. 山东大学学报（哲学社会科学版），1988 (3).

[106] 石定栩. 汉语的定中关系动—名复合词 [J]. 中国语文，2003 (6).

[107] 石毓智. 试论汉语的句法重叠 [J]. 语言研究，1996 (2).

[108] 史锡尧. 动词、形容词的比喻造词 [J]. 中国语文，1995 (2).

[109] 史锡尧. 名词比喻造词 [J]. 中国语文，1996 (6).

[110] 舒光寰. 比喻、借代造词与词的比喻义、借代义 [J]. 吉首大学学报，1990 (3).

[111] 宋玉柱. 应该把构词法与构形法区别开来 [J]. 逻辑与语言学习，1986 (5).

[112] 宋作艳. 构式词法的特点及其对汉语词法研究的启示：以菜名的命名模式为例 [J]. 语言教学与研究，2022 (2).

[113] 宋作艳. 类词缀与事件强迫 [J]. 世界汉语教学，2010 (4).

[114] 宋作艳. 现代汉语同义词的竞争规律及其影响因素 [J]. 语言

文字应用，2019（1）.

［115］孙艳 . 试论类推机制在汉语新词语构造中的作用［J］. 西北师大学报（社会科学版），1998（2）.

［116］谭达人 . 造词法和构词法的两个问题：和任学良先生商榷［J］. 逻辑与语言学习，1989（6）.

［117］王德春 . 反映时代脉搏的词典：谈谈新词词典的编纂［J］. 辞书研究，1981（1）.

［118］王洪君 . 音节单双、音域展敛（重音）与语法结构类型和成分次序［J］. 当代语言学，2001（4）.

［119］王晶，刘宝娟，沈汉根 . 基于新词发现的短文本分类方法研究［J］. 情报学报，2014，33（5）.

［120］王苹 . 当代新词语构成方式新探［J］. 宁波教育学院学报，2003（3）.

［121］王伟丽，张志毅 . 同场逆推仿造新词［J］. 汉语学习，2010（2）.

［122］王希杰 . 词汇发展演变的内因和外因［J］. 淮南师范学院学报，2004（1）.

［123］吴汉江. 汉语时空象似造词初探［J］. 苏州科技学院学报（社会科学版），2014（3）.

［124］邢公畹 . 汉台语构词法的一个比较研究：大名冠小名［J］. 国文月刊，1949（77）.

［125］徐国珍 . 仿拟造词法的外部理据：造词法理据探析的个案研究［J］. 修辞学习，2008（1）.

［126］徐国珍 . 论汉语仿拟造词法的内部理据：汉语造词法理据探析的个案研究［J］. 汉语学习，2007（6）.

［127］徐正考，曹敬娇. 汉语特殊造词法研究［J］. 社会科学战线，

2016（10）.

［128］徐正考，张桂梅. 汉语局部同素反义名词研究［J］. 复旦学报（社会科学版），2015（4）.

［129］杨润陆 . 由比喻造词形成的语素义［J］. 中国语文，2004（6）.

［130］杨世铁 . 汉语新词造词法研究［J］. 集宁师专学报，2003（3）.

［131］杨世铁 . 汉语造词法研究中的几个理论问题［J］. 天津教育学院学报，1997（2）.

［132］杨星莹 . 谈比喻造词［J］. 广州师院学报，1982（2）.

［133］杨永忠 . 动宾倒置的生成［J］. 语言科学，2006（3）.

［134］叶文熙 . 汉语语义范畴的层级结构和构词的语义问题［J］. 语言学论丛，2004（1）.

［135］尹斌庸 . 汉语语素的定量研究［J］. 中国语文，1984（5）.

［136］于峻嵘，董文霞 .20 世纪 80 年代以来新语词研究综述［J］. 燕山大学学报（哲学社会科学版），2014，15（1）.

［137］俞敏 . 倒句探源［J］. 语言研究（创刊号），1981（1）.

［138］语用所"新词新语新用法研究"课题组 . 整理汉语新词语的若干思考［J］. 语言文字应用，1993（3）.

［139］袁庆德 . 早期汉语造词法新探［J］. 殷都学刊，2002（1）.

［140］袁毓林 . 基于生成词库论和论元结构理论的语义知识体系研究［J］. 中文信息学报，2013（6）.

［141］苑春法，黄昌宁 . 基于语素数据库的汉语语素及构词研究［J］. 世界汉语教学，1998（2）.

［142］岳长顺 . 论类推创造新词［J］. 世界汉语教学，1993（2）.

［143］张博 . 汉语并合造词法的特质及形成机制［J］. 语文研究，2017（2）.

［144］张春华．新词语构造的合力机制［J］．语言文字应用，2009（2）．

［145］张萌．计算机人工智能技术的发展与应用研究［J］．通讯世界，2020（4）．

［146］张守作．谈汉语造词法中比喻造词［J］．研究生学刊，1986（1）．

［147］张维友．英汉语复合词比较研究［J］．湖北大学学报（哲学社会科学版），2009（1）．

［148］张小平．当代汉语类词缀辨析［J］．宁夏大学学报（人文社会科学版），2003（5）．

［149］张谊生，许歆媛．浅析“X客”词族词汇化和语法化的关系新探［J］．语言文字应用，2008（4）．

［150］张谊生．当代新词“零X”词族探微：兼论当代汉语构词方式演化的动因［J］．语言文字应用，2003（1）．

［151］张谊生．附缀式新词“X门”试析［J］．语言文字应用，2007（4）．

［152］张志毅，张庆云．新时期新词语的趋势与选择［J］．语文建设，1997（3）．

［153］章宜华．信息时代新词的产生与构造理据［J］．辞书研究，2003（5）．

［154］赵小刚．汉语造词与造字方式的相似性［J］．兰州学刊，1992（4）．

［155］郑家恒，钱揖丽，李竞．二字词词义组合推理方法的研究［J］，中文信息学报，2001（6）．

［156］周洪波．新词语的预测［J］．语言文字应用，1996（2）．

［157］周韧．共性与个性下的汉语动宾饰名复合词研究［J］．中国语文，2006（4）．

［158］周永惠．汉语新词语、新词义与新词词典编纂［J］．四川师范

大学学报（社会科学版），2004（5）.

[159] 朱彦.创造性类推构词中词语模式的范畴扩展[J].中国语文，2010（2）.

[160] 庄会彬，刘振前.汉语合成复合词的构词机制与韵律制约[J].世界汉语教学，2011，25（4）.

[161] 庄会彬.现代汉语复合词的内部语序及其成因[J].云南师范大学学报（对外汉语教学与研究版），2019，17（4）.

[162] 邹嘉彦，游汝杰.汉语新词与流行语的采录和界定[J].语言研究，2008（2）.

[163] 高琳娜. 近五年汉语新词语造词法研究[D].新乡：河南师范大学，2013.

[164] 姜自霞.学龄前汉语儿童复合造词研究[D].北京：北京师范大学，2011.

[165] 梅启梦.当代汉语新词语典型词群研究：以“控”、“宅”、“云”词群为例[D].北京：中国矿业大学，2017.

[166] 齐秀秀.《庄子》同源词研究[D].乌鲁木齐：新疆师范大学，2011.

[167] 宋丙秀. 现代汉语造词法与词素义的生成研究[D].济南：济南大学，2015.

[168] 孙庆华.向量理论历史研究[D].西安：西北大学，2006.

[169] 王蕊.仿词造词研究[D].济南：山东师范大学，2004.

[170] 王媛媛.从认知语言学隐喻的角度探析汉语造词机制[D].大连：辽宁师范大学，2008.

[171] 肖模艳.现代汉语比喻造词研究[D].厦门：厦门大学，2008.

［172］张海同．基于序列生成模型的词典释义生成技术研究［D］．北京：北京工业大学，2020.

［173］张磊．基于深度学习和词典定义的义原预测研究［D］．郑州：战略支援部队信息工程大学，2019.

［174］张烨．支谶译经构词法及造词法研究［D］．长春：吉林大学，2012.

［175］万小军，冯岩松，孙薇薇．文本自动生成研究进展与趋势［R］．北京大学计算机科学技术研究所，2016.

英文文献

［1］ARONOFF M. Word formation in generative grammar［M］. Cambridge: MIT Press, 1980.

［2］CHOMSKY N. Aspects of the theory of syntax［M］.Cambridge: MIT Press, 1965.

［3］CHOMSKY N. Reflections on language［M］. New York: Pan the on Books, 1975.

［4］CHOMSKY N. Syntactic structures［M］. The Hague: Mouton, 1957.

［5］GOODFELLOW I, BENGIO Y, COURVILLE A. Deep learning(Vol.1)［M］. Cambridge: MIT Press, 2016.

［6］LUHN H P. The automatic creation of literature abstracts［M］. IBM Corp, 1958.

［7］KATZ S M. Estimation of probabilities from sparse data for the language model component of a speech recognizer［C］. IEEE Transactions on Acoustics, Speech and Signal Processing, 1987, 35（3）.

［8］MIKOLOV T, CHEN K, CORRADO G, DEAN J. Efficient estimation of word representations in vector space [C] . Proceedings of workshop at ICLR, 2013.

[9] CHO K, VAN MERRIËNBOER B, GULCEHRE C, BAHDANAU D, BOUGARES F, SCHWENK H, BENGIO Y. Learning phrase representations using RNN encoder–decoder for statistical machine translation [C] //Proceedings of the 2014 Conference on Empirical Methods in Natural Language Processing (EMNLP 2014) , 2014.

[10] COLLOBERT R, WESTON J A. Unified architecture for natural language processing: Deep neural networks with multitask learning [C] // Proceedings of the 25th International Conference on Machine Learning, 2008.

[11] DAI Z, YANG Z, YANG Y, CARBONELL J G, Le Q V, SALA–KHUTDINOV R. Transformer–XL: Attentive language models beyond a fixed–length context [C] //Proceedings of the 57th Annual Meeting of the Association for Computational Linguistics, 2019.

[12] KLEIN D, MANNING C D. Accurate unlexicalized parsing [C] //Proceedings of the 41st Annual Meeting on Association for Computational Linguistics, 2003.

[13] MNIH A, HINTON G. Three new graphical models for statistical language modelling [C] // Proceedings of the 24th international conference on Machine learning (ICML–07) , 2007.

[14] MNIH A, HINTON G. As calable hierarchical distributed language model [C] //Proceedings of the 21st International Joint Conference on Artificial Intelligence, 2009.

[15] VINCENT P, LAROCHELLE H, LAJOIE I, BENGIO Y, MANZAGOL P. Extracting and composing robust features with denoising autoencoders [C] //

Proceedings of the 25th International Conference on Machine Learning（ICML）, 2010.

[16] YAN R, LI C, HU X, et al. Chinese couplet generation with neural network structure [C] //Meeting of the Association for Computational Linguistics, 2016.

[17] ZHANG W, LIU X, LIN S. Chinese new word discovery based on maximum entropy model [C] //Proceedings of the 2004 Joint Workshop on Multilingual OCR and Analytics for Noisy Unstructured Text Data, 2004.

[18] ZHANG X, LAPATA M. Chinese poetry generation with recurrent neural networks [C] //Conference on Empirical Methods in Natural Language Processing, 2014.

[19] BENGIO Y, DUCHARME R, VINCENT P, JANVIN C. A neural probabilistic language model [J]. Journal of Machine Learning Research, 2003（3）.

[20] BLONDEL V D, et al. Fast unfolding of communities in large networks [J]. Journal of Statistical Mechanics: Theory and Experiment, 2008.

[21] CHOMSKY N. A review of B. F. Skinner's verbal behavior [J]. Language, 1959, 35（1）.

[22] DEVLIN J, CHANG M, LEE K, TOUTANOVA K. BERT: Pre-training of deep bidirectional transformers for language understanding [J]. Computation and Language, 2018（10）.

[23] DUNNING T. Accurate methods for the statistics of surprise and coincidence [J]. Computational Linguistics, 1993, 19（1）.

[24] GRISHMAN R, HIRSCHMAN L. Questions answering from natural language medicla data bases [J]. Artificial Intelligence, 1978, 11（2）.

［25］GRISHMAN R, Computational methods for the analysis of new words in a bilingual lexicon［J］. Computational Linguistics, 1985, 11（1–2）.

［26］HALLE M. Prolegomena to a theory of word–formation［J］. Linguistics Inquiry, 1973, 4（1）.

［27］HOCHREITER S, SCHMIDHUBER J. Long short–term memory［J］. Neural Computation, 1997, 9（8）.

［28］JELINEK F, MERCER R L. Interpolated estimation of Markov source parameters from sparse data［J］. Speech Communication, 1980, 2（1）.

［29］KIROS R, ZHU Y, SALAKHUTDINOV R, et al. Skip–thought vectors ［J］.Computer Science, 2015, 28.

［30］LEES R A. English word formation and the history of the language［J］.Archivum Linguistic, 1963, 15（1）.

［31］LIU Z, QIN T, YAN L, ZHANG X. Generating Chinese words using a graph–based neural language model［J］. Information Processing & Management, 2021,（1）.

［32］MIKOLOV T, SUTSKEVER I, CHEN K, CORRADO G S, DEAN J. Distribute drepresentations of words and phrases and their compositionality［C］. Advances in Neural Information Processing Systems, 2013,（26）.

［33］GUO B, GONG Y, SHEN Y, et al. Sketch–based language model pre–training via extreme and selective masking for text generation and augmentation［J/OL］. ArXiv, 2022, https: //doi.org/10.48550/arXiv.2211.10330.

［34］LOPYREV K. Generating news headlines with recurrent neural networks［J/OL］. Computer Science. ArXiv, 2015, https://doi.org/10.48550/arXiv.1512.01712.

［35］QI F, YANG C, LIU Z, et al. OpenHowNet: An open sememe–

based lexical knowledge base. [J/OL] .ArXiv, 2019.http: //arxiv.org/abs/1901.09957.

[36] QI F, ZHANG L, YANG Y, et al. Want Words: An Open-source online reverse dictionary system. EMNLP [EB/OL] . 2020: 175–181.

附录一　“言”族词生成词例

输入	输出	输入	输出	输入	输出
褒奖之言	美言	教导之言	训言	善于表达	能言
卑微之言	轻言	警世之言	警言	少语之言	寡言
闭口不言	哑言	纠错之言	诤言	圣贤之言	名言
鞭策之言	格言	肯定之言	断言	书前之言	序言
表达之言	语言	狂傲之言	狂言	书尾之言	后言
不良之言	污言、恶语	滥说之言	胡言	说笑之言	戏言
不实之言	虚言	牢骚之言	怨言	耸听之言	危言
不同的言论	异言	离间之言	奸言	坦诚之言	坦言
陈辞之言	发言	临别之言	留言	坦率之言	直言、直语
粗鲁之言	粗言	临终之言	遗言	讨好之言	花言
呆傻之言	痴言	笼统之言	简言	提议之言	建言
担当之言	执言	啰唆之言	絮言	天主之言	圣言
道家之言	法言	慢说之言	慢言	挑拨之言	谗言
多虑之言	慎言	妙对之言	巧言	听别人说	听言
多余之言	赘言	明白之言	快言	通用之言	雅言
诽谤之言	恶言	纳谏之言	谏言	脱口之言	出言
肺腑之言	忠言	内心之言	真言	婉转之言	婉言
佛家之言	禅言	篇卷之言	弁言	违实之言	谣言
复杂之言	繁言	片面之言	偏言	污秽之言	秽言、秽语
感慨之言	感言	片语之言	只言	无据之言	流言
告诫之言	箴言	平素之言	闲言	陷害之言	谗言
广泛之言	广言	欺诈之言	诡言	乡土、地方之言	方言
孩提之言	童言	起誓之言	誓言	详细之言	析言
吉祥之言	吉言	劝奉之言	良言	信口、夸口之言	大言
缄口不言	莫言	日常之言	常言	醒世之言	醒言
叫好之言	妙言	儒家之言	儒言	雄壮之言	豪言

续表

输入	输出	输入	输出	输入	输出
虚伪之言	佯言	友善之言	善言	正直之言	正言
续说之言	续言	预测之言	预言	证人之言	证言
宣示之言	宣言	喻世之言	喻言	中伤之言	蜚言
臆断之言	妄言	寓理之言	寓言	中听之言	甜言
臆造之言	谎言	赠别之言	赠言	众口之言	皆言
淫荡之言	浪言	哲理、经典之言	玉言	重复地说	重言
应允之言	诺言	争先恐后地说	争言	诅咒之言	毒言

附录二 2016—2021年新词表

一音节

撕、壕、飒、污、尬、鸽、鸭、糊、云、鸡、卷

二音节

风口，双创，顶豪，网红，红通，非标，黑五，云店，首虎，悟空，电桩，五通，路德，刑九，红警，高线，三互，村淘，众扶，督企，爆买，南马，跑马，开撕，肉龄，飞手，喵街，微医，度秘，四众，互撕，双谈，锁盘，微警，闪惠，担当，扫街，筹客，晒步，天孔，租友，毯星，工士，言值，孤药，两单，冰箭，颜王，狮妈，冰袖，吃土，抖派，技位，魔搭，创居，智装，破纪，清伞，盲订，拆富，挂骂，妖牌，洗权，技士，闪课，匠士，荒气，痛包，SC，裸融，闪贬，盲筹，暖壕，德分，车咚，弱抱，安利，饿怒，微骗，战区，套路，冻产，巴铁，网综，撩妹，打赏，斗鱼，迷妹，心学，花椒，映客，私信，分答，裸条，香菇，蓝瘦，小微，迷弟，空铁，跟跑，裸贷，撩汉，高原，飞地，并跑，深扎，网大，网感，T榜，裸持，值乎，痛客，推墙，电诈，污力，猴币，胖五，灰产，甩锅，放水，互撩，奇点，撩粉，罗卡，云轨，盲约，拔草，耐撕，软埋，单停，颜霸，甩老，垂改，蓝网，数加，促融，郁友，斗图，长草，卒婚，校闹，自饰，创谷，官评，马秀，铁蜜，钵扎，站子，秒盗，教宽，压档，综招，民标，消超，网权，蚁房，引返，大宝，空耳，赌群，蚂可，限团，研值，会托，考宽，学豆，私锁，笑值，暖评，跃幕，闪信，种草，狮粉，农眼，深标，

蚊房，钓愚，颜商，小窗，法痞，捕星，刷眼，盲骗，诡族，取关，买商，地龄，网俗，微德，缩表，互怼，留置，尬舞，暗网，佛系，荷兹，吃鸡，共债，尬聊，加戏，抖音，网证，实锤，闪送，指涉，智轨，飞跃，冬梦，笔芯，尬演，尬笑，比心，尬撩，尬脑，尬唱，伞桩，生肉，缅佣，熟肉，绅女，欧皇，儒系，暗糖，道系，法系，数权，八困，骑手，扫码，官宣，信联，山竹，霸座，锦鲤，C位，规上，心商，亲清，邪典，土味，纪法，德商，链克，硬核，冰屏，停更，杠精，四力，座霸，体检，金课，潜功，走陵，鹊桥，灵鲲，财爸，冷恋，抖友，沙雕，矿圈，快警，肉股，刷赞，云宠，养火，盐系，平控，问芯，入富，入摩，链谷，嫩总，奶系，炒芯，矿币，炒链，禁芯，霸铺，公佣，胖圈，地标，抖商，断触，官伞，警伞，草单，鸿蒙，盲盒，碧道，超话，融湾，萌新，云巴，换锚，融梗，村播，秒辞，闭麦，冰漂，智治，代追，吹爆，庸伞，发呗，盘它，炒鞋，锁场，暗坑，爆肝，创熟，战狼，狼人，偷跑，净走，伞网，劳奴，狼灭，闺宝，军粮，脂粉，职黑，神兽，新冠，抗疫，战疫，逆行，钉钉，云游，密接，流调，涉疫，绿码，后浪，大疫，劝返，复阳，震中，内卷，XR，云签，休舱，云会，战贫，云赏，红码，黄码，亮码，豪横，六清，破疫，点书，黑财，国聘，疫考，云聘，甜野，张爸，懂王，杀雏，爹味，戏点，集美，云课，叉酱，仓播，舱友，搅炒，卷王，三新，流疫

三音节

十三五，网约车，获得感，董监高，水十条，僵尸群，北京通，习马会，文化+，大金融，配资客，沪伦通，借贷宝，小短假，杠杆牛，天价虾，贴条险，双中高，大IP，阅兵蓝，配资盘，毒跑道，双随机，IP热，大基建，反课纲，小确幸，神创板，绿能宝，创时代，慢就业，玛丽苏，拆发户，

块数据，两先区，小公举，创客群，调转促，小公募，融e联，猜评团，云闪付，双创周，代包手，杰克苏，幽灵场，创客+，手游彩，私租车，航天钞，婴儿底，置换债，高咨委，雾霾费，和平尊，闪电贷，小天城，粮改饲，烦乱度，伦港通，坐私庄，男德班，税易贷，跌停险，破风手，航天币，微票儿，特种税，红通令，转走访，挂科险，奢食品，红包税，打虎榜，创业岛，大V店，地板价，头条号，外泌体，限真令，冬奥蓝，回收哥，风口论，代充店，沪台通，违停球，洗档案，新国货，尾气门，奥运蓝，城会玩，单身税，创一代，黑稀土，软医闹，垃圾汤，健康牛，开心纸，僵尸肉，艾欣瞳，替考罪，外卖保，颜值剧，村淘点，拼步数，共腐圈，治安伞，闪电算，云停车，出渠价，杠杆杀，绿强度，潮人径，五条人，落点国，两会蓝，测酒环，轰趴馆，微菜场，V大夫，限读令，半高铁，闪电熊，无龄感，苏百万，微众卡，摘星塔，综N代，逆替代，冲线手，刷步数，帮带费，电鲶鱼，加班险，男友力，同质件，堵车险，僵尸友，旺农贷，吃饭秀，加班楼，私播课，大头剧，电商剧，闪送员，反刷单，颜值控，创客潮，潮汐族，智抠族，区块链，火箭军，表情包，校园贷，老司机，邮件门，小目标，中职联，过山车，太空屋，街区制，宽松软，旅游+，辣眼睛，小程序，航天蚕，快播案，闺蜜门，陈满案，墨子号，A4腰，家庭癌，亲信门，悬崖村，严紧硬，葛优躺，雷洋案，应用号，干政门，电邮门，电e宝，限韩令，爆炸门，熔断制，网红脸，智能+，北京瘫，蜗牛奖，赋分制，同业户，百家号，万福币，SIP，后真相，翻船体，冲绿灯，小粉红，奖德金，猴赛雷，限童令，碳卫星，孝老假，天眼查，蹭热度，泥泞跑，隐形门，德州币，捉精灵，话术单，女友力，赫尔币，唤醒师，毒保姆，地震车，保车人，堆填体，奖孝金，专快车，小青荷，炸机门，扶贫云，纸娃娃，加班号，替课群，慢直播，以太币，喊红包，新三垂，嗨气球，禁韩令，闪付派，天仙攻，去降补，停机令，蜗牛拎，大院系，返乡体，二胎贷，螺旋市，全球签，治愈金，海淘税，闯绿灯，污文化，撞限房，微领队，新强态，公号狗，实改虚，冷景区，养十条，发包手，床贩子，遛娃师，护宝汪，硬币眼，大快严，驾驶脑，民 e 住，全面屏，借壳游，断片酒，捧脸杀，统编教材，网红班，热费卡，盗补卡，商改写，网约工，问题墙，隐蔽族，儿联体，防跌险，轻定黑客门，喜二代，海斗号，特京五，雾霾税，传销币，扫脸付，天窗县，光伏贷，全创改，银铁通，云拜年，动力元，逗闷师，拉链车，舍得墙，钱币眼，产权羊，红卡户，首席师，流性人，友善墙，足球云，圈粉王，独自族，守破离，灰校车，数联网，停车宝，亚非日，蹭网险，世锦蓝，文艺值，智慧秤，毒短信，硬医闹，轻停站，城归族，点赞贴，汤姆苏，微暴力，助筹客，霸屏帝，假宅族，凿船党，四务通，坑友圈，晒跑族，吞毒骡，辞时代，Z 世代，坑二代，跳槽病，苍白体，恐二症，恐二族，晒步党，新时代，ICO，新征程，复兴号，双一流，地条钢，通俄门，灰犀牛，撒狗粮，大女主，无人店，小仙女，爱彼迎，金砖 +，小哥哥，北向通，禁穆令，小姐姐，扎心了，习特会，淘咖啡，天鲲号，笔尖钢，套路贷，金拱门，四不当，金稳会，地价门，脚臭盐，收钱码，颜值贷，朗读亭，巨型稻，美容贷，按居贷，冰丝带，押金池，假课文，限穆令，油腻男，小确丧，禁投令，定损宝，双普会，左先生，打电话，双替代，拿地门，限移令，云养猫，腮红金，零彩礼，门罗币，震惊体，限酬令，善终权，右先生，处女贷，土储债，云零售，小橙人，臭味盐，限投令，代币化，量子币，知乎币，抠图剧，陷阱贷，青创云，全球币，E 融汇，证照云，ART，零礼金，柠檬精，限玩令，尬文化，社交宅，辣眼剧，油腻女，娘直男，奥陌陌，肥腻女，刷一代，数权法，映后谈，进博会，相互保，卫健委，限竞房，芬太尼，陆股通，割韭菜，社会人，特金会，快消品，石油币，拒绝令，湖长制，断直连，店小二，金特会，相互宝，前置仓，公转铁，马甲车，霸座男，回租贷，唱演人，反杀案，联采办，离场论，陪审团，硬边境，大猎鹰，网约房，皮一下，转会帽，纾困债，薪酬帽，预扣率，套现贷，注资帽，吃亏论，海草舞，网约化，挖孔屏，租客贷，无限屏，打孔屏，陪审员，卫星仓，自嗨文，发债门，丙通沙，限改共，码上办，走陵人，帕克号，楼长制，公转水，投资帽，新司考，冷恋人，强国体，炫富摔，开孔屏，数据粉，共生院，电媒机，炸街族，超集店，微税务，走花路，乡痛症，小三创，带路党，官宣体，代购法，黑软文，芯片荒，低级红，宇宙墙，分叉劫，吹哨员，零爆款，涨粉力，亲情价，云配偶，跨龄装，蓝卡户，防抖勺，微听证，限卡令，大嘴门，二战族，荐股术，香蕉词，剁手地，微赌群，6S腿，黄卡户，双霸屏，禁土令，折叠屏，5G+，夜经济，砍头息，智慧屏，夸夸群，新基建，太空军，好差评，杀猪盘，好物圈，黑衣人，做数据，冰墩墩，雪容融，反修例，听时代，名场面，随申办，喷喷群，代经济，贴现通，翻车了，环物会，对标股，犀牛液，光影屏，妈妈粉，乡字号，土字号，猪十条，雪如意，智管云，脑语者，月欠族，童经济，恐辅症，青和力，快奢品，双飞地，我可以，娃经济，套路跑，阿中哥，精致穷，师傅贷，拾尚包，毁童年，冰玉环，考二代，微型码，老法师，云养妈，限集令，我爱了，甘蔗男，零钱卡，网商贴，话梅剧，暴花户，坟头草，云霸权，钻石心，山竹男，猫南北，微博沸，奥利给，丑橘男，耳机腰，甘蔗女，河豚精，龙眼男，芒果男，填坑力，双循环，健康码，火神山，服贸会，雷神山，逆行者，健康宝，打工人，育新机，额温枪，居家令，紧平衡，随申码，凡尔赛，粤康码，微云台，安康码，工具人，尾款人，云监工，碳达峰，云录制，高刷屏，云复工，云经济，限聚令，做题家，复工贷，次密接，倍氨敏，爷青回，云观展，核酸码，行程码，内味儿，防疫墙，企业码，苏康码，一米帽，FRB，云外交，网抑云，七人普，竞速屏，流调员，云文化，带货官，逆行人，云代驾，干饭人，云聚会，网格仓，院转网，爷青结，云峰会，畅行码，复销率，云打卡，云合奏，云祭祀，三色码，云库链，打工魂，毕业寄，微基建，定金人，超感屏，慢选项，胞波卡，创信融，智治力，云快闪，守群人，孤勇者，逆行者，双循环

四音节

耗子尾汁，最美逆行，互联网+，四个全面，精准扶贫，场外配资，众创空间，滴滴快的，滴滴打车，微众银行，滴滴专车，神州专车，一照一码，朝阳群众，违法减持，巴黎恐袭，精准医疗，双培计划，滴滴快车，滴滴出行，外培计划，大水漫灌，嘀嗒拼车，蚂蚁花呗，毒丸计划，西城大妈，丁丁租房，精准医学，自贸片区，滴滴巴士，有位购车，影子团友，IP电影，滴滴代驾，反水货客，口令红包，纪在法前，账号十条，入额法官，扶老人险，中国神车，静默插件，降税清费，大国工匠，纪严于法，网络专车，约谈十条，定制巴士，年味地图，OK车险，嗒嗒巴士，存量配资，红包口令，网生内容，个人红包，凡提必查，纪法分开，法网行动，专车牌照，创客中国，滴滴医生，微信运动，微博红包，一证一号，电子法院，六个精准，作弊入刑，全息眼镜，双向核验，官方专车，中速铁路，卡券红包，三网一化，彩虹派对，联合存管，入额考试，红包接龙，碰瓷执法，五证合一，彩虹五号，暗黑网络，四个必须，为国护盘，数据铁笼，干性溺水，垃圾粉丝，生态手机，流量滚存，四进四信，蔚蓝地图，流量僵尸，IP影视，大TPP，红冲蓝补，双创特区，实培计划，五毛特效，削峰降速，众筹建桩，买拐同罪，替考入刑，众创时代，石子旋风，议事大巴，一带一盟，僵尸飞行，中国神运，空气鞭炮，博爱专座，蚊蝇腐败，顶豪元年，失独专区，网红经济，创客经济，高精尖缺，小样社区，八条规范，基因

剪刀，双创社区，物流刷单，电话直赔，防腐锦囊，孝道工资，一助两促，众创生态，多屏电影，减权清单，网上丝路，围猎官员，赶场小站，三亲育子，乡间货的，脑控汽车，五单一网，并联执法，串联执法，二线权力，全马时代，接力腐败，童伴计划，小官大亨，电子情敌，嘟嘟巴士，云上医院，地球堂兄，炭疽乌龙，微店助农，创客大学，稻草定律，外围腐败，移动微店，零工经济，韭菜指数，超级苍蝇，微养老院，阳光跟帖，一企一码，国际扫客，超级血月，处长政治，阳光起点，饭局红线，人口悬崖，打赏模式，体感腐败，二孩动力，二孩效应，女力时代，书虫经济，寨卡病毒，两学一做，工匠精神，看齐意识，洪荒之力，政治意识，大局意识，核心意识，摩拜单车，四个意识，山寨社团，聂树斌案，吃瓜群众，阿尔法狗，智能投顾，宝万之争，万宝之争，量子卫星，洪荒少女，徐玉玉案，禁摩限电，无中生有，证照分离，太空医院，年轻指数，催泪红包，成风化人，四个自信，杭州共识，星素结合，空巢青年，裸条借贷，四讲四有，商住限购，第一网红，萨德入韩，澜湄国家，两个一流，脱虚入实，小散乱污，一例一休，辐射海鲜，太极计划，崔顺实门，生育黑市，网约导游，网红产业，提直降代，特医食品，税负平移，网贷新规，海淘新政，数字小姐，黑灰产业，电子卫士，斜杠青年，超级央行，财经网红，刷单炒信，互联社区，双盲考试，5G科技，共享竞合，e租宝案，双创指数，减上补下，刷单工厂，中国天眼，影唱联动，第五空间，管道高铁，墙上便饭，网红时代，散小乱污，智能派单，社会漂移，庄户列车，无主视频，胶囊列车，人像认证，凡提四必，小蓝单车，延伸处方，喘息服务，短钱长配，家庭创客，数据烟囱，学霸经济，超级天眼，飞天旗帜，失能补贴，VR支付，白条闪付，补位扶贫，全媒平台，自旅行社，痛客计划，竞质排名，科学重器，网红文化，成长坐标，摆渡动车，大病众筹，吸粉指数，旅游网红，网约单车，心腹政治，大洋怪重，长钱短配，感官直播，空包炒信，医助结合，魔幻大巴，脑桥芯片，网约厨师，悬垂家庭，“小目标”体，三同工程，网约经济，食品三小，雄安新区，数字经济，共享汽车，勒索病毒，雄安概念，共享雨伞，无人超市，租购同权，缤果盒子，租售同权，流量明星，隐私面单，永恒之蓝，四海八荒，信用申购，超级剧集，共享马扎，四个伟大，税改立法，三城一区，共享床铺，天猫精灵，勒索蠕虫，数字家庭，共享书店，一学一做，天使粒子，场景金融，抵腐定力，纪律定力，购租同权，蓝鲸一号，无感支付，共享衣橱，众筹火车，中年油腻，沪深股通，智医助理，隐形面单，三区三州，共享纸巾，高铁外卖，共享农庄，极限施压，佛系青年，数字雄安，冰山订单，开放数据，四限时代，红船初心，微信医生，阿尔法元，数据断交，柏林构想，微笑面单，流量艺人，微信扫墓，离婚试卷，人脸闸机，难民禁令，微信炸弹，液体黄金，AI 医生，积木理论，神经引擎，共享家居，脑洞原力，光明扶贫，共享衣服，黑链指数，雄安模式，共享农场，人设自由，流量花生，私享单车，共享零钱，求锤得锤，数字弃民，电子疲劳，四个定力，窥探管理，青年震荡，时间容器，智医助手，矩形时间，后台暗恋，浮游学霸，光伏路面，儒系青年，信息零食，银保监会，钢铝关税，直播答题，带量采购，政治站位，消费降级，中兴事件，百行征信，嘀嗒出行，新个税法，贸易霸凌，双百行动，综合征税，冲顶大会，青桔单车，规上工业，共享护士，雄安质量，六个钱包，头雁效应，互信共治，候补购票，一口办理，C 位出道，两增两控，隐形贫困，头腾大战，走运红包，土味情话，化工围江，洪流联盟，影子服务，异地销号，霸凌主义，多县一行，直播竞答，AI 引擎，规上企业，地球德比，阻断法令，龙江二号，家里有矿，五个振兴，退旧保新，限乘限飞，海淀网友，上合智慧，媒体大脑，达量限速，独角兽热，额外差饷，超级牌照，积极废人，绝望周期，公式相声，社保入税，爱心冰柜，线上票补，天音计划，红眼羡贫，博鳌方案，两栖青年，炫富挑战，工享驿站，智慧锥桶，两微两端，利率维权，秒级通关，泡菜溢价，联合仓配，数字通证，反向春运，新诗地理，告官见官，货物无边，人企无间，AI 教师，借手取财，拼多多式，天河理论，智慧政采，土味视频，AI 指数，天朗计划，明码宰客，先导细胞，娃娃高管，香蕉原则，章鱼效应，公地喜剧，网络青晚，疾风一代，网行指数，无人药房，相声公式，土味文化，智慧战警，场外输血，数据投毒，AI 分身，网络植树，央票入港，语音合同，政采云贷，电子孝心，前播后厂，文明革命，黑卡陷阱，土味青年，暖心订单，三降两稳，肥鹅理论，两性一度，土味少年，竹子定律，社区智脑，精老爷们，盲式出轨，5G 时代，夜间经济，止暴制乱，黑洞照片，接诉即办，玉兔二号，直播带货，打伞破网，主页劫持，5G 元年，买短乘长，打财断血，白色清单，修例风波，世纪协议，神仙打架，检视整改，全息媒体，全效媒体，全程媒体，全员媒体，水氢汽车，未诉先办，令和时代，一证通考，三型两网，安排上了，殊方共享，倍速生活，钢铁直男，开大前门，老赖地图，雨女无瓜，无感通关，四全媒体，一促两稳，以买代帮，分调裁审，天河基地，网络减负，微信跑分，政简易从，反蒙面法，一码通乘，种草经济，老小旧远，理解赤字，破袋神器，灵魂砍价，天琴二代，饭圈女孩，被迫营业，降格落实，光想青年，耳蜗经济，网格密码，指尖负担，丝路签证，第二处方，提质聚力，秒批即办，乡村主播，人体闸机，网络搬家，以禁代治，融媒辞书，空降父母，中产老母，政治保健，打网破伞，共享智谷，要素破壁，自鸽选手，4D 处方，口吐芬芳，上合家园，一码关联，表面亲戚，精致社会，共享驿站，宅心仁厚，踟蹰青年，单机熬夜，电子包浆，电子咸菜，蜗牛女性，吒男吒女，新冠肺炎，新冠病毒，复工复产，新冠疫情，新冠疫苗，方舱医院，应检尽检，在家办公，群体免疫，抗疫精神，天问一号，私域流量，核酸采样，两新一重，下沉干部，腾讯会议，跨省通办，逆行出征，白衣执甲，共享用工，一盔一带，线上演出，六稳六保，熔断指令，公域流量，估值降维，存款压降，复工专列，纸面服刑，航班熔断，旅游气泡，复工包机，应接尽接，促稳提质，复产复销，祖安文化，团结试验，线上复工，社交疏远，无感测温，涉煤腐败，快递盲盒，黑财清底，数字抗疫，行业清源，云毕业照，副业创新，隔位就座，伞网清除，码上经济，集体免疫，口罩外交，全民隔离，首站赋码，1号病人，港版纳指，一负三正，旅游泡泡，六保六稳，人物并防，赛事泡泡，数字治城，数字治疫，闭环防控，货开客关，免疫护照，表格抗疫，社交泡泡，数字战疫，神兽回笼，五税合一，两征两退，融媒云厨，隔离经济，吃瓜指数，码上直办，码上融资，跨省联办，凡尔赛体，大黑小伞，剩菜指数，火雷速度，离岸审批，刊网微端，共情伤害，指尖种地，屏幕经济，前播后产，鸡汤杀手，小康元年，政治三力，直播带货

五音节及以上

凡尔赛文学，非首都功能，供给侧改革，新安保法案，人民币入篮，网络约租车，330新政，城市GEP，互联网++，互联网班车，链条式腐败，土豆主粮化，三个支撑带，城市合伙人，中美旅游年，首席吐槽官，创造型经济，共生性腐败，抗战纪念币，互联网巴士，红色供应链，一胎焦虑症，后煤炭经济，行规式腐败，约会体验师，小说收割机，高考离婚族，蓝天综合征，网络大电影，阿尔法围棋，魏则西事件，山东疫苗案，雾霾净化塔，农民安家贷，网约自行车，智慧经济体，盲井式犯罪，二次元经济，创投国十条，表白障碍症，产假式缺编，现代交流症，同居式养老，互联网家轿，法媒银平台，达尔文死海，观影体验师，共享充电宝，共有产权房，自由贸易港，打Call，共享电单车，入境限制令，新四大发明，国家监察法，共享睡眠舱，共享电动车，移民限制令，共享健身仓，微信身份

证，价值互联网，主权区块链，秩序互联网， 农业农村部，独角兽基金，大数据杀熟，区块链媒体，消防救援衔，反避税条款，儿童邪典片，移动微法院，忽悠式回购，古典互联网，制度型开放，护盘式回购，声音鉴黄师，数字服务税，声呐电子眼，电子结婚证，网约公交车，数字资产化，无人快闪店，城市智能体，无人快递车，大篷车难民，AI 班主任，电子出生证，诈尸式育儿，学习任务群，IPP 行动，自杀式消费，BDS 运动，地域拖油瓶，阶梯式起床，拍照式折旧，朋友圈认亲，714 高炮，基层减负年，电子竞技员，农业经理人，三条控制线，车厘子自由，收缩型城市，系统运维员，逃避式考研，报复性熬夜，改革体验官，深改 12 条，视觉中国们，新动力人群，自限性疾病，全民撑警日，全触点零售，群众自治圈，社会共治圈，知识产权师，自救式消费，自杀式单身，环保式生气，倔强式单身，蹦迪式社交，冰块型人格，单机式社交，可乐型男友，气球式社交，双十一守岁，退休预备员，退役熬夜员，自闭式单身，自杀式社交，嘴炮式恋爱 ，新发展格局，数字人民币，后疫情时代，香港国安法，停课不停学，新发展阶段，无接触配送，在线新经济，报复性消费，健康通行码，数字新基建，无接触服务，新个体经济，社会性死亡，微信视频号，无接触贷款，倒查 20 年，无接触餐厅，小镇做题家，火眼实验室，无接触经济，无接触消费，无接触送餐，疫后综合征，十八线主播，生命摆渡人，南泥湾计划，互联网盲道，非接触银行 ，猎狐 2015，16+1 合作，马铃薯主粮化，液态金属机器，不动产单元号，上海踩踏事故，数字丝绸之路，五大发展理念，三去一降一补，新生儿小头症，神威太湖之光，独立个人报告，猎狐 2016，弱光子安检仪， 乡村振兴战略，高速飞行列车，冰上丝绸之路，蓝色经济通道，diss 文化，特斯拉私有化，贸易霸凌主义，隐形贫困人口，重庆两江之星，儿童邪典视频，一委一行两会，AI 合成主播，南展西扩东进，三个一以贯之，数字基尼系数，新恩格尔系数，石景山老街坊，GAFA 税，显性贫困人口数字化管理师，剑网 2019，996ICU，生活支线玩家，无症状感染者，体外膜肺氧合，BOSS 直播，无码绿色通道，直播电商元年，天津港爆炸事故，悬挂式空中列车，现代化经济体系，国家教材委员会，中国农民丰收节，海南自贸试验区，区块链电子发票，诚信建设万里行，三角形支撑框架，民营经济离场论，朋友圈成功人士，电子竞技运营师，海洋命运共同体，常态化疫情防控，卫生健康共同体，在线学习服务师，中国人民警察节，疫情防控行程卡，ACE 交通引擎，战疫语言服务团，中国 2025 制造，中华民族共同体意识，通用数据保护条例，国际关注的突发公共卫生事件

附录三　抽取的双声叠韵词表

词项	词性	叠音词	词项	词性	叠音词
皑皑	z	1	处处	v	1
霭霭	z	1	此次	r	0
暗暗	d	1	匆匆	z	1
嗷嗷	o	1	葱葱	z	1
巴巴	ns	1	淙淙	o	1
爸爸	n	1	鞑靼	n	1
白白	nr	1	大大	b	1
斑斑	z	1	单单	a	1
办班	n	0	淡淡	z	1
宝宝	nr	1	等等	u	1
本本	n	1	弟弟	n	1
饽饽	n	1	爹爹	n	1
伯伯	nr	1	都督	n	0
勃勃	nz	1	兜兜	n	1
嚓嚓	o	1	嘟嘟	o	1
苍苍	z	1	独独	d	1
曹操	nr	0	断断	v	1
草草	n	1	多多	m	1
潺潺	z	1	翻番	v	1
常常	d	1	泛泛	d	1
怅怅	a	1	霏霏	z	1
沉沉	a	1	狒狒	n	1
痴痴	z	1	纷纷	d	1
迟迟	d	1	愤愤	a	1
忡忡	i	1	夫妇	n	0
出处	v	0	俯伏	v	0
楚楚	nr	1	嘎嘎	o	1

续表

词项	词性	叠音词	词项	词性	叠音词
刚刚	d	1	活活	vn	1
咯咯	o	1	活火	n	0
哥哥	ns	1	叽叽	o	1
各个	r	0	唧唧	o	1
耿耿	nr	1	积极	ad	0
公公	n	1	基极	n	0
公共	b	0	寄籍	n	0
咕咕	o	1	寂寂	a	1
呱呱	o	1	加价	v	0
姑姑	n	1	渐渐	d	1
汩汩	o	1	交角	n	0
股骨	n	0	皎皎	z	1
乖乖	d	1	节节	t	1
光光	n	1	结节	n	0
滚滚	z	1	姐姐	n	1
蝈蝈	n	1	仅仅	d	1
哈哈	o	1	紧紧	d	1
好好	d	1	菁菁	nz	1
呵呵	v	1	静静	nr	1
赫赫	nr	1	炯炯	z	1
嘿嘿	o	1	久久	d	1
狠狠	d	1	舅舅	n	1
哼哼	v	1	菊苣	n	0
呼呼	v	1	踽踽	z	1
忽忽	d	1	聚居	v	0
糊糊	a	1	涓涓	z	1
缓缓	d	1	苛刻	a	0
惶惶	a	1	可可	v	1
会徽	ns	0	空空	n	1

续表

词项	词性	叠音词	词项	词性	叠音词
苦苦	a	1	茫茫	z	1
快快	d	1	莽莽	z	1
框框	n	1	每每	d	1
琅琅	i	1	美美	ns	1
朗朗	nrt	1	妹妹	n	1
牢牢	d	1	蒙蒙	nr	1
姥姥	n	1	朦朦	z	1
累累	v	1	咪咪	o	1
历历	n	1	秘密	n	0
呖呖	o	1	绵绵	z	1
连连	d	1	渺渺	a	1
涟涟	z	1	明明	t	1
寥寥	z	1	命名	n	0
淋淋	n	1	馍馍	n	1
粼粼	z	1	磨墨	n	0
鳞鳞	n	1	嬷嬷	n	1
凛凛	z	1	漠漠	ns	1
隆隆	o	1	默默	d	1
陆路	n	0	某某	r	1
辘轳	n	0	奶奶	n	1
辘辘	n	1	喃喃	o	1
屡屡	d	1	囔囔	v	1
缕缕	z	1	讷讷	z	1
略略	v	1	蔫蔫	z	1
妈妈	n	1	娘娘	n	1
买卖	v	0	袅袅	z	1
脉脉	n	1	啪啪	o	1
漫漫	a	1	怦怦	o	1
慢慢	d	1	砰砰	nr	1

续表

词项	词性	叠音词	词项	词性	叠音词
偏偏	d	1	稍稍	d	1
翩翩	nr	1	深深	b	1
频频	d	1	审慎	a	0
平平	a	1	婶婶	n	1
婆婆	n	1	失时	v	0
漆器	n	1	失实	v	0
恰恰	d	1	失势	n	0
悄悄	z	1	失事	v	0
切切	ad	1	诗史	n	0
怯怯	z	1	施事	v	0
青青	nr	1	石狮	nr	0
轻轻	d	1	时时	n	1
曲曲	n	1	时式	n	0
蛐蛐	n	1	时势	n	0
全权	n	0	时事	n	0
冉冉	nr	1	实施	v	0
人人	n	1	实时	d	0
茸茸	z	1	实事	n	0
溶溶	n	1	史诗	nr	0
熔融	n	0	史实	nr	0
融融	n	1	矢石	n	0
蠕蠕	z	1	世事	n	0
软软	a	1	事实	n	0
飒飒	z	1	适时	ad	0
嫂嫂	n	1	逝世	v	0
瑟瑟	z	1	誓师	n	0
沙沙	ns	1	收受	v	0
潸潸	z	1	授受	v	0
闪闪	z	1	叔叔	n	1

续表

词项	词性	叠音词	词项	词性	叠音词
刷刷	v	1	污物	n	0
嗞嗞	n	1	呜呜	l	1
死死	v	1	无误	v	0
飕飕	o	1	嘻嘻	z	1
簌簌	z	1	嬉戏	v	0
梭梭	nrt	1	习习	v	1
太太	n	1	细细	a	1
堂堂	n	1	先贤	n	0
滔滔	z	1	显现	v	0
天天	t	1	相像	v	0
迢迢	z	1	湘乡	ns	0
通通	vn	1	想象	n	0
通统	n	0	想像	v	0
统统	n	1	哓哓	z	1
偷偷	d	1	萧萧	nr	1
头头	n	1	潇潇	z	1
突突	vn	1	谢谢	nr	1
团团	n	1	信心	n	0
娃娃	n	1	星星	nz	1
哇哇	o	1	猩猩	n	1
万万	m	1	行星	n	0
汪汪	nr	1	行刑	n	0
往往	t	1	性行	n	0
微微	d	1	悻悻	d	1
巍巍	z	1	汹汹	z	1
娓娓	d	1	熊熊	nr	1
稳稳	a	1	徐徐	nr	1
嗡嗡	o	1	蓄须	d	0
窝窝	n	1	恹恹	z	1

续表

词项	词性	叠音词	词项	词性	叠音词
岩盐	n	0	悠悠	z	1
炎炎	n	1	玉宇	nr	0
筵宴	n	0	郁郁	a	1
奄奄	z	1	寓于	v	0
咽炎	n	0	煜煜	nrfg	1
泱泱	z	1	渊源	n	0
洋洋	ns	1	源源	n	1
痒痒	a	1	远远	d	1
怏怏	z	1	云云	nr	1
遥遥	a	1	匀匀	a	1
爷爷	n	1	芸芸	z	1
叶腋	n	0	纭纭	x	1
一一	m	1	早早	t	1
依依	z	1	啧啧	o	1
疑义	n	0	喳喳	o	1
异议	n	0	昭昭	z	1
奕奕	z	1	整整	vn	1
悒悒	z	0	吱吱	o	1
意义	n	0	直至	v	0
意译	n	0	制止	v	0
熠熠	z	1	重重	a	1
薏苡	n	0	蛛蛛	n	1
殷殷	nr	1	惴惴	z	1
隐隐	z	1	谆谆	d	1
嘤嘤	o	1	灼灼	z	1
荧荧	z	1	孜孜	l	1
盈盈	z	1	嗞嗞	x	1
莹莹	a	1	足足	v	1
幽幽	z	1	做作	v	0